Singer · Lehrer-Schüler-Konflikte

D1705557

Kurt Singer

Lehrer-Schüler-Konflikte gewaltfrei regeln

Erziehungsschwierigkeiten und
Unterrichtsstörungen als
Beziehungs-Schwierigkeiten bearbeiten

5. Auflage

Beltz Verlag · Weinheim und Basel

Kurt Singer. Dr. phil., Jahrgang 1929, Professor für Pädagogische Psychologie an der Universität München und Psychoanalytiker.

5., unveränderte Auflage 1996 (Neuausgabe)

Lektorat: Peter E. Kalb

© 1988 Beltz Verlag · Weinheim und Basel
Satz: Satz- und Reprotechnik GmbH, Hemsbach
Druck: Druckhaus »Thomas Müntzer«, Bad Langensalza (Thüringen)
Umschlaggestaltung: Federico Luci, Köln
Umschlagfoto: Michael Seifert, Hannover
Printed in Germany

ISBN 3-407-25177-7

Inhalt

Vorwort

Schulkonflikte gehören zum Alltag von Lehrerinnen und Lehrern. Meist ist von »Disziplinproblemen« die Rede oder von »Erziehungsschwierigkeiten«. Diese beiden Begriffe werden üblicherweise so verwendet, als handle es sich dabei um etwas, was überwiegend von den Schülern ausgeht. »Erziehungsschwierigkeiten« sind aber nicht nur etwas, das der Schüler *macht,* sondern es sind auch Schwierigkeiten, die der Lehrer *hat* – oft in einem Ausmaß, das seine *Berufsfreude vermindert.*

Leicht kommt es dann zu Resignation und Erstarrung: Lehrerinnen und Lehrer geben sich selbst und ihre Schüler auf. Durch eine wenig befriedigende Alltagsroutine halten sie sich über Wasser. – An diesem drohenden oder eingetretenen Resignationspunkt möchte ich mit den nachfolgenden Überlegungen und Erfahrungen weiterhelfen. Bei »Disziplinschwierigkeiten« handelt es sich letztlich immer um *Beziehungs-Konflikte.* Deshalb ist *das Sich-Einlassen auf die Beziehung Grundlage der Konfliktbearbeitung.*

Das Buch belehrt nicht darüber, was Lehrerinnen und Lehrer in Konfliktsituationen *besser machen sollen;* es fragt danach, wie sie mit den Schülern *besser leben können:* Bleibe ich im Unterricht »ich selbst« – oder muß ich meine Person der Lehrerrolle opfern? – Darf ich meine Ängste merken – oder muß ich sie verleugnen, um mein Bild von »Stärke« nicht zu trüben? – Kann ich meine Wünsche an den Schulalltag noch spüren – oder habe ich mich mit einem »Trott« abgefunden, der mir nicht gefällt? – Nehme ich mit den Jugendlichen so Kontakt auf, wie ich das möchte – oder entspricht die Schulwirklichkeit gar nicht meinen Vorstellungen ? – Entsprechend solcher Fragen wird nicht dazu angeleitet, etwas Bestimmtes zu tun oder zu lassen, sondern dazu angeregt, *die eigene Einstellung zu finden und zu lernen, ihr entsprechend zu handeln.*

Bei der Frage nach dem pädagogisch-psychologischen Handeln in Problemsituationen wird nicht nach Sollensvorschriften beurteilt: Was ist in Konfliktsituationen das »*richtige*« oder »*falsche*« Verhalten? – Dieses Beurteilen nach »Richtig« und

»Falsch« ist im geläufigen Lehrerdenken fest verankert; Lehrerinnen und Lehrer können es schwer loslassen. – Hier aber geht es vor allem darum, aufmerksam wahrzunehmen, was *ist* und was aus dem *Ist-Zustand* werden kann. Die Frage, »Was mache ich falsch?« weicht den existentiellen Fragen: »*Wer bin ich? Wer möchte ich sein?*«

Aus dieser Haltung heraus sollen Lehrerinnen und Lehrer angeregt werden, *Beziehung aufzunehmen, anstatt immerfort zu erziehen.* Dadurch können sie sich selbst von Druck, Anspannung und Starre befreien. Es geht nicht mehr darum, »Strategien« zu ersinnen, »effektive Methoden« anzuwenden, »Maßnahmen« zu ergreifen, »Disziplinierungsmittel« einzusetzen, »Verhalten zu verändern« und letztlich über andere und sich selbst zu verfügen. Vielmehr handelt es sich um den Mut, in einen partnerschaftlichen Prozeß hineinzugehen. Die Frage ist nicht »Was tue ich, wenn...?«, sondern: Wie gestalten wir unsere Beziehung, damit wir besser miteinander auskommen können? In diesem Prozeß ist das Sich-Wohlbefinden des Lehrers so wichtig wie das der Schüler; denn *den Kindern kann es nicht gut gehen, wenn es ihren Lehrerinnen und Lehrern schlecht geht.*

Häufig leiden Lehrerinnen und Lehrer unter Angst – manchmal nur heimlich. Diese ist begründet, weil es tatsächlich vielerlei Bedrohungen in der Schule gibt: Vom Angegriffenwerden durch aggressive Jugendliche bis zu der Gefahr, von den Schülern nicht anerkannt zu werden. Deshalb ist es hilfreich, *die Angst nicht zu unterdrücken, sondern sie als Gefahrensignal für die Person anzunehmen.* Oft riskieren Lehrer nicht, ihre Gefühle zu merken. Sie denken nur daran, was sie *tun* müssen und lassen nicht aufkommen, wie es ihnen *geht* – zum Beispiel welche Angst sie vor den Schülern haben. Aber gerade das Akzeptieren der eigenen Ängste ist ein fruchtbarer Ausgangspunkt für vernünftiges Handeln.

Das Buch entstand aus der praktischen Arbeit mit Lehrerinnen und Lehrern in Seminaren, Gruppen und Beratungen. Die Beispiele aus dem Schulalltag machen etwas von Konfliktlösungsprozessen deutlich, wie sie durch Konflikt-Gesprächsgruppen in Gang kommen. Ich möchte die Leser dazu anregen, *bei sich selbst Entwicklungsprozesse dieser Art zuzulassen.* »Disziplinschwierigkeiten« werden dann nicht beseitigt, sondern in der Beziehung bearbeitet.

Die Falldarstellungen hierzu zeigen keine »idealen Lösungen«, sondern ermutigen dazu, *persönliche Prozesse zu wagen,* die vom Verständigungsprinzip getragen sind. Die Beispiele sind nicht zum Nach*machen,* sondern zum Nach*denken.* Sie regen dazu an, sich mit sich selbst und mit den Schülern konfliktbearbeitend einzulassen – auf dem Weg vom Machtprinzip zum Sympathieprinzip.

Das Buch ist ein Beitrag zur »Psychologie gestörter Beziehungen im Schulalltag«. Entsprechend dem *tiefenpsychologischen Denken,* das der Arbeit zugrunde liegt, werden die Konflikte *aufdeckend* und *ursachen-orientiert* behandelt. *Das Wahrnehmen gilt nicht nur bewußten, sondern auch unbewußten Erscheinungen,* die die pädagogische Beziehung verzerren können. Konflikte, die unterdrückt werden, führen zu andauerndem »Krieg« im Klassenzimmer. Deshalb dürfen sie nicht mit Machtmitteln oder psychologischen Strategien »gelöst«, sondern müssen in der beidseitigen Beziehung ausgetragen werden.

Spannungen und Feindseligkeit, gegenseitiges *Machtausüben und Unterdrücken sind oft das Ergebnis nicht ausgetragener Konflikte.* Anstatt Probleme in der Beziehung zu regeln, wird »kurzer Prozeß« durch die Schulstrafe gemacht. Dieser deckt den Konflikt zu, aber schafft ihn nicht wirklich aus der Welt. Die Konfliktpartner gehen bei solch »kurzen Prozessen« aus der Beziehung heraus; dadurch bleiben sie allein – was die Angst voreinander vermehrt. In diesem Buch möchte ich hingegen zu »langen Prozessen« *in* der Beziehung anregen.

Bei der Beratungs- und Gruppenarbeit mit Lehrerinnen und Lehrern wird deutlich, daß viele Konflikte nicht nur in den Personen liegen, die aufeinanderprallen, sondern im *Schulsystem* ihre Ursachen haben. *Durch die Schulorganisation der Regelschule ist eine tiefgehende Beziehungsstörung zwischen Schülern und Lehrern schon vorgegeben.* Zum Beispiel dadurch, daß sich Kinder und Jugendliche für etwas interessieren sollen, was für sie gar nicht interessant ist und keinen Sinn hat; oder daß sie sich stundenlang still hinsetzen sollen, wo Bewegung zu ihren existentiellen Bedürfnissen gehört; oder daß Schüler zu bewerteten Menschen gemacht werden, die durch das Zensurensystem täglich Demütigungen hinnehmen müssen: Es gilt nicht, was sie *sind,* sondern was sie an erwünschtem Verhalten und Wissen vorzeigen.

Durch Schulgesetze und Schulordnungen, die nicht an den Lebensbedürfnissen von Kindern und Jugendlichen und deren Lehrern orientiert sind, durch Lehrpläne und Leistungsdruck, Klassenzimmer und Schulhäuser ist das Lehrer-Schüler-Verhältnis von vornherein belastet. Wir dürfen allerdings nicht darauf warten, bis sich die einengenden Schulstrukturen ändern. *Das entwicklungsstörende Schulsystem kann nur durch sich emanzipierende Lehrerinnen und Lehrer überwunden werden,* vereint mit Eltern und Schülern. Sie verändern das System an der Stelle, an der sie im System stehen – zum Beispiel indem sie beginnen, Konflikte nicht durch Machtausüben, sondern gewaltfrei zu regeln. Gleichzeitig damit muß einhergehen, daß sie *durch politisches Handeln für pädagogische und demokratische Lernbedingungen eintreten.*

Da bei der hier beschriebenen Konfliktbearbeitung *auf Machtausübung verzichtet* wird, kommt es zu *gewaltfreiem Sich-Auseinandersetzen.* Dies erfordert Mut, weil nicht von vornherein gesagt werden kann, welche Folgen das Risiko der Gewaltfreiheit haben wird – es fordert gleichsam den Mut, »einseitig abzurüsten«. Am Ende gibt es keine Sieger und Verlierer, sondern eine »Friedens-Beziehung«. Damit wird das Lösen von Konflikten im Schulalltag zu praktizierter Friedenserziehung. Dies ist das Nötigste, was unsere von atomaren Menschenvernichtungsmitteln starrende Welt braucht. Die nachfolgenden Überlegungen sollen auch als Beitrag zu dieser Lebensfrage verstanden werden: Wie können Menschen miteinander leben, ohne sich gegenseitig zu verletzen?

Ich möchte die Leserinnen und Leser dazu anregen, mit sich selbst und mit den Schülern in einer Weise umzugehen, in der sie weniger Druck und weniger Macht ausüben müssen. Denn *jeder Druck, den ich ausübe, wirkt auch als Druck auf mich selbst.* Jede Macht, die ich gegenüber anderen aufbaue, bedeutet gleichzeitig ein Machtausüben gegen meine eigene Person. Und umgekehrt: *Immer wenn wir riskieren, zu anderen menschlicher zu sein, behandeln wir auch uns selbst menschlicher.* Wenn wir aus vorgegebenen und eingefahrenen Machtstrukturen heraustreten, tritt nicht, wie oft befürchtet, das Chaos ein. Vielmehr *führt uns das Aufgeben der Macht in menschlichen Kontakt und in neue Formen des Zusammenlebens.*

Sich-begreifen-Lassen in schulischen Konfliktsituationen

Mit sich selbst in der Beziehung zum andern bleiben

Das Glück, ich selbst zu werden und dadurch den andern nützlicher – ich hab es noch erlebt.
Christa Wolf: Kassandra

Der Mensch wird wieder ermutigt, »ich« zu sagen, ohne damit anderen etwas wegzunehmen. Im Gegenteil: der Glückliche, der ich-sagende Mensch kann für alle, die mit ihm zu tun haben, eine ganz andere befreiende Wirkung haben als derjenige, dessen Beziehung zum anderen aus dem Über-Ich gesteuert wird.
Dorothee Sölle

Die begründete Angst von Lehrerinnen und Lehrern
»Man kann nie sicher sein, was alles passiert«
Nicht vorhersagbare und unkontrollierbare Ereignisse

Unterrichtsstörungen zählen für Lehrerinnen und Lehrer zu den bewegendsten schulischen Problemen. Im Lehreralltag heißt diese Bedrohung »Disziplinschwierigkeiten«. Sie ist mit Fragen verbunden wie:
Was kann ich tun, damit Schüler die Ordnung anerkennen, die ich zum Unterrichten brauche? – Wie verhalte ich mich, damit mich Kinder und Jugendliche akzeptieren? – Auf welche Weise lasse ich mich mit den Schülern ein, damit Lernen möglich wird? – Kann ich in der Schule so *sein,* wie ich bin und sein möchte; oder muß ich »andere Seiten aufziehen«, damit »Ordnung herrscht«?

Im allgemeinen lösen zwei Gegebenheiten Angst aus:

– Einmal, daß bestimmte Ereignisse *nicht vorhersagbar* sind: das macht unsicher;
– zum anderen, daß die Verhältnisse *unkontrollierbar,* also nicht »in den Griff zu kriegen« sind.

Diese angstauslösenden Bedingungen treffen auf die Schulsituation zu: Sind die Schüler heute zum Arbeiten bereit? – Wird Manfred wieder dauernd dazwischenrufen? – Merken die Schüler auf oder sind sie »abwesend«? – Schwätzen sie oder hören sie mir zu? – Greift mich ein aggressives Kind an? – Lacht mich ein Jugendlicher aus?

Solche Fragen zeigen, wie wenig vorhersagbar und wie unkontrollierbar das Unterrichtsgeschehen ist; besonders dann, wenn Unterricht so kontrolliert ablaufen soll, wie das in unseren Schulen als normal gilt. Diese fragwürdige Normalität der Arbeitssituation im üblichen Schulsystem können wir nur überwinden, wenn wir den Jetzt-Zustand genau ansehen. – Was ängstigt also in der Schulsituation? – Bei meiner tiefenpsychologischen Arbeit in Konflikt-Gesprächsgruppen treten immer wieder folgende Gesichtspunkte auf:

– Lehrerinnen und Lehrer können sich nicht darauf verlassen, daß ihnen die *Schüler wohlgesonnen* sind. Schon die Frage »Mögen mich die Schüler?« kann Angst machen; deshalb wird sie so bewußt selten gestellt. Aber im Innersten bleibt diese existentielle Frage: Akzeptieren mich die Kinder? Respektieren mich die Jugendlichen? Oder lehnen sie mich ab?
– Lehrerinnen und Lehrer müssen in mancher Hinsicht etwas *gegen die Kinder tun;* denn viele Unterrichtsvorhaben stehen deren Lebensbedürfnissen entgegen. Die Lehrenden können im Unterricht nicht – wie es natürlich wäre – an den Spontaninteressen der Jugendlichen ansetzen, sondern müssen »Stoff« durchnehmen, der den Schülern oft fernliegt. Diese Situation trägt fortwährend den Keim für Beziehungsstörungen und Machtkämpfe in sich.
– Sie können sich *nicht persönlich mit den Schülern einlassen* – jedenfalls nicht in dem Maß, wie das menschlich aufgeschlossene Lehrerinnen und Lehrer wollen. Denn sie haben vor

allem um der »Sache« willen dazusein und müssen sich mit zu vielen Schülern gleichzeitig befassen. Die »Sache« ist – so wird ihnen vorgeschrieben – der Lerngegenstand; und zwar je älter die Kinder sind, um so mehr. Wenn aber Wissensvermittlung das Wesentliche sein soll, ist die Beziehungsstörung zwischen Lehrern und Schülern bereits vorgezeichnet. Denn dadurch müssen Grundbedürfnisse von Kindern und Jugendlichen ausgeschaltet werden. Zum Beispiel die nach Kontakt, nach Gemeinschaft, nach ganzheitlichem Erleben.

– Lehrerinnen und Lehrer müssen *Kindern und Jugendlichen Unrecht antun,* um schulbehördliche Vorschriften zu erfüllen. Sie können zum Beispiel den einzelnen Schüler nicht so ermuntern, wie es ihren pädagogischen Wünschen entspräche; denn sie sind gezwungen, ihn in einem fort zu prüfen und scheinbar »gerecht« in eine Notenreihe einzuordnen. Dabei wissen sie: Das ist pädagogisch falsch, weil sie durch das herkömmliche Zensieren die Kinder im Lernen behindern. Sie machen die Schwachen noch schwächer und die »Schwierigen« noch schwieriger.

– Sie müssen oft *in unüberschaubaren Lerngruppen arbeiten,* sich mit bis zu fünfundzwanzig und mehr Schülern auseinandersetzen. Das macht die Beziehung unsicher und bedrohlich. Es wäre entspannender, sich in eine überschaubare Unterrichtsbeziehung einlassen zu können.

– Lehrerinnen und Lehrer müssen ständig damit rechnen, daß im Unterricht etwas *Überraschendes passiert.* Sie wissen nicht, ob sie dann der unvorhergesehenen Situation auch gewachsen sind. Schüler sind von Natur aus lebendig, handeln spontaner als die Erwachsenen und werden dadurch unberechenbar.

– Sie *wissen zu wenig über Kinder und Jugendliche,* über deren entwicklungspsychologische Situation, ihre Lebensinteressen und speziellen Schwierigkeiten. Besonders mangelt es Lehrerinnen und Lehrern an Einsichten und Handlungswissen über »schwierige« Schüler und der möglichen Beziehungsaufnahme zu diesen. In ihrer Aus- und Weiterbildung haben sie *viel über Sachen, aber wenig über Menschen gelernt.*

Solche Bedingungen – es gibt deren noch mehr – machen die Beziehung zwischen Lehrern und Schülern unsicher. Schon auf den ersten Blick wird dabei deutlich: Es handelt sich bei diesen Konflikten nicht nur um Probleme des Lehrers, des Schülers oder der Schulklasse. Vielmehr sind ein Teil der *Beziehungskonflikte bedingt durch schulische und gesellschaftliche Verhältnisse:* etwa durch die Mißachtung kindlicher Interessen, die schulbedingte Bewegungseinschränkung, die Gewalt der Zensurengebung, die bürokratische Einengung.

Beziehungskonflikte bearbeiten heißt deshalb für Lehrerinnen und Lehrer: Ich kann aus persönlichem Betroffensein heraus an *der* Stelle etwas verändern, an der *ich* unmittelbar an dem Konflikt beteiligt bin. Das bedeutet weiter: Ich sollte durch *politisches* Handeln die konfliktträchtigen Bedingungen des Schulsystems aufdecken und mit Bürgermut für eine andere, menschengerechtere Schule eintreten. Dazu gilt es, die Hier-und-Jetzt-Situation zu bearbeiten; das ist Inhalt der folgenden Überlegungen. Nur das umfassende Wahrnehmen der Unterrichtswirklichkeit stößt immer wieder dazu an, *die Schule von unten und von innen her zu verändern.*

Sich in Konfliktsituationen begreifen lassen
»Du goldzahnige Wildsau!« – Eine Lehrerin läßt sich »treffen« und bleibt echt

An Beispielen aus dem Schulalltag zeige ich auf, was der einzelne verändern, aber auch blockieren kann. – Wie handeln Lehrerinnen und Lehrer, wenn sie plötzlich in einer bedrohlichen Schulsituation stehen? – In der Regel haben sie gelernt, mit Kindern etwas zu *machen,* was diesen helfen und sie selbst von der Bedrohung befreien soll. Mit bestimmten Methoden werden Schüler aufmerksam *gemacht,* zur Mitarbeit *bewegt* oder zur Ruhe *gebracht.* Bei diesem Bemühen versuchen pädagogisch orientierte Lehrerinnen und Lehrer, sich in die Schüler einzudenken und einzufühlen. Von *sich selbst* geben sie jedoch wenig preis.

Die Beispiele, die ich bringe, sind nicht zum Nach*machen* gedacht, sondern zum Nach*denken.* – Die folgende Szene hat sich in einer siebten Klasse abgespielt.

Ein Schüler war ärgerlich auf die Lehrerin, weil diese eine Aufgabe von ihm forderte. Wütend brüllte er sie vor der Klasse an: »Du goldzahnige Wildsau!«

Was tun? Oder etwa nichts tun? – Wie würde es *mir* vermutlich gehen? – Würde mich die Situation wütend machen oder ängstigen, wäre ich aufgeregt oder gelassen? – Würde ich »Maßnahmen ergreifen«, zu Schulstrafen schreiten oder die Angelegenheit rasch abtun? ... – Nicht eine einzige Lehrerin würde so handeln wie die andere. Nutzlos ist es, nach dem »richtigen« Verhalten zu fragen. Jeder Lehrer handelt in der Konfliktsituation so, wie er *kann* und wie es für *ihn* stimmt. Ob er damit zufrieden ist oder nicht, ist eine andere Frage; sie beschäftigt uns hier immer wieder.

Die Lehrerin in unserem Beispiel konnte weder psychologisch überlegen, noch kam ihr ein »geschicktes Vorgehen« in den Sinn. Als sie der auch sonst sehr aggressive Junge anschrie: »Du goldzahnige Wildsau!«, fragte sie erschrocken zurück: »Was – sieht man das so stark?« – Sie hatte nämlich den Goldzahn erst seit ein paar Tagen und war deshalb von der Schülerreaktion überrascht. – Der Schüler wurde auf die spontane Lehrerinnenfrage hin leicht verlegen und gab besänftigend und fast entschuldigend zurück: »Naa, so schlimm is' ja gar net.«

Als ihn die Lehrerin später fragte, was ihn so wütend gemacht habe, erzählte er einlenkend: Er habe gemeint, das mit der Aufgabe tue sie ihm mit Fleiß, da habe er eine solche Wut auf sie bekommen. Er schilderte dann, wie es ihm bei seinem Gefühlsausbruch ging. Jetzt sehe er ein, daß das grob war und es täte ihm leid. – Die Lehrerin berichtete, daß der Junge in der folgenden Zeit bemüht um sie war und gar nicht mehr so aggressiv. Sie kam öfter – mehr so nebenbei – ins Gespräch mit ihm, und er wurde geradezu anhänglich.

Jede Lehrerin hätte auf das herausfordernde Verhalten des Jugendlichen anders geantwortet, *ihrer* Person entsprechend. Es gibt keine Regeln für »richtiges pädagogisches Verhalten«, sondern immer nur eine einmalige Beziehungssituation; diese können wir klären. Was tat die Lehrerin in der Konfliktsituation, daß es ihr gelang, mit dem aggressiv angreifenden Jungen ins Gespräch zu kommen? – Ihr spontanes pädagogisches Handeln war offenbar wirksam – aber *was* hatte vermutlich gewirkt, was ist psychologisch geschehen?

– Die Lehrerin *zeigte spontan, wie betroffen sie war.* Sie tat dies nicht als Methode, sondern blieb in diesem Augenblick ganz

»bei sich«. Der Junge erlebte, daß er sie getroffen hatte, was er ja beabsichtigte. Er konnte die Lehrerin in ihrem Getroffensein spüren und war selbst verunsichert. Indem er sie durch seine beleidigende Bemerkung »traf«, vermochten sich die beiden zu »treffen«. – Lehrer und Schüler mißverstehen sich häufig deshalb, weil Lehrer meinen, sie müßten so tun, als ob sie der »An-griff« nicht berührte.

– Das Sich-Treffen war bei der »goldzahnigen Wildsau« möglich; denn die Lehrerin *blieb echt*. Sie versuchte keinen »taktischen Zug«, überlegte keinen psychologischen Trick, noch pochte sie auf pädagogische Moral. Was sie tat, stimmte – und zwar für sie. Dadurch wurde sie für den Jungen begreifbar; sie *ließ sich »begreifen«*, blieb in der Beziehung und stieg nicht durch eine »Disziplinarmaßnahme« aus.

– Die Lehrerin *schlug nicht zurück*. – Man könnte es ihr allerdings schwerlich verdenken, hätte sie es getan. Sie verwies den Jungen nicht in seine Schranken, belehrte ihn nicht darüber, wie er sich zu verhalten habe. Sie redete nicht auf ihn ein, sie gab ihm keine Strafaufgabe und keinen Verweis. Politisch ausgedrückt: Es war ihre *»einseitige Abrüstung«, die zum Frieden führte*. – Vermutlich wäre der Konflikt verschärft worden, hätte die Lehrerin zurückgeschlagen. Der Schüler hätte dann als »Besiegter« zum neuen Gegenschlag »rüsten« müssen. So aber konnte er sicher sein, daß die Lehrerin ihn nicht verletzen wollte. Und diese mußte nicht darauf bestehen, recht zu haben; *sie wollte sich mit dem Jungen verständigen*.

»Bei-sich-selbst-Bleiben« ermöglicht dem andern das »Zu-sich-Kommen«
Erstarrung durch »die Angst, das Gesicht zu verlieren«

Es ist eine alte Erfahrung: Aggressivität ruft erneut Aggressivität hervor. Das Handeln der Lehrerin bestätigt eine andere, seltener gewagte Erfahrung: Auf Verständigung abzielendes Verhalten kann die Verständigungsbereitschaft wecken. Beobachtungen zeigen, daß Feindseligkeit weniger häufig auftritt, wenn Erzieher auf Aggressivität der Kinder und Jugendlichen *nicht* aggressiv und feindselig reagieren.

Die Lehrerin mußte sich nicht stark zeigen. Sie tat auch nicht so, als stünde sie »über der Sache«, als mache es ihr nichts aus, schlecht behandelt zu werden. »Überlegenes« Verhalten von Lehrern reizt Schüler oft noch mehr zu überschießendem Handeln. Die Lehrerin *bekundete nicht Stärke,* sondern zeigte sich »schwach«. Spielt der Lehrer hingegen seine stärkere Position aus, spüren gerade »schwierige« Kinder darin seine Ohnmacht. Das läßt sie – wenn sie stark genug sind –, nach emotional noch stärkeren Mitteln greifen, um seine Macht zu verringern.

Die Lehrerin sprach nachfolgend des öfteren mit dem aggressiven Schüler. Es waren keine »angesetzten« Gespräche, sondern mehr solche »im Vorbeigehen«. Dabei wurde deutlich, daß der Junge die Lehrerin mochte. Rückblickend vermute ich, daß er seiner Lehrerin verschlüsselt und mißverständlich auch Zuneigung entgegenbrachte, als er sie anschrie: »Du goldzahnige Wildsau!« Die Lehrerin ist auf das »Mißverständnis« eingegangen; so konnte an dessen Stelle *gegenseitiges Verständnis* treten, weil auch der Schüler »zu sich« kam.

– Indem sie das *aggressive Gefühl des Jugendlichen an sich herankommen ließ und annahm,* konnte dieser erfahren, daß sie ihn akzeptierte. Aber sie sagte ihm auch, daß sie sein Verhalten kränkend empfand und ließ ihn ihre persönliche Grenze spüren.
– Das *gewaltfreie Erzieherverhalten ermöglichte eine gewaltfreie Konfliktlösung.* Durch den unterlassenen Gegen-Schlag konnte ein Sich-Begreifen möglich werden und damit das Sich-Verständigen. Zurück blieb kein »Verlierer«, der auf Rache sinnen mußte – aber auch kein »Sieger«, der alles daranzusetzen hatte, seine Überlegenheit zu behaupten.
– Die Lehrerin *hat nicht »erzogen«, sondern Beziehung aufgenommen.* Das ermöglichte ihr, die Beziehung in der Weise zu verändern, wie sie das wünschte.

Die Lehrerin hat das aggressive Verhalten des Schülers nicht »geahndet«. Muß sie nicht mit einem ebenso frechen Verhalten anderer Kinder rechnen? – So wendet eine Kollegin empört ein: »Untergrabe ich nicht meine Autorität, wenn ich solche Verstöße ‹durchgehen› lasse?« – Die Lehrerin, die das Fallbeispiel berichtete, ließ nichts »durchgehen« – im Gegenteil: Sie *hat keinen »kurzen Prozeß« gemacht, sondern sich mit dem Schüler auf eine Auseinandersetzung eingelassen.* Ihre Autorität wurde nicht untergraben; denn diese ist am wirkungsvollsten, wenn die Lehrerin als Person echt handelt.

Die Schulklasse wurde von der Lehrerin nachfolgend bewußt in die Problembearbeitung einbezogen. So erlebten die Mitschüler, wie ein Konflikt ausgetragen werden kann, ohne daß sich die »Gegner« schädigen. Anzunehmen, andere Schüler könnten sich auch so verhalten wie der wütende Junge, entspricht mehr der Angst von Lehrern, als dem tatsächlichen Schülerverhalten.

In den Konflikt-Gesprächsgruppen fällt mir auf, daß sich viele Lehrerinnen und Lehrer nicht *echt* zeigen, weil sie befürchten, es käme dann »Schlimmeres« nach. Sie meinen, ihre *Lehrerrolle durchhalten,* sich »weich« oder »hart« *geben* zu müssen. Sie dürfen nicht so *sein,* wie sie *sind,* sondern bauen eine machtvolle Lehrerfassade auf. Diese verzerrt die Beziehung zwischen Schülern und Lehrern und verursacht neue Schwierigkeiten.

Lehrer tun mit diesem Rollenverhalten auch ihrer eigenen Person Gewalt an. Sie müssen Drohungen immer wieder aussprechen und dann auch wahrmachen. Sie fürchten, »das Gesicht zu verlieren«, wenn sie nicht so reagieren, wie sie angekündigt haben. Weil sie ihr »Gesicht wahren« müssen, kann es dazu kommen, daß sie bei sich selbst keine Veränderung mehr zulassen und immer mehr erstarren. Die Person bleibt dann scheinbar ausgeklammert. Der Lehrer macht eine Tugend daraus, unveränderbar, »konsequent« zu sein. Das hat zur Folge, daß er nicht mehr dazulernen muß – aber auch nicht mehr lernen *darf.* Er vermag sich selbst nicht mehr zu verändern. Deshalb wird es für Kinder wie Kollegen schwer, mit ihm in Beziehung zu kommen.

Manche wagen den Schritt von der Lehrer-Rolle zum Person-Sein nicht. Sie befürchten, sich auszuliefern, wenn sie sich persönlich zu erkennen geben. Indem sie sich dann als Person zurücknehmen, wird die Beziehung erschwert – und das verschärft die Konflikte. Es ist eine verbreitete Störbedingung in der pädagogischen Beziehung, daß Lehrer meinen, sie müßten sich verleugnen, um ihre Rolle zu erfüllen. Dadurch erleben sie nicht, wie sie *durch das Glück, sie selbst zu werden, auch den Kindern besser helfen können.* Christa Wolf drückt das in ihrer

Erzählung »Kassandra« so aus: »Das Glück, ich selbst zu werden und dadurch den andern nützlicher – ich hab es noch erlebt.«

Lehrerinnen und Lehrer können aufgrund solcher Überlegungen nur dann ihrer Person angemessen handeln, wenn sie nicht nur die Schule, sondern ihre gesamte Lebenssituation in ihre Konfliktlösungswünsche einbeziehen. Es gilt, Beziehungskonflikte in Paarbeziehungen, Familie, Arbeitskontakten besser wahrzunehmen und offener zu bearbeiten. Bezogen auf das Thema »Sich-begreifen-Lassen«, können dazu Fragen anstoßen wie:

Kann ich in der Schule wie in meinen Familien- und Freundschaftsbeziehungen die wirkliche Befindlichkeit äußern – oder muß ich sie verstecken?

Kann ich bei Konflikten mit Schülern, Freunden, Verwandten, Mitarbeitern, Kollegen »bei mir selbst bleiben«? Oder muß ich weg von meinen Gefühlen gehen und argumentieren, mich verteidigen, den anderen beschuldigen?

Kenne ich die Angst, »das Gesicht zu verlieren« und die Folge, damit von mir selbst wegzugehen?

Muß ich mich in schulischen Situationen panzern, aus der Befürchtung heraus, angegriffen zu werden?

Solche Fragen können fühlfähiger machen für sich selbst und ermutigen zu neuen Erfahrungen.

Ordnungsmaßnahmen stören die Beziehungsaufnahme und verhindern eine ursächliche Problemlösung

Der »gerechte« Verweis: »Ich wollte Klarheit schaffen, wer der Starke ist!« – Die zudeckende Wirkung der Schulstrafe

In Konfliktsituationen versuchen Lehrerinnen und Lehrer oft, sich als Person außerhalb des Konflikts zu stellen. So, als habe das Problem nichts mit ihnen zu tun, sondern sei ausschließlich dem »schwierigen Verhalten« des Schülers zuzuschreiben. Diesem gilt es Einhalt zu gebieten durch entsprechende Ordnungsmaßnahmen. Das Macht- und Abrechnungsprinzip äußert sich als bürokratische Regelung – zum Beispiel der des »Verweises«. *Mit solchen Schulstrafen tritt der Lehrer aus der Beziehung heraus.* Eine psychologisch sinnvolle Konfliktbearbeitung ist nicht mehr möglich.

Dazu ein Beispiel: Ein Berufsschullehrer hatte den Wunsch, mit seinen Schülern in Kontakt zu kommen. Er galt bei Schülern wie Kollegen als wohlwollend und verständnisvoll. Einen für ihn schwierigen Schulkonflikt berichtet er in einem Gesprächsseminar über »Disziplinschwierigkeiten«: »Das war die Spitze der Disziplinlosigkeit, die ich erfahren hab'. Da ist folgendes passiert:

Unterrichtsbeginn. Ein Schüler kommt raus, den Klassensprecher im Schlepptau, baut sich vor mir auf und sagt: ›Sie Herr K., was hab'ns denn da meiner Mutter am Telefon erzählt? Also wenn ich dabei gewesen wär', ich hätt' Ihnen eine solche g'schmiert...‹ – Die Vorgeschichte dieser Szene: Der Schüler brachte eine Entschuldigung mit haarsträubendem Wortlaut auf einem selbstgeschriebenen Zettel: ›Ich hatte meinen leichten Grippeanfall...‹ – Ich bin der Sache nachgegangen und hab' die Mutter angerufen. Er war wirklich krank.

Als mich jetzt der Schüler so aggressiv anredete, war ich sehr aufbrausend. Der war darüber erschrocken. Aber ich wollte endlich Klarheit schaffen, wer der Starke ist... Die Klasse hat nun gemerkt, daß da was los ist. Ich hab' den Unterricht abgebrochen und gemeinsam mit dem Direktor versucht, eine Lösung zu finden. Ein Verweis ist in der Berufsschule etwas Schlimmes, weil der auch an die Firma geht... Dann ist es möglich, daß der Schüler am Ende der Lehrzeit nicht übernommen wird... Ich hab' aber den Verweis gegeben. Der Schüler hat sich dann loyal benommen. Ich hatte das Gefühl, es funktioniert... Aber ich fühle mich nicht wohl dabei.«

Es gibt viele, die über solches »Funktionieren« nicht zufrieden sind. Geholfen hat der gerechte Verweis niemandem. Der Lehrer ist seinem Wunsch nach Kontakt nicht näher gekommen, sondern im Gegenteil in eine unpersönliche Spannung geraten. Der Schüler mußte seine Wut unterdrücken und litt unter der ungerechten Behandlung. Der Berufsschullehrer praktizierte zudem kein Modellverhalten für konstruktive Konfliktlösung. *Die dem Konflikt zugrundeliegenden Ursachen und Mißverständnisse wurden nicht berührt.* Der »gerechte« Verweis deckte alles zu.

So ein schneller Griff zur »Waffe« – der schlechten Zensur, dem Verweis, dem Ausschluß, der Strafarbeit, dem plötzlichen Aufrufen – ist eine häufige Reaktion. Weil das Vertrauen in die Beziehungsaufnahme so gering ist, werden noch viel zu wenig

Erfahrungen gewagt, die zur gewaltfreien Konfliktlösung ermutigen.

Lehrerinnen und Lehrer müssen in einer Situation arbeiten, die für die Schüler wie für sie selbst von Macht, Übermacht, Ungerechtigkeit und Unfreiheit gekennzeichnet ist. Das führt zu unterschwelligen und offenen Spannungen. Gegen die daraus entstehenden Konflikte wird den Lehrern eine Reihe von Schulstrafen, Verordnungen und Gesetzen bereitgestellt. Diese *verstärken Macht und Übermacht und halten dadurch den schulischen Dauerkrieg aufrecht.*

Das Greifen nach »Ordnungsmaßnahmen« erzeugt einen verhängnisvollen Zirkel. Es vergrößert die Schwierigkeiten, die es beseitigen soll und zwingt dazu, die schulische Machtausübung immer neu zu festigen. Das verzehrt bei Lehrerinnen und Lehrern ebenso wie bei Schülern ein Unmaß an Energien, die dem gemeinsamen Lernen verloren gehen.

Sich-beweisen-Müssen erschwert die Konfliktregelung
»Eigentlich wollte ich mit den Schülern reden«
Der verleugnete Kontaktwunsch
»Ist es nicht egoistisch, mein Ich herauszustellen?«

Der Berufsschullehrer in unserem Beispiel war kein Unmensch. Er bemühte sich ernsthaft, mit der Klasse friedlich auszukommen. – Weshalb mußte er dann den Schüler in dieser Situation so »niedermachen«? Was waren die psychologischen Beweggründe für sein strafendes Handeln? – Er sagt, er habe sich gekränkt gefühlt; ihm läge daran, von den Jugendlichen angenommen zu werden – und dieser Schüler habe ihn unverhüllt abgelehnt. Da sei ihm nichts anderes übrig geblieben, als »es ihm zu beweisen«.

Er erzählte in diesem Zusammenhang ein Vorkommnis, das ihn insgeheim verletzte: Vor dem Klassenzimmer warteten einige Schüler auf dem Boden sitzend. Nachdem er aufgesperrt hatte, bot er diesen an:»Ihr könnt schon hereinkommen!« – Mit dieser Bemerkung verknüpfte er den ungesagten Wunsch, Kontakt mit ihnen aufzunehmen. Die Jugendlichen gingen aber nicht auf den Vorschlag ein, kein einziger betrat das Klassenzimmer. Das war für den Lehrer kränkend.

Woher sollten die Schüler wissen, daß Herr K. es *gern* hatte, wenn sie hereinkamen und mit ihm redeten? – Weshalb machte er eine formale Mitteilung und äußerte nicht seinen *persönlichen Wunsch:* »Kommt doch herein zu mir, ich möchte mit euch reden«? – Er hätte den Lehrlingen schon lange von seinen Bergsteigererlebnissen erzählen wollen, aber noch nie »ergab« sich die Gelegenheit, sagte er. Dabei nahm er nicht wahr, daß er diese Gelegenheit schaffen könnte, indem er sich mit seinem Wunsch zeigte.

Auch in der Situation mit dem aufgebrachten Schüler sollten ihn die anderen akzeptieren. Aber *aus der Angst heraus, nicht respektiert zu werden, geriet er ins Formale,* in die »Ordnungsmaßnahme Verweis«. – Dabei wäre es möglich gewesen, sich zu verständigen: Wenn der Lehrer von seiner Kränkung gesprochen hätte – und wenn der Schüler hätte erzählen können, was den Hintergrund der aggressiven Äußerung bildete. Die Mutter des Jugendlichen war nämlich »ganz aus dem Häuschen geraten, weil jetzt schon die Schule anruft«. Das hätte sie noch nie erlebt und als schlimm empfunden – obwohl der Jugendliche gar nichts angestellt hatte. Die alleinerziehende Frau, immer in Sorge, aus dem Jungen könnte nichts Rechtes werden, regte sich wegen des Lehreranrufs auf und weinte heftig. Das bedrückte den Jugendlichen und machte ihn wütend auf den telefonierenden Lehrer. Aus dieser Wut entsprang dann die Bemerkung »Am liebsten hätt'ich Ihnen eine g'schmiert«.

Der Lehrer wünschte im Grunde etwas ganz anderes als er durch sein Verhalten ausdrückte. Er wollte zu den Schülern eine befriedigende Arbeitsbeziehung. Aber *er riskierte nicht, mit seinen Wünschen und Ängsten in die Beziehung hineinzugehen.* In der Lehrer-Gesprächsgruppe äußerte er die Befürchtung, das könnte »egoistisch« sein. Aber hätte er denn »egoistisch« den Schülern etwas weggenommen? Auch für diese wäre es bereichernd gewesen, wenn er zu ihnen *so* in Kontakt getreten wäre, wie er das wollte.

Den Wunsch, auch persönliche Bedürfnisse im Schulalltag zu befriedigen, weisen manche Lehrerinnen und Lehrer mit der Begründung zurück: »Ich bin doch schließlich für die Kinder da!« – Sie denken offenbar an jene Art von »Selbstverwirklichung«, die den anderen an dessen »Selbstverwirklichung« hindert. Abgesehen davon, daß es keine echte Selbstverwirklichung *gegen* den anderen gibt, geht es bei dem hier erörterten »Sich-begreifen-Lassen« um kein egozentrisches Verhalten. Es handelt sich nicht darum, Lehrer-Wünsche gegen die Schüler durchzusetzen, sondern um das »In-Berührung-Bringen« meiner Wünsche und meiner Befindlichkeit als Lehrer mit der Lebenssituation des Schülers. *Ziel ist nicht, übereinander zu verfügen, sondern sich wahrzunehmen. Nur aus dieser Wahrnehmung heraus kann ein aufeinander bezogenes Handeln folgen.* Indem sich der Lehrer begreifen läßt, verfolgt er nicht ein Streben nach Übermacht, sondern seine Wünsche nach Kontakt. Aus dem Wahrnehmen seiner Lebenswünsche und der Lebensbedürfnisse der Schüler erwachsen weitreichende Impulse, etwas zu verändern, zum Beispiel den Unterricht neu zu gestalten, das Schulleben zu verbessern, politisches Engagement für das Erneuern der Schulstrukturen aufzubringen.

Dorothee Sölle (1978, S. 71) drückt den Gedanken des Ich-Seins in der Bedeutung für den anderen so aus:»Der Mensch wird wieder ermutigt, ›ich‹ zu sagen, ohne damit anderen etwas wegzunehmen. Im Gegenteil: Der Glückliche, der ich-sagende Mensch kann für alle, die mit ihm zu tun haben, eine ganz andere befreiende Wirkung haben, als derjenige, dessen Beziehung zum anderen aus dem Über-Ich gesteuert wird.« – Und sind nicht viele Lehrerinnen und Lehrer voll von über-ichhaften Rollenvorstellungen, von Sollens-Vorschriften und Obrigkeits–Weisungen?

Sich auseinandersetzen – statt bürokratisch zu verfahren
Menschliche Hilfe nicht zu Ordnungsmaßnahmen verkommen lassen

Das Beispiel des aus seiner Unsicherheit heraus strafenden Berufsschullehrers zeigt das pädagogisch Fragwürdige ministerieller Schulordnungen, wenn darin Ordnungsmaßnahmen vom Verweis bis zum Schulausschluß vorgeschrieben werden. Diese *verleiten Lehrer dazu, pflichtgemäß zu strafen, anstatt psychologisch zu denken und pädagogisch zu handeln.* Menschliche Probleme verkommen dann zu Ordnungsproblemen und bürokratischen Regelungen.

Wie hätte im vorliegenden Konflikt »Sich-begreifen-Lassen« ausgesehen? – Der Lehrer berichtete, daß er Angst vor dem Schüler hatte. Von dieser Angst wollte er jedoch nichts spüren lassen. Er meinte, er müsse die Fassade des durch nichts umzuwerfenden Lehrers vortäuschen – entsprechend der machtvollen Position, in der sich der Schüler vor ihm aufbaute.

Im anderen Fall wäre der Lehrer bei sich geblieben, indem er zum Beispiel gesagt hätte: »Sie machen mir richtig Angst, wie Sie auf mich losgehen...« Der Kontakt wäre stimmig gewesen, wenn der Lehrer seine Kränkung nicht *unter*drückt, sondern *aus*gedrückt hätte. Dem unbeherrschten Berufsschüler wäre die Einsicht möglich geworden, daß sich der Lehrer durch den aggressiven Gefühlsausbruch bedroht fühlte. Daraus wäre die Chance erwachsen, den Lehrer wahrzunehmen. Der Berufsschullehrer wiederum hätte den Jugendlichen begreifen können, wenn er nicht durch den bürokratischen Verweis Überlegenheit ausgespielt, sondern sich nach den Hintergründen für das wütende Verhalten erkundigt hätte. Dabei wäre herausgekommen – wie bereits erwähnt –, welches Familiendrama der heimliche Anruf bei der Schülermutter ausgelöst hatte. Der Lehrer hätte sein Mißtrauen gegenüber dem Schüler im offenen Gespräch beseitigen und sich auf diesem Weg mit ihm verständigen können. So wäre er sich selbst treu geblieben; denn sein Wunsch ist ja, mit den Schülern in Kontakt zu kommen und von ihnen akzeptiert zu werden.

Wie sich die Situation entwickelt hätte, wenn der Lehrer auf solche Weise gewaltfrei vorgegangen wäre, ist nicht vorherzusagen. Lehrerinnen und Lehrer blockieren ihre Handlungsmöglichkeiten, wenn sie ausschließlich ziel-orientiert denken, nämlich von vornherein festlegen wollen, was bei ihrem Verhalten herauskommen muß. Sie verlieren dadurch den *Prozeß* aus den Augen, den sie *jetzt* gestalten können. Oft malen sie sich aus, der Konflikt nähme den schlimmstmöglichen Fortgang, falls sie nicht mit Gewalt »eingreifen« würden. Sie sagen zum Beispiel: »Ja, aber wenn mich der Schüler bei meiner gewaltfreien Beziehungsaufnahme lächerlich macht?« Und damit riskieren sie nicht, so zu handeln, wie sie eigentlich möchten – und bringen sich um eine *neue Erfahrung,* mit Hilfe derer sie vielleicht ihre festlegende Vorhersage hätten korrigieren können.

Zum Sich-begreifen-Lassen gehört auch, daß Lehrerinnen und Lehrer *persönliche Grenzen setzen.* Damit ist gemeint, den Schülern nicht mit Du-sollst-Forderungen Einhalt zu gebieten, sondern die Grenze der eigenen Person spüren zu lassen. – Da

24

beklagt sich eine Gymnasiallehrerin, sie müsse bei Unterrichtsbeginn so lange warten, bis die Schüler ruhig sind. Sie stehe oft fünf Minuten und noch länger vor der Klasse, aber manche nähmen einfach keine Notiz von ihr. Das ärgere sie täglich neu, aber sie ließe sich das nicht anmerken. Schließlich müßten die doch sehen, daß sie dasteht und anfangen möchte. Innerlich habe sie in dieser Situation eine Mordswut und sei sehr gespannt. – Danach befragt, weshalb sie denn nichts tue, meinte sie, sie würde den Schülern immer wieder sagen, sie sollten ruhig sein, daß es so nicht ginge und so fort. Aber schließlich wolle sie nicht herumbrüllen und als strenge Studienrätin gelten.

Die Lehrerin befürchtet, sie könnte als streng dastehen; deshalb läßt sie die ganze Pein über sich ergehen. Und die Schülerinnen wissen nicht, wie wütend die Lehrerin wegen ihres Verhaltens ist, wie sie die Situation anspannt und daß sie es ganz anders haben möchte. Im Gegenteil: Sie erfahren, daß die Lehrerin wartet, weshalb sich also beeilen? Die Schülerinnen können ihre Studienrätin nur in der Lehrerrolle sehen – nicht als Mensch, der zornig wird, etwas verändern und mit den Mädchen Kontakt aufnehmen möchte. Sie haben nicht die Chance, deren *persönliche* Grenze zu spüren, als »Halt« und zugleich als Appell, Rücksicht zu nehmen. Die Lehrerin kommt mit den Schülern nur durch »Ihr-sollt-Forderungen« in Kontakt – und nicht auch mit ihrem Zorn, ihren Vorstellungen, mit ihrer »Strenge« und mit ihrem gleichzeitigen Wunsch, nicht streng sein zu müssen. – Im Gespräch mit der Gruppe wird ihr deutlich, daß sie dabei von sich weggeht und von der Klasse.

Solche Beispiele können zeigen: Es geht bei unseren Überlegungen nicht darum, eine »Methode« zu suchen, um mit den Schülern »fertig zu werden«. Vielmehr sollten Lehrerinnen und Lehrer versuchen, in Konfliktsituationen »bei sich selbst« und in der Beziehung zu den Schülern zu bleiben. Wer hingegen nach Methoden und »Strategien« sucht, wird nicht nur oft enttäuscht, weil diese so wenig wirksam sind. Er kommt zudem in *Gefahr, sich seinen eigentlichen Wünschen zu entfremden.*

Fragen, die man sich dazu stellen kann:

Kenne ich aus der täglichen Schularbeit Situationen, in denen ich die Schüler belehre, was sie tun oder nicht tun sollten – anstatt *meine* persönliche Grenze spüren zu lassen?

Womöglich »warte« auch ich in manchen Situationen darauf,

daß sich etwas verändert – ohne den Kindern und Jugendlichen deutlich zu machen, was *ich* verändern möchte und mich mit meinen Veränderungswünschen mit der Klasse einzulassen?

Oder habe ich gar in mancher Hinsicht schon aufgegeben: »Das habe ich alles schon versucht, aber es nützt nichts«? – Dann könnte ich mich vielleicht ermutigen, es mit einem neuen Wahrnehmen der vermeintlichen Resignationspunkte zu versuchen?

Nicht »Gefühle zeigen« – sondern in Beziehung treten

»Ich-Botschaften bewirken überhaupt nichts«
Die Anti-Norm: »Fühl doch mal!«
Beziehungsaufnahme statt über den andern zu verfügen

Eine Lehrerin und Mutter berichtete in einer Balint-Gruppe, wie sie versuchte, eine Verhaltensanleitung von Gordon (1977) zu befolgen. Sie wollte »Ich-Botschaften« an Stelle von »Du-Botschaften senden«. Also sagte sie künftig nicht mehr: »Hör bitte auf mit dem Schwätzen«, sondern »Ich ärgere mich darüber, daß du ständig schwätzt!« Anstatt zu mahnen »Komm doch nicht jeden Tag zu spät«, meinte sie: »Ich fühle mich abgelenkt, wenn du zu spät kommst!« – Sie sagte nicht mehr: »Du sollst nicht immer mit den Fingern dazwischenschnalzen«, sondern »Wenn du so mit den Fingern schnalzt, verlier ich den Faden und werde unsicher!« – Sie versuchte also, sich so zu verhalten, daß ihre Ich-Botschaften »effektiv« (Gordon) werden können. *Die Schüler sollen erkennen, was das Problem ihrer Lehrerin ist; sie sollen erfahren, wie sich das Problem auswirkt und welche Gefühle die Lehrerin dabei hat.*

Die neuen Formulierungen der Lehrerin machten die Kinder tatsächlich aufmerksamer. Nach geraumer Zeit aber wirkten die »effektiven Ich-Botschaften« genauso wenig wie die früheren »falschen Du-Botschaften«. Die Lehrerin war enttäuscht darüber, daß es, wie sie sagt, »auch nichts bringt, wenn man seine Gefühle zeigt«. Dabei wünschte sie sich sehnlich ein angenehmes Arbeitsklima in der Klasse. Sie gab nach dem Mißerfolg mit den »Ich-Botschaften« nicht auf, sondern setzte sich weiter mit ihrem Wunsch nach einem entspannteren Lehrerverhalten auseinander.

Diese persönliche Auseinandersetzung führte sie in Gesprächen mit Kolleginnen und in einer Lehrer-Gruppe. Dabei kam ihr zur Empfehlung »Gefühlezeigen« eine Erkenntnis: »Ich merkte, daß es mir bei meinen Ich-Botschaften ausschließlich darauf ankam, ein anderes Verhalten der Schüler zu bewirken. Ich wollte im Grunde genommen gar nichts von mir mitteilen, sondern ich wollte diese erpressen. So wie manche Mütter ihre Kinder unter Schulddruck setzen: ‹Da bin ich aber ganz traurig, wenn du...› – Mit den Ich-Botschaften bin ich nicht bei meinem Ich geblieben. Vielmehr wollte ich die Schüler manipulieren – und das haben die nicht mitgemacht. Meine Ich-Mitteilungen waren eigentlich ein Trick.«

Damit will ich nicht sagen, daß es Gordon um solche Manipulation ginge und nicht um Hinwendung zum Schüler. Die Gefahr solchen Mißverständnisses besteht allerdings. So sagt zum Beispiel bei Gordon (1977, S. 115) eine Lehrerin, die in der Klasse zum ersten Mal mit Ich-Botschaften »experimentiert« hatte: »Dann war ich still und beobachtete, wie sie (die Kinder) reagieren würden.« – Sie war also nicht »bei sich«, sondern lauerte auf die Reaktion, die sie auslöste.

Die Lehrerin ließ sich in einer Gesprächsgruppe offen mit sich selbst ein. Dabei entdeckte sie, daß sie nur ein *Verhalten* zeigte, um das Verhalten der Schüler zu ändern. Sie blieb nicht bei ihrem Berührt- oder Getroffen-Sein, sondern wollte mit den andern etwas *machen*. Jetzt erkannte sie, daß es bei den »Ich-Botschaften« im Grunde nicht um die Taktik »Gefühle zeigen« geht, sondern um »Bei-sich-Bleiben«. Wenn sie »bei sich« bleibt, etwas von *sich* kundtut, stimmt die Beziehung zwischen ihr und den Schülern. In dieser Beziehung kann sich etwas Partnerschaftliches entwickeln, so wie sie sich das wünschte. Das geht aber nicht, wenn sie durch ein für Kinder undurchschaubares, geschicktes Vorgehen nur deren Verhalten ändern möchte.

Wenn Lehrerinnen und Lehrer »Ich-Botschaften« formulieren oder »Gefühle zeigen«, ohne mit ihrer Person wirklich in der Beziehung zum Kind zu bleiben, wollen sie lediglich das *Verhalten* der Kinder und Jugendlichen ändern, anstatt eine neue *Beziehung* zu ihnen einzugehen. Für die Beziehung aber ist es hilfreich, wenn sich der Lehrer zu erkennen gibt. Die meisten Schüler nehmen das Beziehungsangebot bereitwillig an. Hingegen lehnen sie sich auf, wenn sie sich offen oder versteckt manipuliert fühlen.

Solche Manipulation geschieht leicht, wenn ein bestimmtes Verhalten zur Norm erklärt wird, wie es zum Beispiel mit dem »Gefühle zeigen« durch manche Psychotherapieformen geschieht. Da wird zwar zurecht die gesellschaftlich weit verbreitete Krankheit kritisiert, Gefühle abzuwehren und nur das Verstandesmäßige gelten zu lassen. In Umkehrung der alten Norm »Reiß dich zusammen« oder »Ein Junge weint doch nicht wegen jeder Kleinigkeit«, heißt es nun aber: »Laß dich doch gehen«, »Zeig deine Gefühle«, »Sei nicht so rational«.

Indem sie diese Anti-Norm aufstellen, werden Erzieher, Eltern, Therapeuten erneut zu den Mächtigen, die mit den anderen etwas *machen*. Die Beziehung ist dann wieder gekennzeichnet durch das Verfügen des einen über den anderen. Solches *Verfügenwollen stellt die Grundform der Beziehungsstörung dar.* Es ist schwer, sich davon freizumachen. Aber je mehr es gelingt, um so leichter wird es, die gegenseitige Eigenständigkeit zu akzeptieren. Wo dies noch nicht gelingt, ist es bereits hilfreich, wahrzunehmen, daß und wie ich über andere verfügen will.

Sich-begreifen-lassen – auch in anderen Bereichen des Zusammenlebens

Den Schülern das Erfahrene für eigenes Handeln bewußt machen – Überwinden fassadenhaften Verhaltens

Sich-begreifen-Lassen in schulischen Konfliktsituationen ist keine Methode, um »Disziplinschwierigkeiten« zu beseitigen. Es ist vielmehr der Versuch, mit sich selbst in der Beziehung zum andern zu bleiben und sich zu verständigen. Dies sollte nicht nur Erkenntnis der Lehrenden bleiben, sondern auch *Erfahrungswissen für die Schüler* werden. Es gibt viele Gelegenheiten, das Sich-kenntlich-Machen im Unterricht zu besprechen, zum Beispiel durch Überlegungen wie diese:

Geht es mir mit meinem Tischnachbarn auch manchmal so, daß ich nicht wirklich mitteile, was ich denke?

In welcher Weise könnte ich mich für meine Lehrerinnen und Lehrer faßbar machen, damit die mich besser verstehen?

Wie ist das Sich-begreifen-Lassen in der Beziehung zu meinen Eltern und Geschwistern?

Spiel ich meiner Freundin oder meinem Freund gegenüber

eine Rolle, die es diesen schwer macht, auf mich einzugehen?
Bin ich manchmal böse auf andere, weil sie Erwartungen von
mir nicht erfüllen, die ich gar nicht ausgesprochen habe?
Wie gehe ich selbst auf andere ein, wenn mir diese etwas von
sich mitteilen?

Wenn es beim Regeln schulischer Konflikte eine Hilfe war,
daß sich die Konfliktpartner kenntlich machten, sollte dies mit
*den Schülern durch gemeinsames Nachdenken bewußt gemacht
werden.* Alle bisherigen Beispiele würden sich dazu eignen. Es
wäre dann nicht nur der Lehrer-Schüler-Konflikt gelöst worden. Durch das Reflektieren der Konfliktlösung empfangen die
Kinder und Jugendlichen eine *Zusammenlebens-Hilfe für den
Alltag.*

*Echtsein und Sich-wahrnehmen-Lassen spielt in allen
menschlichen Beziehungen eine Rolle:* In Freundesverbindun-
gen wie in der Ehe, in der Familie wie unter Arbeitskollegen, in
nachbarschaftlichen Beziehungen wie im politischen Zusammenleben. In manchen dieser Bereiche ist es weiter verbreitet,
sich zu verstecken, eine »Rolle« zu spielen, zu taktieren, als
sich mit seiner Person kenntlich zu machen. Für die Gesellschaft gefährlich ist fassadenhaftes Verhalten im politischen
Bereich. Etwa wenn ein Abgeordneter sagt: »Ich kann doch
nicht meine wahren Gefühle zeigen, wo käme ich denn da hin!«
Um eigene oder parteiliche Machtinteressen durchzusetzen,
müssen manche Politiker wie Schauspieler bestimmte Gefühle
zeigen, ohne daß diese mit ihren wirklichen Gefühlen übereinstimmen; sie machen Aussagen, ohne daß diese mit ihrem
tatsächlichen Denken übereinstimmen. Sie müssen Propa-
ganda betreiben, um die Bürger so zu lenken, wie es in das
Machtkonzept der Regierenden paßt. Solch gefühls- und per-
sonverleugnende Haltung hat bedenkliche Folgen. Die
»Schauspieler« dürfen »nicht aus ihren persönlichen Wünschen
und Ängsten heraus handeln. Die Verbindung zwischen ihren
Handlungen und ihren persönlichen Gefühlen darf nicht
erkennbar werden... Die Politiker müssen also ihre Handlungen als von Sachzwängen motiviert erklären, und sich selbst als
Funktionsträger verstehen, die immer nur das Beste für das
Volk wollen und immer nur die beste Entscheidung treffen«
(Bauriedl 1986). Das bedeutet, daß sie zunehmend weniger
wahrnehmungsfähig werden für ihre eigenen Gefühle. Gleichzeitig wird es ihnen unmöglich, Wünsche und Ängste *anderer*

29

Menschen wahrzunehmen, also der Bürger, für die sie handeln sollen.

Zu viele Politiker spielen eine Rolle unter Ausschluß ihres wahren Denkens und Fühlens. Das deformiert nicht nur ihre Person; es verfälscht auch die Beweggründe für ihr Handeln und die Beziehung zu den Bürgern. Denn hinter vorgeschobenen »Sachzwängen« wuchern versteckte persönliche Motive gefährlicher, als wenn sich Menschen offen damit zeigen.

Wo lebensbedrohende Unsicherheit vorherrscht, so wie dies heute der Fall ist, müssen auch politisch Verantwortliche ermutigt werden, sich begreifen zu lassen.

Das gilt auch für die andere Seite: Nur wenn viele Bürger sich *mit ihren Lebenswünschen begreifen lassen* und damit politisch werden, kann die bedrohliche Weltsituation gewendet werden. Damit nicht durch das Verleugnen der wahren Gefühle und Interessen vollends Wirklichkeit wird, was Günter Grass in seinem Roman »Die Rättin« so ausdrückt:
Am Ende, als es nichts mehr zu lachen gab,
retteten sich die Politiker in übereinstimmendes Grinsen.
Ohne Motiv, denn Komisches lag nicht vor,
begannen sie, weltweit zu feixen.
Einbrüche in beherrschte Gesichtszüge.
Kein verlegenes Lächeln.
Finales Grimmassieren nur noch.
Man hielt das dennoch für Heiterkeit und fotografierte das Grinsen und Feixen der übereinstimmenden Politiker.
Fotos vom letzten Gipfeltreffen waren Zeugnisse ansteckend guter Laune.
Sie werden schon Gründe haben, den Ernst entgleisen zu lassen, sagte man sich.
Da bis zu Schluß getagt wurde,
hielt sich Humor bis zum Schluß.

Benützte Literatur:
Bauriedl, Th.: Die Wiederkehr des Verdrängten. Psychoanalyse, Politik und der einzelne. München 1986 (Piper)
Grass, G.: Die Rättin. Darmstadt 1986 (Luchterhand)
Gordon , Th.: Lehrer-Schüler-Konferenz. Wie man Konflikte in der Schule löst. Hamburg 1977 (Hoffmann & Campe)
Sölle, D.: Phantasie und Gehorsam. Stuttgart 1978 (Kreuz-Verlag)

Feindbilder in der Lehrer-Schüler-Beziehung überwinden

Das Unterbrechen der Abschreckungsspirale
Angst – Feindbild – Gewalt – Angst

Das Feindbild bedeutet als Aussage in der zwischenmenschlichen Beziehung: »Mit dir (Feind) ist für mich keine befriedigende Beziehung möglich. Ich gebe es auf, entsprechende Versuche zu unternehmen.« – An diesem Resignationspunkt gebe ich aber nicht nur den »Feind« auf, sondern auch mich selbst. Wo vorher Wünsche an den andern waren, wird jetzt nur noch nach Beweisen für die Aussichtslosigkeit der Beziehung gesucht.

Es gilt, den erstarrten Strukturen, denen ich begegne, nicht eine ebenso starre Struktur entgegenzusetzen, sondern meine Lebenswünsche, aber auch meine Ängste. So werden durch mich die lebenseinschränkenden Machtstrukturen in Frage gestellt. Nur diese Form der »Gegenmacht« kann aus der ständigen Wiederholung von Feindbildern und Projektionen herausführen.
Thea Bauriedl

Lehrer-Schüler-Konflikte sind angefüllt – und zum Teil verursacht – von Feindbildern:

Schüler wollen den Lehrer fertig machen. – Lehrer wollen die Schüler fertig machen.

Schüler sind desinteressiert und wollen nichts lernen. – Lehrer haben kein wirkliches Interesse am Unterricht.

Die Schüler wollen nur auf die bequemste Weise durchkommen; sie sind im Grunde genommen faul. – Lehrer sind faul; sie wollen ihren Job auf die angenehmste Weise über die Runden bringen.

31

Schüler warten nur auf den Augenblick, wo sie dem Lehrer eins auswischen können. – Lehrer sind darauf aus, die Schüler reinzulegen.

Schüler nutzen die Gutartigkeit des Lehrers aus. – Lehrer wollen die Schüler nur kleinmachen.

Den Schülern ist die Person des Lehrers vollkommen gleichgültig. – Lehrer nehmen keinerlei Anteil an der Person des Schülers... So ließe sich die Aufzählung fortsetzen.

Lehrerinnen und Lehrer geraten in Gefahr, die Schüler mit deren Schwierigkeiten und Lernunlust, derem Widerspruch und Störverhalten zum Feind zu erklären, ohne sich mit ihnen wirklich auseinanderzusetzen. Damit töten sie bei sich selbst einen wichtigen Teil ihrer Person ab. Jenen nämlich, der dazu beitragen könnte, sich mit den Schülern – und gerade auch mit denen, die »schwierig« sind – einzulassen und den Konflikt auszutragen.

Das »Feindbild Schüler« führt zum »Prinzip Abschreckung«
»Man muß streng anfangen« – Arbeitsbündnis durch Kontaktaufnahme

Lehrer und Schüler sind von ihrer Erziehung her mehr auf das Machtprinzip eingestellt als auf das Verständigungsprinzip. Beide Seiten kontrollieren sich von Anfang an. Die Schüler: Wieviel kann man sich bei dem Lehrer leisten? – Wie streng ist er? – Wie weit darf ich bei dieser Lehrerin gehen? – Wieviel läßt sie sich gefallen? – Was verlangt der neue Lehrer? – Wieviel Freiheiten kann ich mir bei dem herausnehmen? – Schüler gehen oft nicht vertrauensvoll, spontan Kontakt suchend auf den Lehrer zu, sondern eher beobachtend, mißtrauisch, lauernd, machtmessend. Das ist allerdings nur in Schulen und Schulsystemen so, die überwiegend von Kontrolle, Überwachung, Lernzwang, Ordnung und Unterordnung gekennzeichnet sind.

Da gehen auf der anderen Seite auch Lehrer nicht unbefangen, offen, interessiert auf die Schüler zu. Sie trachten von Anfang an danach, »Disziplin zu halten«. Wenn sie der Klasse erstmals begegnen, denken sie vor allem daran, sich »Autorität« zu verschaffen; sie tun das aus der verborgenen Angst vor den Schülern heraus. Ungeprüft übernehmen sie die alte

»Regel«: Man muß von Anfang an streng sein, um allmählich die »Zügel lockern« zu können. Daß es zu diesem »Zügellokkern« kaum noch kommt, scheint in das Lehrerbewußtsein nicht einzugehen.

Durch ein Beispiel möchte ich die *Alltagstheorie der »anfänglichen Strenge«* verdeutlichen. Ein Lehrer erklärt einem jungen Kollegen: »Jeder Lehrer hat seine eigene Methode. Auf alle Fälle darf man die Schüler nie die Oberhand gewinnen lassen, sonst wird man fertig gemacht. Deshalb fange ich streng an. Gleich am ersten Tag, an dem ich eine neue Klasse zugeteilt bekomme, zeige ich ihnen, wer Herr im Hause ist. Die Schüler werden zum Beispiel unruhig und fangen an zu schwätzen. Ich schaue auf, sehe einen Schüler scharf an und sage: ‹Du da hinten, kannst du nicht ruhig sein?› Normalerweise sind sie dann ruhig, weil sie Angst haben. Aber da ist dann einer, der immer noch schwätzt. Den blickt man am besten an und sagt: ›Du da – ja du, genau! Kannst du deinen Mund nicht halten? Wenn du dich nicht anständig benehmen kannst, dann verschwinde und beruhige dich draußen auf dem Gang.‹ Der Schüler sieht einen dann unsicher an. Er weiß nicht, ob man es wirklich ernst meint. Das ernüchtert ihn und die ganze Klasse. – Man muß streng anfangen. Dann kann man mit der Zeit weicher werden. Wenn man weich anfängt und dann einmal versucht, hart zu sein, wirkt das nicht mehr. Sie lachen höchstens.«

Dieser Lehrer ist vom Feindbilddenken gefangen. Er wehrt von vornherein die »gefährlichen Schüler« ab, obwohl ihn die noch gar nicht »angegriffen«haben. Indem er vorbeugend unterdrückt, möchte er Konflikte nicht aufkommen lassen. Mit scheinpädagogischer Argumentation verschleiert er seine Härte und die dahinterliegende Angst. Diese Angst hängt mit dem Gefühl zusammen, von den Schülern abhängig und nicht so mächtig zu sein, wie er meint, sein zu müsen. Letztlich muß er so viel *Macht ausüben, um seine Angst unter Kontrolle zu halten*. Dabei schaltet er sich mit seinen persönlichen Wünschen von vornherein aus. Er muß mit den Schülern etwas »machen«, aber er gibt sich selbst nicht zu erkennen.

Wie sähe es aus, wenn er vom »Prinzip Abschreckung« wegkommen und das »Feindbild Schüler« abbauen wollte? – Er würde nach einem Arbeitsbündnis mit den Schülern trachten, anstatt durch seine »anfängliche Strenge« abzuschrecken.

Beim Entstehen dieses Arbeitsbündnisses spräche er über *seine* Wünsche – auch die persönlichen. Er würde seine Arbeitsvorstellungen mitteilen und kundtun, woran ihm an der gemeinsamen Arbeit liegt. Gleichzeitig würde er die Schüler von Anfang an einbeziehen: sie die Unterrichtsbeziehung mitüberlegen, mitdiskutieren und mitbestimmen lassen. Die Frage wäre dann nicht »Was *mache* ich mit den Schülern?«, sondern: »Was können wir *zusammen machen?*«

Ein Arbeitsbündnis mit den Kindern und Jugendlichen aufzubauen, bedeutet also: Lehrerinnen und Lehrer legen für die Schüler offen, was ihre Lernziele und beabsichtigten Lernwege, ihre Vorstellungen vom Schulleben, ihre Unterrichtsverantwortung, ihre methodischen Gedanken und Vorschläge sind. Aber sie tun auch kund, *welche persönlichen Wünsche und Interessen sie in der Zusammenarbeit mit den Kindern und Jugendlichen haben.* – Das ermöglicht den Schülern ihrerseits – und der Lehrer ermuntert sie dazu – sich Gedanken darüber zu machen, wie *sie* sich die Unterrichtsarbeit vorstellen, welche persönlichen Wünsche und Interessen *sie* haben. – Dies ist nicht ein einmaliger Vorgang, sondern ein fortdauernder Prozeß, in dem sich das Arbeitsbündnis wandelt und die Beziehung festigt.

Hilfreich in diesem Prozeß ist, die eigenen – auch die früheren – Erfahrungen und Beobachtungen zu überdenken:

Welche Erfahrungen habe ich zum Feindbilddenken aus meiner eigenen Schulzeit? – Was trug damals und was trägt heute dazu bei, das gegenseitige Feindbild aufrechtzuerhalten?

Was sind meine Wünsche, die ich hinter der »anfänglichen Strenge« verberge?

Feindbilddenken kann Ausdruck von Projektion und verleugneter Angst sein

Das eigene »Böse« wird in den Schülern bekämpft

Ich komme zurück auf den die »anfängliche Strenge« praktizierenden Lehrer. Dieser übt die Abschreckung nicht böswillig aus. Er meint, er könne Ruhe und Ordnung nur herstellen, indem er die Schüler in Schach hält. Machtausübung, so hofft er, schütze ihn vor der Katastrophe einer undisziplinierten Klasse. Die Beziehung zu den Schülern wird folglich bestimmt durch das Thema Sieg oder Kapitulation, Herrschaft oder Unterwerfung. In der Regel kapitulieren die Schüler – wenigstens äußerlich. Denn schulische Abschreckungswaffen, zum Beispiel die Zensuren, können überwältigend wirken. Man braucht bloß an die mehreren hunderttausend Schüler zu denken, die jährlich »durchfallen« – entgegen jedem pädagogisch-psychologischen Sinn. Sie müssen gedemütigt das Schuljahr wiederholen: sitzengeblieben, aufgegeben oder rausgeworfen – die Worte zeigen das Verletzende. Hier werden Lehrerinnen und Lehrer tatsächlich zu gefährlichen Feinden der Schüler.

Das Feindbilddenken kann einen seiner *Ursprünge in der Person des Lehrers selbst* haben. Der »abschreckende« Lehrer, von dem eben berichtet wurde, galt im Kollegium als besonders aggressiv. Er braust leicht auf, und es passiert ihm gelegentlich, daß er andere verletzt, was ihm hernach leid tut. Die Kollegen fürchten seine versteckte Bereitschaft, über andere herzufallen. Er sieht allerdings die Schuld immer im bösen Willen der anderen. Sich selbst hält er für gutwillig, während er in seinen Mitmenschen deren Bosheit anklagt und bekämpft. Es scheint, daß er nach außen projiziert, was in ihm selber ist. Er sieht sich im Spiegel des anderen. Aber er erkennt den anderen nicht als Spiegel, sondern hält den Mitmenschen wirklich für böse.

Carl Friedrich von Weizsäcker veranschaulicht den im Feindbilddenken enthaltenen psychologischen Vorgang der *Projektion* durch eine alte jüdische Geschichte von zwei Feinden: Die zwei Feinde begegneten einander am Versöhnungstag. An diesem Tag soll jeder seinem Feind vergeben, was dieser ihm angetan hat. Der eine von ihnen faßte sich ein Herz, ging auf den anderen zu und sagte: »Ich wünsche dir alles, was *du* mir wünscht.« Darauf der andere: »Fängst du schon wieder an?« (v. Weizsäcker 1981, S. 170).

Bei der Projektion werden innere psychische Vorgänge nach außen verlegt. Die Person kann eigene Impulse nicht bei sich wahrnehmen, sondern erlebt sie an anderen. Dies geschieht besonders leicht unter Angstdruck. Der Lehrer verdrängt zum Beispiel seine Aggression. Aber gleichzeitig lädt er in seiner Vorstellung die *Schüler* mit Aggressivität auf. Er vermutet hinter jeder auffallenden Verhaltensweise von Schülern einen Angriff auf sich.

Projektionen aufzulösen, setzt voraus, daß der einzelne

bereit ist, sich offen mit anderen einzulassen: in Partnerbeziehungen und Gruppen. Spontanes Sich-Mitteilen und unmittelbare gegenseitige Wahrnehmung können dabei helfen, Projektionen zu entdecken. So kann vor allem der *vielseitige Kontakt zwischen Schülern und Lehrern* dazu beitragen, auf Projektion beruhende Feindbilder abzubauen.

Lehrerinnen und Lehrer sind täglich Situationen ausgesetzt, die Angst machen. Oft lassen sie jedoch diese begründeten Ängste nicht zu und können diese deshalb nicht bearbeiten; das kann zu Feindbilddenken und Machtausübung führen. – Lehrer fürchten sich vor der Auseinandersetzung wegen der unterschiedlichen Interessen zwischen ihnen als Vertreter der fordernden Institution und den Schülern mit ihren Lebenswünschen. Weil sie ihre Angst vor diesem Konflikt nicht wahrnehmen, kommt es zu einer starren Beziehung zwischen ihnen und den Schülern. Aus dieser nur an Lernzielen und Leistungsanforderungen ausgerichteten distanzierten Beziehung heraus neigen sie dazu, die *Angst in Feindbilder umzuwandeln.* Daraus resultierend müssen sie die Schüler bekriegen.

Lehrer können auf diese Weise ins Abschreckungsdogma geraten: »Der Schüler ist mein Feind. Er lauert darauf, mir etwas anzutun, sobald ich mir eine Blöße gebe. Ich muß jederzeit stark und kampfbereit sein, damit er nicht wagt, mich anzugreifen.« – Sie halten am Bild des gefährlichen Schülers fest und müssen ihre Machtansprüche ständig verteidigen, was sie selbst als Notwehrmaßnahme erleben.

Auf der anderen Seite bauen die Schüler das »Feindbild Lehrer« auf: Dieser Feind hat nichts anderes vor, als ihnen zu schaden, sie unterzukriegen, sie zu demütigen, sie zu bedrohen. Deshalb gilt es, vor ihm auf der Hut zu sein – und wo immer möglich, ihm eine »gerechte« Niederlage zuzufügen. – Daß aus diesem Feindbilddenken nichts Menschenfreundliches entstehen kann, ist psycho-logisch.

Weil der Lehrer den »Feind Schüler« für bedrohlich hält, muß er gegen ihn »aufrüsten«. Er fühlt sich um so sicherer, je mehr Strafen, Ordnungsmaßnahmen, Machtmittel er einsetzen kann: von der überfallartig eingesetzten Extemporale bis zum plötzlichen Aufrufen, vom Androhen eines Verweises bis zur Elternvorladung, von der Zensurenschraube bis zum Schulausschluß. – Damit die Unterdrückung berechtigt ist, muß das »Feindbild Schüler« ständig wachgehalten werden. So hungern manche Lehrer geradezu danach, ihr dämonisches Schülerbild durch Schreckensmeldungen über neue Untaten auszumalen. Kollegen, die dagegen meinen, der Lehrer selbst habe auch etwas mit dem gestörten Verhältnis zu tun, gelten als »zu gut«, zu weich, zu wenig konsequent oder auch als »Idealisten«.

Das Feindbild vom bösen Schüler dient auch dazu, *eigene Minderwertigkeitsgefühle zu verbergen.* Mancher Lehrer empfindet sich als kläglich in seiner nicht eingestandenen hilflosen Situation. Den Schülern gegenüber kann er sich in anklägerischer, starker Lehrerpose darstellen. Sein autoritäres Auftreten vermag ihn selber über seine Schwäche hinwegzutäuschen. So kann das Feindbild-Denken von persönlichen Selbstwertkonflikten entlasten. Das »Böse« wird nur noch im Schüler bekämpft, aber nicht bei sich selbst wahrgenommen. – Das gleiche geschieht bei den Schülern, die das Feindbild umkehren und nur noch den »bösen Lehrer« sehen. Sie verbauen sich damit ebenfalls eine selbstkritische Haltung. Durch die unkorrigierbaren Feindbilder wachsen die Ängste voreinander; das wiederum verschärft die Feindbilder.

Feindbilder lassen die Beziehung zwischen Lehrer und Schüler erstarren

»Sie mögen keine Türken!« – Die verleugnete Verletzlichkeit einer Lehrerin führt zum Feindbilddenken als Ausdruck der Resignation

Im folgenden Beispiel hatte eine Lehrerin Angst, von einem aggressiven Schüler verletzt zu werden. Aber sie mußte ihre Verletzlichkeit verleugnen und geriet in ein gespanntes Feindbildverhältnis. – Die Lehrerin berichtete in einer Fallbesprechungsgruppe beklommen von einem Vorfall, der sie heute noch beschäftigte, obwohl er vor Wochen passiert sei:

Der 13jährige Türkenjunge Ahmed setzte sich bei Stundenbeginn auf seinen Platz, streckte seine langen Beine auf die Tischplatte und blickte die Lehrerin herausfordernd an. Diese wollte das freche Verhalten des Schülers ignorieren und tat so, als sähe sie die provozierende Geste nicht. Sie verleugnete bereits an dieser Stelle ihren Ärger und ihre Unsicherheit. Ahmed zeigte daraufhin seine feindselige Pose noch deutlicher. Nun konnte die Lehrerin die Herausforderung nicht mehr

»übersehen«. Sie ermahnte den Jugendlichen, er sollte nicht so ungezogen sein und sich ordentlich hinsetzen. Dieser schleuderte ihr entgegen: »Ich weiß schon, Sie mögen keine Türken!« – Die Bemerkung traf die Lehrerin ungemein. Sie konnte darauf vor innerer Empörung nichts sagen.

Der Lehrergruppe berichtete sie erregt, daß sie sich seit Jahren für Ausländerkinder einsetze. Auch die jetzige Klasse mit je einem Drittel türkischen, jugoslawischen und deutschen Kindern, hätte sie aus ihrem Engagement für ausländische Schüler heraus übernommen. Deshalb machte sie der Vorwurf des Jungen sprachlos. Sie konnte auch hernach zu Ahmed *nichts über ihr Gekränktsein sagen* und trug die ungerechte Behandlung wochenlang mit sich herum, bis sie jetzt in der Gruppe den Mut fand, darüber zu sprechen.

Die Gruppenteilnehmer fragten sie, weshalb sie dem Jungen gegenüber nichts geäußert habe. Dazu meinte sie, sie hätte Angst gehabt, der Schüler würde sie noch mehr zurückweisen; sie stünde dann bloßgestellt da. An diesem Feindbild, daß Ahmed nichts anderes im Sinne haben konnte, als sie »fertig zu machen«, hielt sie fest. Schließlich hatte er sie ja auch tatsächlich gekränkt.

Andere Kolleginnen in der Gesprächsgruppe meinten, das erlebten sie in ihrer Klasse auch so: Wenn sie nach einer Kränkung etwas von ihrem Getroffensein mitteilen würden, machten sie sich verwundbar. Der Schüler könnte sie durch feindseliges Verhalten abermals verletzen. Alle Gruppenteilnehmer fürchteten, der Jugendliche würde darauf lauern, es ihnen »erst richtig zu zeigen«. Deshalb neigten sie dazu, nichts von ihrem Verletztsein spüren zu lassen, sondern allenfalls argumentierend den kränkenden Vorwurf des Schülers zurückzuweisen. Mit dem Jungen darüber zu debattieren, ob die Lehrerin Türken mag oder nicht, das konnten sich alle vorstellen. Unmöglich erschien ihnen hingegen, *die persönliche Kränkung mitzuteilen*.

In einer verletzenden Konfliktsituation neigen viele Menschen dazu, sich selbst zu übergehen. Sie sagen dem Kind, wie »böse« es ist, was objektiv stimmen mag. Aber sie teilen nichts von ihrem Verletztsein mit. Durch das »Du-bist-schuld-Denken« geht es fruchtlos hin und her. Die Lehrerin stieg mit dem Feindbild »Der böse und gefährliche Ahmed« aus der Beziehung aus – anstatt mit ihren Wünschen und Ängsten in der

Beziehung zu ihm zu bleiben. Hätte sie den Kontakt nicht unterbrochen, wäre sie auch mit den Wünschen und Ängsten des Schülers in Berührung gekommen. – Da auch Ahmed nicht mehr in die Beziehung hereinkam, befanden sich beide im »kalten Krieg«. Jeder mußte seine »Stärke« zeigen und hielt den anderen für böse. Aber keiner fühlte sich in dieser Feind-Spannung wohl. Beide erstarrten in Resignation.

Feindbilder sind immer auch ein Ausdruck von Resignation. Indem ich ein Feindbild aufstelle, sage ich aus, daß ich mit dem »Feind« keine befriedigende Beziehung eingehen kann. Es ist dann aussichtslos, überhaupt noch zu versuchen, mit dem andern Kontakt aufzunehmen. Das Feindbild verändert die Beziehung: »Wo vorher Wünsche an den anderen waren (vielleicht auch gemischt mit Angst), wird jetzt nur noch nach Beweisen für die Aussichtslosigkeit der Beziehung gesucht... Man kann den Zustand jeder zwischenmenschlichen Beziehung danach unterscheiden, ob sie sich, ›vor dem Resignationspunkt‹ oder danach befindet, je nachdem, ob die eigenen und fremden Wünsche noch erlebt werden und deshalb eine Befriedigungschance haben, oder ob Beweise für die ›Bösartigkeit‹, ›Unfähigkeit‹ oder ›Wertlosigkeit‹ eines ›Feindes‹ gesucht und gefunden werden« (Bauriedl 1986, S. 149).

Ahmeds Lehrerin befand sich in einem solchen Zustand der Resignation.

Der Versuch der »Ent-Feindung« beginnt mit dem In-Berührung-Kommen
Sich-Einlassen auf die gegenseitigen Ängste, Wünsche und Interessen

Die Lehrerin ließ sich das Gespräch, das wir in der Fallbesprechungsgruppe führten, durch den Kopf gehen. Dabei merkte sie, wie unerledigt der Vorfall für sie war und daß er sie schon wochenlang bedrückte. Deshalb faßte sie Mut und ging an einem der folgenden Tage auf Ahmed zu. Sie sagte ihm, wie sie seine Bemerkung damals gekränkt habe und daß sie der ungerechte Vorwurf, sie möge keine Türken immer noch beschäftige.

Der Schüler reagierte keineswegs so, wie sie befürchtete: Er zeigte ihr nicht die »kalte Schulter«, wie sie es vorausgesehen hatte; er ließ sie nicht »abblitzen«, er sagte nicht, das sei »ihr Problem«. Vielmehr war er unsicher angesichts der Offenheit seiner Lehrerin und fragte verlegen zurück: »Haben Sie denn geglaubt, ich meine das ernst, was ich da sagte? ... Ich weiß ja, daß Sie uns mögen.«

Es kam zu einem Gespräch. In dessen Verlauf wurde deutlich, daß Ahmed aus gekränkter Eitelkeit heraus die Lehrerin schlecht behandelte. Er fand, sie hätte sich ihm in letzter Zeit weniger freundlich zugewandt, und das habe ihn geärgert. Der Junge bedauerte seine Aggressivität und sagte, er habe in den vergangenen Wochen ein unsicheres Gefühl der Lehrerin gespürt. – Beide waren *befreit durch das Gespräch:* Es nahm ihnen die Angst voreinander, den Ärger aufeinander und damit die Spannung, die sie täglich bei der gemeinsamen Arbeit durchhalten mußten. So wurde es ihnen möglich, einander wieder entzerrt wahrzunehmen und nicht mehr als Feind.

Die Lehrerin riskierte also den Versuch, aus der Gewaltspirale herauszutreten. Diese Spirale sieht in der Schule oft so aus: Angst, Feindbild und Abschreckung bedingen sich wechselweise. Die *Angst* der Schüler und Lehrer voreinander läßt den jeweils anderen als *Feind* erscheinen. Gegen diesen Feind muß man sich durch *Abschreckung* wappnen. Die Abschreckung macht wiederum *Angst* und verstärkt das Feindbild, gegen das man nun noch gewalttätiger vorgehen muß.

Die Spirale Angst–Feindbild–Gewalt–Angst kann nur durch Kontaktaufnahme unterbrochen werden. Dazu gehört zunächst, daß der Lehrer seine Angst annimmt; dadurch spürt er das persönliche Bedrohtsein. Wenn er nun mit seinen Ängsten und Wünschen in den Kontakt eintritt, kann auch der andere seine Ängste, Wünsche und Interessen in die Begegnung bringen. Das ermöglicht, die gegenseitigen Feindbilder zu korrigieren. Die Folge ist weniger Gewalt und Machtausübung. Und weniger Gewalt vermindert wiederum die Angst.

Es gilt, auch im Klassenzimmer diese »Ent-Feindung« zu wagen. Der jüdische Philosoph Pinchas Lapide spricht von »Entfeindungs-Liebe«, die dem andern *die Chance gibt, nicht Feind bleiben zu müssen.* Die Lehrerin des ausländischen Jungen hat sich als Mensch in die Beziehung zu ihrem »Feind« Ahmed hineinbegeben. Dieser mußte nicht mehr Feind bleiben. Beide trafen sich mit ihren Schwächen, Irrtümern und Wünschen und konnten sich dadurch verständigen.

Schüler wie Lehrer können immer wieder ihr gegenseitiges Mißtrauen prüfen. Dabei kommen sie zu der entlastenden Einsicht, daß jeder vor dem anderen Angst hat. Dies kann dazu ermutigen, mehr voneinander zu erfahren, sich dadurch besser zu verstehen und in der Folge auf Vertrauen – anstatt auf Mißtrauen – gegründete Wege des Miteinanderarbeitens zu suchen. Schon minimale *Gesprächskontakte im Klassenzimmer können von Feindbild und gewaltvoller Abschreckung zum Sich-Verständigen führen.*

Bei diesem Sich-Verständigen werden wir oft eines erschreckenden Nicht-Wissens voneinander gewahr. Lehrer müssen über so vieles Bescheid wissen. In ihrer Ausbildung wenden sie dem Erwerb dieses Wissens große Aufmerksamkeit zu. *Sie durchblicken die fernsten Gegenstände – aber über die vor ihnen sitzenden Nächsten und über sich selbst in ihrem Lehrer- und Personsein wissen sie oft kaum etwas.* Die überwiegend am Fachwissen – und nicht am Menschen – orientierten Strukturen der Lehrerbildung wirken sich hier verhängnisvoll aus.

Der Konflikt der Lehrerin mit dem Türkenjungen macht noch etwas anderes deutlich: *Eine Lehrerin kann auch dort pädagogisch »führen«, wo sie nicht überlegen ist. Sie kann vorangehen, ohne die »Erste« zu sein.* Das Bemühen um gewaltfreies Handeln beginnt immer bei uns selbst. Üblicherweise wähnen wir, nur dann sicher sein zu können, wenn wir uns mit Stärke der Schüler bemächtigen. Tatsächlich aber steigt unsere Sicherheit dann, wenn wir mit den Schülern in Beziehung sind und uns verständigen.

Aussteigen aus der Feindbild-Beziehung ermöglicht mehr Eigenbewegung

»Du bist schuld!« – Die Selbsteinschränkung durch das Feindbilddenken

Das Beispiel von Ahmed und der Lehrerin zeigt: Beide konnten sich nicht mehr »bewegen«. Jeder harrte in seiner feindlichen Abwehrhaltung aus, weil er sich nicht selbst herauszuziehen vermochte. Bewegung kam erst wieder in die Beziehung, als sich die Lehrerin mit ihrem Verletzt-Sein kenntlich machte, die Vorwurfshaltung aufgab und sich mit dem Jugendlichen verständigte.

Die »Du-bist-schuld-Haltung« bringt die Beziehung in eine ausweglose Sackgasse. Jeder Beteiligte hat das Gefühl, daß der andere schuld daran ist, wenn es ihm schlecht geht. Das Feindbild hat die Grundform: »Ich kann ja nicht, weil du...« oder: »Ich würde ja so gern, aber bei dir ist das nicht möglich...« oder: »Wenn du nicht so wärst, dann...« (Bauriedl 1986, S. 147). – Schuldzuweisungen sind damit verbunden, daß jeder von sich meint: Ich bin besser als der andere! Aus diesem rivalisierenden Bessersein-Müssen wird schließlich ein Ich-oder-Du, das nicht mehr aufgelöst werden kann. – Ein Ich-*und*-Du kann hingegen entstehen, wenn jeder versucht, bei *sich* zu bleiben, von *sich* zu reden, *seine* Ängste mitzuteilen, *seine* Wünsche auszusprechen, *seine* Interessen darzulegen.

Besonders schwer sind Feindbilder aufzugeben, wenn sie gebraucht werden, um ein Bündnis zu sichern. Etwa im Sinne eines Lehrerkollegiums, das sich auf das »Feindbild Schüler« eingeschossen hat. Hält sich ein Lehrer nicht an die unausgesprochene Bündnisregel und setzt sich für die Schüler ein, droht er aus dem »Bündnis« ausgestoßen zu werden oder dieses kann sogar zerfallen.

Andererseits ermöglicht es dem Lehrer, sich individuell weiterzuentwickeln, wenn er nicht mehr am gemeinsamen Feind festhält. Denn das Feindbild »Schüler« richtet sich insofern auch gegen ihn selbst, als er dadurch persönliche Wünsche, zum Beispiel die nach Kontakt, verdrängen oder verleugnen muß und so seine Person einschränkt. Den gemeinsamen Feind aufgeben bedeutet einen Schritt, um die Beziehung zu verändern – sowohl innerhalb des Bündnisses Lehrerkollegium, wie auch im Verhältnis zum »Feind« Schüler.

Der Schritt, innerhalb einer Gruppe aus dem Feindbilddenken herauszutreten, ist ein Zeichen wachsender Ich-Stärke. Allerdings wird dies von der Bezugsgruppe eher als Schwäche angesehen, gefürchtet und abgewertet. In ihr gilt als stark, wer das Feindbild aufrecht erhält und mit Macht dagegen ankämpft. Nicht erlebbar wird dabei, daß durch das Feindbilddenken viel vom *eigenen* Erleben abgewehrt wird: *Ich reduziere meine Persönlichkeit und tu mit dem, was ich meinem Feind antue, auch mir selbst etwas an.* Das macht es lohnend, trotz der damit verbundenen Furcht, aus dem Feindbild herauszutreten – zugunsten von mehr Eigenbewegung.

Feindbilddenken behindert den »Feind« und den das Feindbild Aufrechterhaltenden

Abbruch der Beziehung führt zum Verlust eigener Handlungsmöglichkeiten – Die »Geschichte mit dem Hammer«

Wie sehr das Denken in Feindbildern das eigene Handeln einschränkt, veranschaulicht die Geschichte mit dem Hammer (Watzlawick 1983, S. 37):

Ein Mann will ein Bild aufhängen. Den Nagel hat er, nicht aber den Hammer. Der Nachbar hat einen. Also beschließt unser Mann, hinüberzugehen und ihn auszuborgen. Doch da kommt ihm ein Zweifel: Was, wenn der Nachbar mir den Hammer nicht leihen will? Gestern schon grüßte er mich nur so flüchtig. Vielleicht war er in Eile. Aber vielleicht hat er die Eile nur vorgeschützt, und er hat etwas gegen mich. Und was? Ich habe ihm nichts angetan; der bildet sich da etwas ein. Wenn jemand von *mir* ein Werkzeug borgen wollte, ich gäbe es ihm sofort. Und warum er nicht? Wie kann man einem Mitmenschen einen so einfachen Gefallen abschlagen? Leute wie dieser Kerl vergiften einem das Leben. Und dann bildet er sich noch ein ich sei auf ihn angewiesen. Bloß weil er einen Hammer hat. Jetzt reicht's mir wirklich. – Und so stürmt er hinüber, läutet, der Nachbar öffnet, doch bevor er »Guten Tag« sagen kann, schreit ihn unser Mann an: »Behalten Sie sich ihren Hammer, Sie Rüpel!«

In dieser Geschichte wird einiges deutlich, was das Denken in Feindbildern bewirken kann:

Feindbilddenken macht mißtrauisch. Durch den »Feindblick« nehme ich ständig neue Bösartigkeiten des »Feindes« wahr und muß mich deshalb vor diesem in Acht nehmen. Der Schüler erlebt den »Feindblick« des Lehrers als »Auf mich hat er es abgesehen« oder »Mich hat er auf dem Kicker« oder »Immer nur ich...« – Oft »bündelt« der Lehrer seine Ängste in einem Schüler, von dem Gefahr ausgeht oder in einer Schülergruppe, die man ständig »im Auge« behalten muß.

Feindbilder wecken negative Erwartungen, die das eigene Verhalten negativ beeinflussen. Der Lehrer »erwartet« zum Beispiel, daß ein aggressiver Schüler den Unterricht stört. Diese Einstellung bewirkt – bewußt und unbewußt – ein bestimmtes Verhalten in ihm: Gespanntheit etwa oder Ängstlichkeit, abwartende Distanz, versteckte Abwehrbereitschaft, Angriff als »beste Verteidigung«. – Der »feindliche« Schüler wird schärfer beobachtet, strenger kontrolliert, eher kritisiert.

Wer zum Feind erklärt wird, benimmt sich leicht wie ein Feind. Bei den noch »un-festgestellten« Kindern und Jugendlichen ist die Gefahr groß, daß negative Erwartungshaltungen der Erzieher negatives Verhalten begünstigen. So werden zum Beispiel »schwierige« Schüler oft in der Rolle des »Schwierigen« festgehalten. Die Umgebung macht es ihnen durch Feindbilddenken unmöglich, das Verhalten zu korrigieren. Oft auch deshalb, weil sie den »Feind« als Sündenbock braucht, um sich selbst zu entlasten. Der Sündenbock bekommt alles aufgeladen, vor allem auch das »Böse«, das in mir selbst steckt. Es wird in den »Feind« hineinprojiziert und dort mit Genugtuung – »Da sieht man's wieder« – festgestellt und bekämpft.

Der andere wird aufgegeben. Wer ein Feindbild entwickelt, begibt sich in Resignation: Mit dir – Feind – kann ich in keinen vernünftigen Kontakt kommen. In der Schule heißt es dann: »Mit dem ist nichts anzufangen«, »das ist ein hoffnungsloser Fall«, »da ist jede Bemühung vollkommen aussichtslos«.

Die Person des »Feindes« wird auf bestimmte Eigenschaften eingeschränkt; das verhindert eigene Beziehungsmöglichkeiten. Vor allem werden ihr ausschließlich aggressive Absichten unterstellt. Ich lasse dem »Feind«, zum Beispiel dem Schüler, keine Chance, sich so zu entfalten, wie er wirklich ist, sondern schreibe ihm nur noch jene Merkmale zu, die ihn zum »Feind« machen. Dadurch schränke ich auch die eigenen Beziehungsmöglichkeiten zu dieser Person ein. Ich kann mit ihr nur noch im engen Rahmen der Feindbeziehung verkehren.

Das Feindbild ermöglicht, angestaute Aggressionen abzureagieren. Die eigenen negativen Gefühle und die Aggressivität werden in den Feind hineinprojiziert. Das »Böse« in einem selbst wird im anderen verteufelt und bekämpft. Die Wut des Lehrers, die vielleicht der ganzen Klasse gilt oder sein Zorn, der eigentlich einen Kollegen treffen soll, werden am »feindlichen« Schüler ausgelassen. – Das Feindbilddenken rechtfertigt aber nicht nur das machtvolle Vorgehen gegen den Feind, sondern auch eigene Passivität: »Dagegen kann man ja doch nichts machen.«

Feindbilddenken führt zu Selbstaufwertung und verminderter moralischer Verantwortung:

»Ich selbst bin ein von den bösen Schülern unschuldig Verfolgter.« »Ich bin gut, die Schüler sind böse.« So können sich Lehrerinnen und Lehrer von Selbstwertkonflikten entlasten und die Schuldverdrängung erleichtern. Indem sie nicht mehr genau hinsehen, ersparen sie sich unangenehme Rückschlüsse auf sich selbst. Das wiederum macht sie noch mehr abhängig vom »bösen Schüler«, weil sie sich in ihren Handlungsmöglichkeiten begrenzen.

»Vorurteile entlasten von der Verantwortung für die eigenen Gefühle. Indem wir uns als ‹armes Opfer› gegen den ‹gemeinen Täter› sehen, wehren wir die unangenehme Einsicht ab, daß auch ein Opfer auf den Täter Einfluß haben kann. Wenn ich mich nur als Opfer sehe, brauche ich für meine Wut- oder Haßgefühle keine Verantwortung zu übernehmen« (Gold 1984, S. 8).

Die Beziehung zum »Feind« bricht ab. Es kommt zum »kalten Krieg«. Veränderungsmöglichkeiten gehen verloren, weil die Beziehung zwischen Lehrer und Schüler in der Feindhaltung erstarrt. Beide können nicht mehr aufeinander zugehen und spüren eine mit Anspannung oder Resignation oder Angst erfüllte Kluft zwischen sich und ihrem »Feind«.

Die eigenen Handlungsmöglichkeiten werden verringert. In der Geschichte mit dem Hammer kam der Mann zu keinem Hammer. Er konnte deshalb das Bild nicht aufhängen. – Das Feindbilddenken gibt nicht nur dem »Feind« sondern auch mir selbst keine Chance mehr. Es behindert das individuelle Wachstum ebenso wie die Entwicklung von Gruppen. Durch die verzerrte Wirklichkeit wird es schwer, mit anderen zusammenzuarbeiten.

Anregung zum Überlegen:

Wie geht es *mir* mit *Feindbildern* in der Schule und in anderen Lebensbereichen? Welche Feindbilder habe *ich* und für wen bin ich selbst – meiner Einschätzung nach – Feindbild?

Kann ich an meinen näheren Beziehungen nachvollziehen, wie ich mich durch das Feindbilddenken selbst in meinen Handlungsmöglichkeiten *einschränke?*

Die mit dem Feindbilddenken verknüpften Machtstrukturen sind nicht immer auflösbar. Aber mit der resignativen Vorstellung, sie seien unveränderlich, geben wir von vornherein auf und *machen den Machtkampf mit. Oder?*

Es ist hilfreich, das Feindbilddenken *nicht moralisch zu bewerten,* sondern *beziehungspsychologisch* zu sehen: Welche persönlichen Wünsche gebe ich auf, wenn ich den andern zum Feind stemple?

Welche Ängste hindern mich daran, mit dem »Feind« in Kontakt zu treten?

Abbau von Feindbildern durch Aufnahme von Kontakt
»Bekanntschaft ist der Feind der Feindschaft«

Alle Bemühungen, Feindbilder zu verringern, beginnen mit der Beziehungsaufnahme. Dazu eine Geschichte:

In eine kleine Stadt kommt ein Zirkus. Der Besitzer ist verzweifelt: ein Löwe ist ihm in dieser Nacht zugrunde gegangen. Dabei ist die Eröffnungsvorstellung ausverkauft! Er geht hinaus vor das Zelt und spricht einen dürftig gekleideten jungen Menschen an: »Wollen Sie sich zehn Mark verdienen? Sie haben nichts zu tun als sich heute abend in das Fell des toten Löwen einnähen zu lassen und bei der Vorstellung ein bißchen im Käfig herumzugehen.« Der junge Mann geht auf den Handel ein. – Als er am Abend im Löwenkleid in den hellerleuchteten Käfig hineingeschoben wird, bleibt ihm vor Schreck das Herz stehen: Dort drüben in der anderen Ecke sitzt schon ein Löwe! Weil er in Todesangst eine Sekunde unschlüssig steht, hört er in der allgemeinen Stille aus der Ecke des anderen ein leises bestürztes »Gelobt sei Jesus Christus!« Der gefürchtete Gegner war auch ein falscher Löwe und hatte dieselbe Angst wie er! Befreit konnte er nun antworten: »In Ewigkeit, Amen!«

Wenn ich wage, den »Feind« zu berühren, beginnt der Abbau des Feindbildes. Dabei helfen folgende Schritte:

Den Ist-Zustand in der Beziehung wahrnehmen: Die *jetzt* aufgetretenen Konflikte müssen bedacht, nachgefühlt, aus dem gegenseitigen Erleben heraus aufgefaßt werden. Wir dürfen sie nicht zudecken durch einen zu erreichenden Soll-

Zustand. – Um den Ist-Zustand in der Unterrichtsbeziehung wahrnehmen zu können, bedarf es gegenseitiger Aufmerksamkeit: Wie geht es den Schülern in der Schulsituation? Was freut oder langweilt oder ängstigt sie? Mit welchen Gefühlen gehe ich in die Schule? Wie kann ich den Kindern und Jugendlichen mein eigenes Erleben mitteilen? – Solch gegenseitiges Erkunden kann in Gesprächen »nebenbei«, in geplanten Diskussionen, in persönlichen Unterhaltungen, in Gruppen- und Einzelgesprächen geschehen. Schwierigkeiten in der Schule lassen sich auch deshalb so schwer auflösen, weil dort unentwegt von Soll-Zuständen und Verhaltensnormen die Rede ist und dabei das, was wirklich ist, zu wenig wahrgenommen wird.

Sich mit dem eigenen Beteiligtsein am feindlichen Zustand auseinandersetzen. Dazu dienen Fragen wie: Welche Gefühle habe ich in dieser Feindbeziehung zur Schulklasse? Wieviel Haß empfinde ich dem »Feind« gegenüber? Welche Ängste kommen in mir auf? Was für Wünsche hätte ich an den »Feind Kinder und Jugendliche«? Welches »Böse« in mir muß ich vor mir selbst geheim halten? Wie schränke ich mich durch diese Feind-Beziehung ein? – In der Unterrichtssituation können wir das eigene Beteiligtsein am Feindbilddenken zum Beispiel dadurch aufzudecken versuchen, daß wir Schüler und Kollegen befragen. Mündliche und schriftliche Kritik, Fragebogen, freie Gespräche helfen dabei, die »Feind«-Seite in uns selbst zu erkennen.

Mit der eigenen Angst den Kontakt zum »Feind« wagen. Das macht zunächst noch größere Angst als das Festhalten an der Feindbildbeziehung; letztlich vermindert dieses Wagnis jedoch die Angst. Persönliche Ängste nicht zu verbergen, eigene Interessen darzulegen, sind wichtige Elemente, um Feindbilder aufzulösen. Dabei werden die gegenseitigen Wünsche erkennbar, aber auch die Befürchtungen, der andere könnte diese Wünsche nicht erfüllen. – Mit der eigenen Angst einen Schüler anzusprechen und ihm nicht zu sagen, was er »soll«, sondern was ich mir wünsche, trotz Angst vor Bloßstellung auf die Klasse zuzugehen, die Angst eingestehend mit einem Kollegen zu reden: das kann Konfliktsituationen entspannen und ein neues Handeln ermöglichen.

Durch den Kontakt den »Feind« entzerrter wahrnehmen. Das Sich-Einlassen mit dem bisherigen »Feind«, zum Beispiel dem Schüler, macht deutlich, daß dieser in der Regel nicht Feind sein möchte. Es wird möglich, mit ihm über gemeinsame und unterschiedliche Ängste zu sprechen, über eigene Wünsche und die des anderen. Erst durch Berührung mit dem »Feind« können die Konflikte sichtbar und bearbeitet werden.

Mit dem Konflikt in der Beziehung zum anderen bleiben. Wenn wir riskieren, Konflikte offen auszutragen, entstehen keine Dauerkonflikte. Erst die Scheu davor, sich auseinanderzusetzen, führt zu Distanz, Feindbildern und Spannungszuständen. Bleiben wir mit unseren eigenen Bedürfnissen in der Beziehung und interessieren uns gleichzeitig für die Wünsche der anderen, können Spannungen gelöst werden. – Hingegen werden in der Unterrichtssituation Konflikte durch Strafen, Verweis oder Ausschluß nicht bearbeitet, sondern unterdrückt, weil die Beziehung abbricht.

Auf Verständigung abzielende Kontakte schaffen und halten. Durch größere Nähe wird es möglich, Antipathie in Sympathie umzuwandeln. Das Trennende wird deutlich, aber auch das Gemeinsame. Gespräche vor und nach dem Unterricht, zwischen den Stunden und in der Pause, bei Wanderungen und im Schullandheim, bei Gelgenheiten außerhalb des Unterrichts, tragen zu gegenseitigem Verstehen bei.

Mit den eigenen Lebenswünschen die Beziehung gestalten. In der Feindbildbeziehung geht es oft nur mehr darum, dem andern zu zeigen, wie böse er ist und seine Bosheit zu bekämpfen. Die Aufmerksamkeit ist darauf gerichtet, ihm seine Schuld nachzuweisen. Dabei gerät aus dem Blick, was *ich* eigentlich möchte, worauf es *mir* ankommt, was ich mir vom andern *wünsche:* an Kontakt, Zuwendung, Anerkennung, Sicherheit. Hinter der Forderung »Der soll sich so und so verhalten« verschwindet die eigene Wunschseite. Die wirklichen Gefühle und Wünsche werden unterdrückt durch das »Bessersein-Müssen« als der andere.

»In dem Maße, wie es mir möglich ist, den erstarrten Strukturen, denen ich begegne, nicht eine ebenso starre Struktur entgegenzusetzen, sondern meine Lebenswünsche, die Wünsche nach Lebendigkeit meiner Beziehungen und meine Ängste vor dem Überwältigtwerden, aber auch vor der eigenen Erstarrung, werden durch mich die lebenseinschränkenden Machtstrukturen in Frage gestellt. Nur diese Form der ‹Gegenmacht› kann aus der Wiederholung von Feindbildern und Projektionen herausführen« (Bauriedl 1986, S. 27).

Feindbilder als Unterichts- und Zusammenlebens-Thema

Nur durch Abbau des Feindbilddenkens kann Frieden werden.

Feindbilder sind im Alltag wie im politischen Leben bedeutsam. Deshalb sollten sie Unterrichtsthema in Schule und Erwachsenenbildung sein: Wie entstehen Vor-Urteile? Wie wirken sich Feindbilder aus? Wie können wir das Feindbilddenken abbauen? – In den beiden vorausgegangenen Abschnitten wurden einige Grundaussagen dazu zusammengestellt. Fächer wie Literaturunterricht, Religion, Sozialkunde, Ethikunterricht, Psychologie, Erziehungslehre, Geschichte und Erdkunde sind besonders dazu geeignet, das Thema zu bearbeiten. – Täglich bietet sich zudem in Familie und Schule Gelegenheit dazu, praktisch zu erproben, ob und wie es geht, Feindbilder zu korrigieren. Bei dieser Unterrichtsarbeit muß auch deutlich werden, wie lebensgefährlich das Feindbilddenken angesichts der atomar und ökologisch bedrohten Welt ist.

Feindbilder haben im politischen Leben aller Zeiten eine Rolle gespielt: über eine Menschengruppe wird ein negatives Vorurteil gebildet und verbreitet. In jüngster Zeit wurde ein ganzes Volk, das jüdische, zum Feind erklärt, der nichts anderes verdiente, als ausgerottet zu werden. – Ohne die Tatsachen zu prüfen, faßt oder übernimmt man eine solche Meinung, die gegen eine Personengruppe oder ein bestimmtes Land gerichtet ist; denn Feindbilder beruhen nicht auf Erfahrung, sondern stehen *vor* der Erfahrung. Damit *behindern sie neue Erfahrungen oder verfälschen sie.* Das Feindbild ist eine abwertende Vorstellung, die man von einem Gegner hat oder durch die man einen anderen zu Gegner *macht.* Es wird zur Gesamtdarstellung eines zum »Feind« erklärten Staates. Zu der an den Feind gehefteten Erwartung gehört, daß er eine aggressive Rolle zu spielen habe. Dabei bleibt unbeachtet, ob er wirklich aggressiv ist oder nicht.

So hat der frühere amerikanische Präsident Nixon die Vereinigten Staaten und die Sowjetunion als die beiden Pole menschlicher Lebensformen bezeichnet. Dabei setzte er Amerika und Rußland gleich mit »Gut und Böse, Licht und Dunkelheit, Gott und Teufel«. Dies sollte uns helfen, so meinte Nixon, »das Ringen in der Welt besser zu verstehen«. Dieses Feindbild vom »Reich der Finsternis« hat der nachfolgende amerikanische Präsident noch weiter ausgebaut und es dem eigenen »Reich des Lichts und des Guten« gegenübergestellt.

Aber auch die andere Seite, die Sowjets, vermeiden keine Gelegenheit, *den politischen Gegner zu dämonisieren* und den eigenen Standpunkt zu verklären. Die eigenen Atomwaffenarsenale sind gut und dienen ausschließlich friedlichen Zwecken: der Abschreckung und der Verteidigung. Die Menschenvernichtungsmittel des Feindes dagegen sind teuflisch. – Aus dieser Verteufelung des Außenfeindes heraus fühlt sich jeder um so sicherer, je mehr Atomsprengköpfe, chemische Waffen und andere Massenvernichtungsmittel er besitzt.

Dieses wechselseitige Abspalten der eigenen Aggressivität und deren Projektion in den Feind hinein, führt zu Erscheinungen, die dem Verfolgungswahn ähnlich sind und zu entsprechend irrationalem Handeln, zum Beispiel zu dem psychologisch zutreffend als »Rüstungs-Wahnsinn« bezeichneten Wettrüsten der Großmächte.

Durch das Aufstellen von Feindbildern wird die ganze *Kraft darauf verwendet, den Andersdenkenden zu bekämpfen.* Diese Kraft wäre jedoch dringend notwendig, um die gemeinsame Gefahr abzuwehren. Die Lebensinteressen werden heute nicht mehr durch »die Russen« oder »die Amerikaner« bedroht. Es geht viel mehr um eine Bedrohung der Lebensinteressen aller Menschen durch die atomare Zerstörungskraft. *Dieser gemeinsamen Gefahr kann nur durch gemeinsame Aktivitäten begegnet werden.*

»Was wir bekämpfen, ist nicht dieser oder jener Gegner, der mit atomaren Mitteln attackiert oder liquidiert werden könnte, sondern die atomare Situation als solche. Da dieser Feind *aller* Menschen Feind ist, müßten sich diejenigen, die einander bisher als Feind betrachtet haben, als Bundesgenossen gegen die gemeinsame Bedrohung zusammenschließen« (Anders 1981, S. 94). Das gilt nicht nur für höhere politische Ebenen, sondern für alle Lebensbereiche. An Stelle der Suche nach dem schuldigen »politischen Feind« gilt es zu erkennen, wo man selbst am feindbildenden System beteiligt ist und wo *ich* damit beginnen kann, dieses aufzulösen.

Dazu gehört, die eigenen Wünsche und die des anderen, die eigenen Gefühle und die des »Gegners« wahrzunehmen und nicht durch vermeintliche »Sachzwänge« zuzudecken. Nur so kann eine Gesellschaft entstehen, die keine mörderischen und selbstmörderischen atomaren Vernichtungsmittel braucht.

Für das Auflösen von Feindbildern gelten also auch in der Politik jene Aspekte, die vorher für den persönlichen und schulischen Bereich aufgezeigt wurden:

- Hinter der Feindbildmaske die anderen *Menschen* wahrnehmen, mit Wünschen und Ängsten wie wir sie auch haben.
- Sich mit dem *eigenen Beteiligtsein* am Feindbilddenken auseinandersetzen und damit mehr eigene Handlungsmöglichkeit entdecken.
- Mit der eigenen Angst den Kontakt zum »Feind« wagen und diesen *entzerrt wahrnehmen.*
- Konflikte mit der »Freund-Gruppe« austragen, die uns auf das Feindbild festlegen will.
- Unentwegt *Kontakte schaffen und halten.*

Das Feindbild als Unterrichtsthema bedeutet also: Über das an Konflikten in der Schulklasse reflektierte Erleben in der Schulklasse hinaus, führen Informationen und kritisches Denken zu Einsichten, Werturteilen und Einstellungen, die unmittelbar der *demokratischen Erziehung und politischen Bildung* dienen. Diese Erkenntnisse wiederum wirken zurück auf das Zusammenleben in der Schule.

Benützte Literatur:
Anders, G.: die atomare Drohung, München 1981 (Beck)
Bauriedl, I.: Die Wiederkehr des Verdrängten. Psychoanalyse, Politik und der einzelne. München 1986 (Piper)
Gold, V.: Der böse Feind. Gedanken zu Vorurteilen und Feindbildern. München 1984 (Studiengesellschaft für Friedensforschung. Bernhard Borst-Straße 3)
Singer, K.: Maßstäbe für eine Humane Schule. Mitmenschliche Beziehung und angstfreies Lernen durch partnerschaftlichen Unterricht. Frankfurt am Main 1981 (Fischer-Taschenbuch)
Watzlawick, P.: Anleitung zum Unglücklichsein. München 1983 (Piper)
v. Weizsäcker, C. F.: Der bedrohte Friede. München 1981 (Hanser)

Unbewußte Konflikte von Lehrerinnen und Lehrern

Schwierige Lehrer als Ursache gestörter pädagogischer Beziehung

> Es gibt psychische Phänomene, über die wir nicht Herr sind, so wenig wie über Erlerntes, das wir vergessen haben. Aber nicht nur Erinnerungen, auch Einsichten können verloren gehen. Wir verfügen nicht autoritär über unsere unbewußte Welt, sondern müssen mit Mühe Unbewußtes, was in uns am Werke ist und bewußt zu werden droht, in diesem Zustand erhalten. Die vertrackten psychischen Instanzen, unser Ich und Über-Ich, möchten natürlich vor allem das loswerden, was sie in Konflikt mit beschämenden Erlebnissen gebracht hat und wieder zu bringen in Gefahr ist.
> *Alexander Mitscherlich*

An Zerwürfnissen zwischen Schülern und Lehrern sind immer beide Seiten beteiligt. Allerdings kann die Ursache jeweils von einer der Bezugspersonen ausgehen – zum Beispiel von einem Schüler, der es aufgrund seiner Lebensgeschichte besonders schwer hat; oder auch von einem Lehrer, der persönliche Schwierigkeiten in die Schulsituation hineinträgt; oder von der Klasse als Ganzes, die aus einer unbefriedigten Lernsituation heraus stört. Im folgenden geht es vor allem um die konfliktauslösende Seite des Lehrers.

Verdrängte Gefühle werden auf die Schulklasse gerichtet
Eine Lehrerin ist wütend auf ihre Schüler, aber versteht ihre Wut nicht – Der unbewußte Prozeß der »Verschiebung«

Im Kontakt zwischen Lehrer und Schüler spielen bewußte und unbewußte Einstellungen eine Rolle. *Unbewußte Lehrerkonflikte verzerren die pädagogische Beziehung:* Aggressives

Schülerverhalten kann zum Beispiel mit der Aggressivität des Lehrers zusammenhängen; ein »böser Schüler« kann unter Umständen der Sündenbock des Lehrers sein; eine »schlechte Klasse« mag mit dem unbewußten Wunsch des Lehrers zu tun haben, daß es keinen »Größeren« geben darf als ihn selbst.

Im folgenden Beispiel führte ein unbewußtes Problem zum undurchschaubaren Konflikt zwischen Lehrerin und Schulklasse. Die Lehrerin ließ sich psychologisch beraten, weil sie mit ihrer 4. Klasse nicht zurecht kam: Viele Schüler seien unruhig und schwätzten in einem fort. Die Lehrerin bekomme immer wieder große Wut auf die Klasse; vor allem werde sie ärgerlich, wenn Kinder so unselbständig seien und wegen allem Möglichen fragten. Zwar sehe sie ein, daß ihr Ärger oft unangebracht sei, aber sie könne nicht anders. Überhaupt habe sie den Eindruck, sie eigne sich nicht für eine Grundschulklasse. – Im Gespräch zeigte sich allerdings, daß sie früher mit Grundschulkindern gut auskam. Auch bei den eigenen kleinen Kindern mache ihr Spaß, mit ihnen umzugehen. Diese Klasse aber habe sie von Anfang an wütend gemacht und in den verstrichenen Wochen fühlte sie sich zunehmend mehr angespannt.

Während des Gesprächs wurde der Widerspruch deutlich zwischen der partnerschaftlich eingestellten Lehrerin und ihrer heftig empfundenen Ablehnung dieser Klasse gegenüber. Es beunruhigte sie ganz besonders, daß sie ihrer Grundeinstellung untreu wurde.

Es war dann von den Umständen die Rede, unter denen die Lehrerin diese Klasse zugeteilt bekam. Dabei wurde sie sehr erregt: Das sei eine Gemeinheit gewesen, Schulrat und Rektor hätten ihr fest versprochen, sie bekäme eine siebte Hauptschulklasse. Diese kannte sie von früher und sie hätte gern mit ihr gearbeitet, zumal ihr Jugendliche mehr lägen als jüngere Kinder. Sie hatte sich bereits auf die Klasse eingestellt, Arbeitsmaterialien gesammelt und Pläne gemacht. Da sei sie zu Beginn des Schuljahres ohne Kommentar in die vierte Klasse versetzt worden. Ihre Enttäuschung und – unterdrückte – Wut seien groß gewesen. Sie hätten sich noch mehr gesteigert, als sich herausstellte, daß mit einer Kollegin in umgekehrter Weise verfahren wurde: Diese wollte gern in die Grundschule und mußte eine Hauptschulklasse übernehmen. Zorn und Erregung über diese Ungerechtigkeit, Gleichgültigkeit und vermutete Böswilligkeit brachen jetzt im Beratungsgespräch hervor. Diese Wut hatte sie damals »geschluckt«, weil sie in ihrer Prüfungsabhängigkeit nicht zu den Behörden hingehen und ihnen die Meinung sagen wollte.

Allmählich wurde der Lehrerin klar, daß ihre Wut auf die »unfolgsame, rücksichtslose« Klasse etwas mit ihrer unterdrückten Wut der Schulbehörde gegenüber zu tun haben mag. Sie verübelte der Klasse, daß ihr diese zugeschoben wurde. Damals konnte sie den Zorn über die schlechte Behandlung weder ausdrücken noch bearbeiten. Sie verdrängte ihren Affekt und erlebte ihn an einer Stelle wieder, an die er eigentlich nicht hingehörte, nämlich bei der Arbeit mit den Schülern.

Den beschriebenen unbewußten Vorgang bezeichnen wir in der Psychoanalyse als *Verschiebung: Der an eine Vorstellung geknüpfte Affekt wird auf eine harmlosere Sache verschoben,* an der sich die psychische Energie angstfreier entladen kann. – Eigentlich hatte die Wut der Lehrerin den Personen der Schulbehörde gegolten. Sie an diesen abzureagieren, wäre angstmachend gewesen. Also wurde der unerträgliche Affekt abgeschoben auf die ungefährlichere Schulklasse.

Die psychische Erscheinung der Verschiebung spielt zum Beispiel dort eine Rolle, wo das Verhältnis zu Vorgesetzten vom Machtprinzip gekennzeichnet ist: Der Ärger auf den Chef wird als angstvoll empfunden und deshalb an schwächeren Ersatzpersonen ausgelassen, also auf den Untergebenen verschoben. Das Kind läßt beispielsweise die Wut auf die Mutter am Spielzeug aus. Lehrer erleben sich häufig abhängig ihren Vorgesetzten gegenüber. Aus der daraus resultierenden Angst geraten sie in *Gefahr, ihre Affekte auf die wehrlosen Kinder abzuschieben.*

Im berichteten Beispiel handelt es sich um einen Konflikt, der hauptsächlich mit der Jetzt-Situation der Lehrerin zusammenhängt, nicht mit der Lebensgeschichte oder einer neurotischen Erkrankung. In einem solchen Fall ist es möglich, durch das Gespräch mit Kolleginnen und Kollegen, einem Parnter, durch die Konfliktbearbeitung in einer Gruppe oder durch die Aussprache mit einem psychologisch-pädagogischen Berater das Problem zu erkennen und zu bearbeiten. Die Lehrerin konnte im Beratungsgespräch ihre Wut erleben und fühlte sich mit ihrer Enttäuschung und Ohnmacht verstanden. Sie vermochte dabei zu erkennen, daß sie ihre Klasse aus dem unverarbeiteten Affekt heraus ablehnen mußte. Diese neue Bewußtheit ermöglichte es ihr, die Schwierigkeit zu bearbeiten und sich den Schülern gegenüber anders einzustellen; sie erlebte sich dann befreit von dem unbewußten Zwang.

Das Beispiel weist auch auf einen psycho-hygienischen Aspekt der Schule hin: *Es ist kein Zeichen von Schwäche und Unzulänglichkeit, wenn ein Lehrer sich in Konfliktsituationen psychologisch beraten läßt, sondern Ausdruck menschlicher Reife und pädagogischen Verantwortungsbewußtseins.*

Einengung des Lehrers führt zu Einengung der Schüler
»Wie er mir, so ich dir!« – Pädagogisch-psychologische Notwendigkeit kollegialer Zusammenarbeit

Lehrerinnen und Lehrer geraten leicht in Gefahr, die Schüler auskosten zu lassen, was ihnen andere angetan haben. Dies geschieht unter der unbewußten Formel: Wie er mir, so ich dir! – Des weiteren wird sichtbar, wie ein machtbehauptendes Umgehen von Behörden mit Lehrern nicht nur den einzelnen Lehrer trifft, sondern auch dessen Klasse. Wenn ein Lehrer mit sich und seiner Klasse Schwierigkeiten hat, ist immer auch nach dem psycho-sozialen Umfeld zu fragen, in dem er arbeiten muß. Die Rahmenbedingungen können ihm das Unterrichten und das Bearbeiten von Konflikten erleichtern – etwa in einem partnerschaftlichen Beziehungsklima zu den Vorgesetzten und zu den Kollegen. Sie können die Arbeitsbedingungen aber auch zum Schaden der Schüler erschweren – zum Beispiel wenn die kollegialen Beziehungen durch Machtbehauptung, Einengung, Beurteilung und Zensur gekennzeichnet sind.

Lehrerinnen und Lehrer sind durch das ungleiche Machtverhältnis zwischen ihnen und den Schülern versucht, ihr psychisches Gleichgewicht auf Kosten der Kinder zu bewahren. Sie müssen nicht befürchten, daß ihnen von Schülern »mit gleicher Münze« heimgezahlt wird, was sie diesen antun. Weil sie »von oben« abhängig sind, geraten sie in der Beziehung zu den von ihnen abhängigen Schülern leicht in die »Radfahrerhaltung«: Nach oben buckeln, nach unten treten. Unter dieser psychologischen Bedingung ist zu vestehen, daß *unterdrückte Lehrer zu Unterdrückern der Schüler werden können.*

Damit werden wir auf psychosoziale Störfaktoren innerhalb der Schule verwiesen, zum Beispiel auf die große Distanz zwischen Lehrern und Vorgesetzten; diese schafft Mißtrauen und gegenseitiges Unverständnis. Hilfreich wären häufige, spontane und offene Kontakte zwischen Direktoren, Seminarleitern, Schulräten und Lehrern. Daß Lehrer überwacht, visitiert und kontrolliert werden, fördert keinesfalls das pädagogische Klima: Weder Schüler noch Lehrer erfahren daraus eine Hilfe zu besserem Lernen und Lehren. Diese Hilfe wäre aber denkbar, wenn an Stelle der »Schulaufsicht« vielfältige Formen kollegialer Beratung und Unterstützung träten.

Dienstliche Anweisungen – wie im berichteten Beispiel die Versetzung – sollten zumindest durchschaubar sein und demokratischen Gepflogenheiten entsprechen: Weshalb muß die Vesetzung wie eine »höhere Fügung« hereinbrechen und kann nicht das Ergebnis gemeinsamer Überlegungen sein? – Weshalb muß mit der Lehrerin etwas »gemacht« werden, was als Ergebnis von Zusammenarbeit für die Beteiligten pädagogisch günstiger gewesen wäre? – *Mehr Mitwirkung der Lehrer* in allen sie betreffenden Bereichen könnte vermeiden, daß Konflikte im Klassenzimmer zum Schaden von Kindern und Lehrern über das Machtprinzip ausgetragen werden, anstatt mit dem Willen zur Zusammenarbeit. Bei manchem Schulkonflikt geben Lehrer die ihnen widerfahrene Willkür »nach unten« weiter, weil sie nicht stark genug sind, sich »nach oben« zu wehren.

Angst vor Vorgesetzten zum Beispiel ist nicht nur für die jeweilige Lehrerin lebenseinschränkend. Sie stört darüber hinaus den Unterricht und den Kontakt zu den Schülern. – »Mich freut die Schule überhaupt nicht mehr«, sagte eine Lehrerin, die den Schulrat erwartete. Jeder im Schulhaus wußte zwar, mit wieviel innerer Teilnahme und Lust sie unterrichtet. Aber jetzt meinte sie: »Ich muß mich dauernd anstrengen, um nicht an den Kindern meinen Ärger auszulassen; besonders, wenn sie nicht so sind, wie sie am Tag des Schulbesuchs sein sollen.« – Sie beklagt sich über den »Funktionalismus«, dem sie sich unterwerfen solle und der ihre pädagogische Arbeit störe. Diese Unterwerfung unter ihr aufgezwungene Gesichtspunkte mache sie so unlustig.

Sie bedachte allerdings kaum, daß sie selbst etwas verändern könnte in dem Sinn: »Wenn *ich* weniger Unterwerfung will, dann muß *ich* damit beginnen, weniger Unterwerfung in die Beziehung zu bringen, auch in die zu Vorgesetzten. Anstatt der Unterwürfigkeit könnte ich *mehr persönliche Begegnung riskieren.*« – Vermutlich hätte es den Schulrat nachdenklich gemacht, wenn er gehört hätte, wie der Lehrerin die Freude am Unterrichten verging; denn das möchte er mit seinem Besuch sicher nicht bewirken. Wenn in solchen Situationen keine Auseinandersetzung zwischen Lehrern und Vorgesetzten stattfindet, wächst die Gefahr der Beziehungsstörung auch zwischen Lehrern und Schülern. Der Lehrer gibt – zum Teil unbewußt – an die Schulklasse weiter, was er selbst durch Vorgesetzte erlebt. Er ist so *voll von eigener Not, daß er sich nicht hinreichend um die Nöte der Kinder annehmen kann.* Noch schlimmer ist es, wenn er seine Angst nicht mehr spürt. Er hat sich dann bereits so angepaßt oder gar deformiert, daß er die Angst wirkungsvoll verdrängen kann – zum Schaden seiner Person und dem der Schüler.

Zum Überlegen:
Kann ich in meinem eigenen Umfeld beobachten, wie sich der psychische Vorgang der Verschiebung auswirkt?

In welchen Situationen neige ich selbst dazu, Affekte auf ungefährlichere Situationen zu verschieben?

Man ist seinen unbewußten Mechanismen dann weniger ausgeliefert, wenn man mit anderen offen sprechen kann. – Rede ich mit Kolleginnen und Kollegen, mit Freunden, mit meinem Lebensgefährten über Schulprobleme, die mich bedrücken oder verunsichern? – Kann ich mir vorstellen, auch mit meinen Schülern darüber zu sprechen?

Ein unbewußter Lehrerkonflikt wird in die Jugendlichen hineinverlegt
»Die Schülerinnen wollen mich verführen«

In dem eben berichteten Beispiel hatte der unbewußte Konflikt der Lehrerin nicht nur mit ihrer Person, sondern auch mit der *psychosozialen* Situation zu tun. In solchen Fällen sind Mitursachen und Auslöser für die Schwierigkeit nicht in der

Lebensgeschichte zu suchen, sondern in der mißglückten Erlebnisverarbeitung des aktuellen Konflikts.

Im folgenden Fall hing der Konflikt vorwiegend mit *individuellen* Problemen des Lehrers zusammen. Sie stammten aus dessen persönlicher Entwicklungsgeschichte und brachen in der Schulsituation neu auf. Jeder von uns trägt Erfahrungen aus seiner Kindheit und dem weiteren Lebensverlauf auch in die Lehrer-Schüler-Beziehung hinein. Dies zu wissen und zu akzeptieren macht uns wachsam uns selbst gegenüber und offen für das Gespräch mit anderen.

Der Gymnasiallehrer, von dem ich berichte, wandte sich mit seinen Problemen an eine Gruppe, mit der er in einem Wochenendseminar »Konflikte in der Schulklasse« bearbeitete. Ihn beunruhigte, daß er von seinen sechzehn- bis siebzehnjährigen Schülerinnen umworben wurde. Diese schrieben ihm kleine »Liebesbriefchen«, steckten ihm heimlich Blümchen zu und luden ihn ins Kino ein. Der Lehrer war persönlichen Kontakten zu seinen Schülerinnen nicht abgeneigt, aber es ärgerte ihn, daß die Mädchen offensichtlich nur bessere Noten erreichen wollten.

Was sich zunächst als Sache einiger berechnender Schülerinnen ausnahm, geriet in ein anderes Licht, als der Lehrer in der verstehenden Atmosphäre der Gruppe sein Problem deutlicher mitteilte: Die Schülerinnen machten ihm angeblich unverhüllt sexuelle Angebote – zum Beispiel durch die Art, in der sie sich »aufreizend« kleideten oder ihm in den vorderen Bänken »Einblicke« ermöglichten. Eine Schülerin habe ihn bei einem Hausbesuch »sehr spärlich bekleidet« empfangen; er wollte mit ihr eine unterrichtliche Schwierigkeit besprechen.

Der Lehrer erlebte sich fortwährend in einer Verführungssituation. In der Gruppe wurde spürbar, in welche Angst ihn dies versetzte. Zum einen war es eine unbestimmte Angst: Von den Mädchen ging etwas Bedrohliches für ihn aus. Zum anderen aber schien auch die Realangst dazusein, was wohl passierte, wenn die Mädchen ihn tatsächlich verführten. Schließlich hat zwar ein aggressiv ohrfeigender Lehrer mit Nachsicht und Freispruch bei Gerichten zu rechnen, nicht aber ein Lehrer, der sich beispielsweise einem Mädchen mit körperlichen Zärtlichkeiten nähert.

Die Lehrergruppe neigte zuerst dazu, das Verhalten der Mädchen zu bagatellisieren und einige einleuchtende Verhaltensvorschläge zu geben. Einige Teilnehmer meinten, dies sei doch nicht so ernst zu nehmen und käme überall vor und sie würden es mehr mit Humor angehen. Allmählich merkten sie jedoch, daß es sich für den Lehrer tatsächlich um eine ernsthafte Bedrohung handelte, die man ihm nicht so leicht »ausreden« konnte. Aber es wurde noch nicht verständlich, worin die große Gefahr für ihn bestand.

Im schützenden Klima der Gruppe konnte der Lehrer allmählich mehr erkennen. Die Verführungssituationen »ergaben« sich nämlich nicht so »von selbst«, wie er es erlebte und sie wurden auch nicht nur von den Mädchen so eingerichtet. Ohne daß er es merkte, hatte er selbst sie heraufbeschworen. – *Er* gab zum Beispiel – versteckt zwar – den Anstoß zu einem gemeinsamen Treffen in einem Café. – *Er* war es auch, der den Hausbesuch bei einem Mädchen in die Wege leitete. Im Gruppengespräch wurde deutlich – ohne daß die Teilnehmer den Kollegen verurteilten: *Er* war der Werbende und einige der Mädchen gingen bereitwillig auf seine halbbewußten und unbewußten Angebote ein.

Bei dieser Erkenntnis stehen zu bleiben oder gar dem Lehrer zu sagen, er solle sich künftig anders verhalten, hätte freilich nichts bewirkt. In weiteren Gesprächen, die dann in Einzelgespräche übergingen, stellte sich als Hintergrund der Schwierigkeit eine Gehemmtheit gegenüber Frauen heraus. Sie hatte ihren Ursprung in einer überwertigen Tabuisierung alles Sexuellen während der Kindheit. Der Lehrer konnte keinen Kontakt zu Frauen herstellen, weil ihm diese Angst machten. Insgeheim spürte er jedoch den Wunsch, Beziehungen zu haben und auch seine sexuellen Impulse leben zu können.

»Projektion« – ein unbewußter beziehungsstörender Vorgang

Will der Lehrer die Schülerinnen verführen?
Konflikte aufdeckend und ursachen-orientiert angehen

Bei der Schwierigkeit, die der Lehrer in der Klasse als bedrohlich erlebte, handelt es sich um einen unbewußten psychischen Vorgang, den die Psychoanalyse *Projektion* nennt: *Die Person kann Impulse nicht im eigenen Inneren wahrnehmen, sondern erlebt sie als von außen kommend oder an anderen.* Sie wehrt damit peinliche oder verbotene Inhalte ab, die ihr Ich als gefährlich erleben würde. – Der Lehrer konnte sich von seinen Schuldgefühlen und seiner Angst entlasten, wenn er die Situation unbewußt so gestaltete, daß er der passiv Erduldende und nicht der aktiv Handelnde war: Nicht *ich* werbe um die Schülerinnen, sondern die Schülerinnen werben um mich; nicht *ich* habe den Wunsch, auf ein Mädchen zuzugehen, sondern das Mädchen verführt mich.

Durch seine Kindheitserfahrungen erlebte der Lehrer sexuelle Wünsche als sündhaft: Ich darf so etwas nicht tun. Deshalb mußten die gefährlichen Inhalte aus seinem Selbst nach außen verlegt werden: Die *anderen* sündigen. Es gelang allerdings nicht, die Kraft der psychischen Impulse ungeschehen zu machen. Durch die Projektion kehrten sie von außen wieder zurück. Dadurch wurde der Lehrer zwar von der Innenangst entlastet, aber gleichzeitig konnte er die Wirklichkeit nur noch verzerrt wahrnehmen. Er bekämpfte nun in anderen, nämlich in den »verführenden« Mädchen, seine eigenen, von ihm abgelehnten Persönlichkeitsmerkmale.

Bedrohlich wurde für den Lehrer, daß sich seine Projektionen teilweise als wirklich erwiesen. Einige Mädchen spürten – vermutlich aus ihrer eigenen Persönlichkeitsproblematik heraus – *die unbewußte Erwartungshaltung des Lehrers.* Sie antworteten mit wirklichen – nicht nur vom Lehrer eingebildeten – Verführungsabsichten. Beim Durcharbeiten des Problems blieb allerdings kein Zweifel darüber, daß am Anfang die Projektion des Lehrers stand.

Zu Projektionen neigt jeder Mensch, besonders aber unter Angstdruck. Der Lehrer kann zum Beispiel die eigenen Aggressionen verdrängen – aber er muß ständig seine Schüler mit Aggressionen aufladen und hinter jeder ihrer Verhaltensweisen einen Angriff auf sich vermuten. – Oft anzutreffen ist die Pharisäerhaltung des »Moralapostels«. Dieser muß die eigenen Wünsche unerbittlich am anderen verfolgen und bekämpfen. – Deutlich wird die Projektion auch in jenen Lehrern sichtbar, die ständig über faule Schüler klagen – und dabei ihre eigene Bequemlichkeit verdecken und bekämpfen müssen.

Den Konflikt des beschriebenen Lehrers zu bearbeiten, ist schwieriger als das Problem der Lehrerin, die ihre Wut auf die Klasse verschieben mußte. Denn bei dem Gymnasiallehrer handelte es sich um eine Störung, die in der Lebensgeschichte verankert und deshalb nicht von heute auf morgen zu beseitigen war. Helfen kann in solch einem Fall nur, wenn das Problem *aufdeckend* und nicht zudeckend behandelt wird.

– Zu solch aufdeckenden Verfahren gehört, genau hinzusehen, wie die *psychische Wirklichkeit des bedrängten Lehrers* aussieht. Dabei ist es meist unergiebig, nach dem Warum zu fragen. Das hilft nicht weiter, weil es sich bei der Schwierigkeit um ein Gefühls-Problem handelt. Wichtiger ist, gemeinsam das *Erleben* zu erkunden, danach zu fragen, *wie* es dem Lehrer geht, welche Ängste er verspürt, welche Gedanken ihn bechäftigen.
– Hilfreich sind *anteilnehmende Freunde oder Kollegen* oder – wie im vorliegenden Fall – eine Gruppe, in der das Problem besprochen wird. Die Beteiligten versuchen, sich nacherlebend in die Situation einzufühlen und die »Erlebniskatastrophe« des anderen Menschen wahrzunehmen. Sie lassen bei sich selbst mitschwingen, was in ihnen bei der Problematik des anderen anklingt.
– Auf diese Weise werden die *Ursachen des Verhaltens* und Erlebens deutlicher: solche, die der persönlichen Entwicklungsgeschichte entstammen und andere, die mit der Jetzt-Situation zusammenhängen.
– Das ermöglicht, das Problem ursachenorientiert zu bearbeiten. – Im vorliegenden Fall kann das vermutlich nicht ohne *therapeutische Hilfe* geschehen; entweder durch Beratungsgespräche oder durch eine analytische Selbsterfahrungsgruppe oder durch psychotherapeutische Behandlung.

Die aufdeckende Arbeit in einer Gruppe oder Therapie wirkt nicht durch intellektuelle Einsicht in die Ursachen der persönlichen Schwierigkeiten. Viel mehr kommt es darauf an, *die verdrängten Konflikte nacherlebend zugänglich zu machen.* Es gilt, die *Ängste zuzulassen* und damit deren Inhalte zu begreifen, den *Ist-Zustand anzunehmen* und nicht moralisierend den Soll-Zustand zu verlangen. Dann kann das bisher Unsag-bare *sag-bar* werden.

Mangelnde Selbstbetrachtung des Lehrers verzerrt die pädagogische Beziehung

Unpädagogisches Verhalten wird als beispielhaftes erzieherisches Verhalten ausgegeben

Jeder Lehrer hat seine persönlichen Eigenheiten und Schwierigkeiten. Die Kinder müssen sich mit diesen auseinandersetzen, so wie das der Lehrer auch mit denen der Schüler tun muß. Schwierig wird es, wenn Lehrer blind für eigene Probleme sind oder wenn sie gar selbstgefällig als pädagogisches Handeln ausgeben, was Ausdruck ungelöster eigener Konflikte ist.

Es kann sich zum Beispiel um *verborgene sadistische Regungen* handeln, die in die Lehrer-Schüler-Beziehung einfließen. Früher konnte man diese in grober Form beobachten, etwa beim rigorosen Anwenden der Prügelstrafe. Heute treten sie viel gefährlicher als verfeinerte Sadismen auf, beispielsweise als Notenbüchlein-Sadismus, Bloßstellen, »Hängen-Lassen« in der Prüfungssituation oder als pädagogisch bemäntelte »Strenge« und »Gerechtigkeit«.

Ein Lehrer berichtet: »Vor einigen Wochen fing einer der Schüler meiner Klasse an, dauernd aufzustehen und sich über sein Pult zu lehnen. Dabei tat er seine Arbeit aus einer halb stehenden Stellung. Dies wiederholte sich mehrere Male.« – Mancher Lehrer würde dies nicht als störend empfinden und darüber hinweggehen. Dieser aber fühlte sich gestört und überlegte, was er tun könne, um die Störung zu beseitigen.

Er tat deshalb folgendes (Dreikurs 1969, S. 110): »Schließlich fragte ich den Schüler, ob er bei der Arbeit lieber stehen oder sitzen wolle. Mir wäre es gleichgültig, was er lieber täte. Der Junge erklärte, lieber stehen. Darauf sagte ich ihm, daß er keinen Stuhl mehr brauche, und wir deshalb seinen Stuhl aus dem Zimmer entfernen könnten – was wir auch taten, wobei wir dem Jungen erlaubten, den Rest des Tages zu stehen. – Am folgenden Tag fragte ich am Anfang des Unterrichts wieder, ob er lieber stehen oder sitzen wolle. Diesmal wollte er lieber sitzen. Wir hatten von da an keine Schwierigkeiten mehr, was seine halb stehende Stellung anbelangte.« – Und der Kommentar von Dreikurs: »Dies ist ein gutes Beispiel einer richtig ausgeführten logischen Folge, nämlich dem Jungen täglich die Wahl zu lassen, was er vorziehe.«

Mir scheint dieses Verhalten eher ein Beispiel dafür zu sein, wie man *aus Hilflosigkeit heraus versuchen kann, unpädagogisches Handeln als pädagogische Maßnahme auszulegen.* Denn das unoffene manipulierende Lehrerhandeln hat nichts mit Erziehen, verstanden als Lebenshilfe zu tun. Der Lehrer tat so, als ließe er den Schüler mitbestimmen; in Wirklichkeit verdeckte er damit sein macht-behauptendes Bestimmen. Es interessierte ihn nicht, wie es dem Jungen bei seinem Störverhalten ging, was dieser selbst zu seiner kritisierten »Arbeitshaltung« meint, wie er glaubte, daß er sein Verhalten ändern könnte, ob er überhaupt gemerkt hat, daß er stört.

Darüber etwas zu erfahren, hätte zu gegenseitigem Verstehen geführt. Der Lehrer hätte den Jungen besser kennengelernt, und dieser hätte eine Ahnung davon bekommen, was den Lehrer stört. – Aber so wurde der Schüler nicht als Partner behandelt, sondern als »Erziehungs«-Objekt, das sich so verändern sollte, wie dies der Lehrer wünschte.

Wie bei diesem Lehrer, erweist sich auch bei anderen Lehrerinnen und Lehrern immer wieder als schwierig, daß sie nicht sagen was *sie* möchten, was für *sie* unangenehm ist. Sie müssen so tun, als ginge es ihnen nur um den Schüler und dessen Erziehung. In dieser »Erziehung« brechen aber leicht auf entstellte Weise die persönlichen Wünsche durch. Da diese dann nicht mehr als solche zu erkennen sind, ist die Beziehung verzerrt. – Vermutlich trug bei dem erwähnten Lehrer die uneingestandene Angst vor der überflutenden Unruhe in der Klasse dazu bei, daß er sofort an das »Niederhalten« des Unruheherds dachte – und nicht daran, erst einmal *wahrzunehmen, was da eigentlich ist.*

»Rationalisierung« als blockierender psychischer Vorgang
Das Verwechseln von »Manipulieren« und »Erziehen«

Wahrscheinlich mußte sich der Lehrer aus der nicht eingestandenen Angst und den nicht ausgesprochenen Wünschen heraus unehrlich verhalten. Ihm wäre es gleichgültig, behauptet er, was der Junge täte. Dabei war offensichtlich, daß er den Schüler zum Stillsitzen bringen wollte. – Züge sadistischer Neigung werden unverkennbar, wenn der Lehrer dem Jungen den Stuhl wegnimmt und ihm zumutet, »den Rest des Tages zu stehen«.

Hier wurde eine oberflächliche Symptombehandlung versucht – und nicht ein *Vorgehen, das sich an den Ursachen des Schülerverhaltens und den Wünschen des Lehrers orientiert.* Dieser deckte im Gegenteil die möglichen Ursachen zu, indem er erst gar nicht zu ergründen versuchte, wo sie liegen könnten. Das zudeckende Lehrerverhalten – an Stelle eines aufdeckenden – machte aber ein Sich-Verständigen zwischen den beiden unmöglich.

Das Beispiel steht für die verbreitete Haltung, mit dem Kind etwas zu »machen«, anstatt zu ihm Beziehung aufzunehmen. Der Schüler soll zu einem angepaßten Verhalten »gebracht« und mit »psychologischen« Maßnahmen überlistet werden. Nicht das Prinzip der Verständigung ist handlungsleitend, sondern das Machtprinzip. Wenn die Gewaltausübung, wie im vorliegenden Beispiel, verschleiert wird, gerät der Schüler in eine ohnmächtige Situation.

Von diesem Beispiel bleibt unberührt, daß Dreikurs viele Vorschläge zur Muterziehung und zum verständnisvollen Umgang mit Kindern bringt, die dem Erzieher helfen. Aber es zeigt auch, wie leicht der Lehrer in Gefahr gerät, sich um der Disziplin willen zu fragwürdigen »taktischen Maßnahmen« hinreißen zu lassen, »Strategien« zu entwickeln, anstatt sich mit dem Kind auf die beiderseitigen Interessen einzulassen. Er beeinflußt den Schüler verdeckt in einer bestimmten Richtung und verfremdet durch unaufrichtige Argumentation die Beziehung, also er manipuliert. Damit werden wesentliche Elemente der Erziehung verlassen: helfendes Eingreifen, einsichtes Lernen, Unterstützung, Wahren der Selbstbestimmung, Hilfe zur Selbsterziehung, Verbundenheit zwischen Lehrer und Schüler. Wenn wir Erziehung als »helfende Beziehung« verstehen, bei der wir das Kind in seiner Selbstwerdung unterstützen und seine sozialen Fähigkeiten entwickeln, dann hat dieser Lehrer »Erziehen« mit »Manipulieren« gleichgesetzt.

Das Problem ist nicht, daß sich der Lehrer in der Konfliktsituation nicht anders verhalten konnte, sondern daß er aus der Not der Unzulänglichkeit eine Tugend sogenannten pädagogischen Vorgehens gemacht hat; denn dadurch wurde das Lehrerverhalten unkorrigierbar. – Die vorher beschriebene Lehrerin mit ihrer Wut auf die Klasse und der Lehrer mit den

Verführungsängsten waren hingegen durch ihre Schwierigkeit unsicher geworden. Sie teilten ihr Problem anderen mit und konnten somit in den für Erzieher wichtigen Prozeß der Selbsterkenntnis eintreten.

Die kritische Selbstreflexion des eben geschilderten Lehrers wurde durch einen Vorgang blockiert, den die Psychoanalyse als *Rationalisierung* beschreibt. Es handelt sich darum, *eine Verhaltensweise intellektuell zu rechtfertigen, hinter der andere Interessen und Beweggründe liegen.* Für ein bestimmtes Handeln werden vernünftige Argumente vorgegeben, während in Wirklichkeit andere, zum Teil unbewußte Motive dahinterstecken. Durch Scheinbegründungen rechtfertigt man dabei Handlungen und Einstellungen, die Interessen entspringen, welche von der Person nicht eingestanden werden dürfen. Hinter der rationalen Begründung des Lehrers, den Jungen eine pädagogisch nützliche »logische Folge« erleben und ihm »täglich die Wahl zu lassen«, verbargen sich vermutlich machtbehauptende Impulse, die er bei sich selbt nicht billigte.

Aus dieser Persönlichkeitsproblematik heraus war es dem Lehrer nicht möglich, sich mit dem Schüler zu verständigen. Sich-Verständigen hätte erfordert, ehrliche Sofortmaßnahmen zu ergreifen, von denen der Lehrer zwar weiß, daß sie nicht ursächlich wirken, aber die den Konflikt auch nicht zudecken. Zum Beispiel hätten sich Schüler und Lehrer bemühen können, einen Sitzplatz ausfindig zu machen, an dem der Junge durch sein Aufstehen die anderen Schüler nicht in ihrer Sicht zur Tafel behindert. Vor allem wäre das Sich-Verständigen günstig gewesen, wenn der Lehrer offen sein Gestört-Sein durch den Schüler und seinen *Wunsch nach störungsfreiem Arbeiten mitgeteilt* hätte – anstatt scheinheilig zu fragen, ob dieser lieber stehen oder sitzen möchte.

Es geht nicht darum, den Lehrer wegen seines manipulierenden Vorgehens zu verurteilen. Vielmehr kann uns das als »positiv« vorgestellte Beispiel dazu anregen, uns mit der eigenen manipulativen Seite auseinanderzusetzen. Dabei merken wir, daß wir *mit jeder Manipulation, die wir gegenüber den Schülern ausüben, auch uns selbst manipulieren.* Insofern nämlich, als wir die hinter unserem manipulativen Handeln liegenden Ängste und Wünsche nicht mehr spüren und deshalb den Konflikt bei uns und beim Schüler nicht ursachen-orientiert bearbeiten können.

Zum Überlegen:
Erinnere ich mich selbst an eine »schwierige« Lehrerin oder einen »schwierigen« Lehrer aus meiner Schulzeit? – Wie sah und beurteilte ich damals solche Schwierigkeiten?

Wie habe ich mich als Schülerin oder Schüler gegenüber »schwierigen« Lehrern eingestellt und verhalten – und wie denke ich heute darüber, wo ich selbst Lehrerin oder Lehrer bin?

Wir sind als Lehrer und Erzieher kaum frei von Manipulation: Wo neige ich dazu, die Schüler zu manipulieren? Wie erlebe ich solche Manipulation – und kann ich erkennen, daß ich mich damit auch selbst manipuliere?

Aufdeckendes und selbstkritisches Bearbeiten von Schwierigkeiten

Der Versuch der Verständigung – Hilfen für aufdeckende Problemlösungsverfahren

In der vorher berichteten Konfliktsituation hätte es viele Handlungsmöglichkeiten gegeben. Der Lehrer hätte sich zum Beispiel beim Schüler erkundigen können, wie die Arbeitssituation für diesen ist, ob der Junge überhaupt merkt, daß er immer wieder aufsteht und weshalb er stehen möchte, ob ihm das Sitzen schwerfällt oder er Rückenschmerzen hat... Beide hätten miteinander überlegen können, welche Ursachen das Verhalten haben kann. Von da aus wäre es möglich geworden, über ursachen-orientierte Langzeitmaßnahmen nachzudenken. So aber hat der Lehrer blind und willkürlich gehandelt; er lebte seine eigene Schwierigkeit auf Kosten des Schülers aus, anstatt zu versuchen, *die Schwierigkeit des Schülers zusammen mit der seinen zu bearbeiten.*

Schwierigkeiten aufdeckend zu bearbeiten heißt, danach zu fragen, weshalb sich Schüler und Lehrer störend verhalten müssen. Nur wenn ich als Lehrerin oder Lehrer Zugang zur Person des Schülers und zu meiner eigenen finde, kann ich ihm und mir helfen. – Es heißt weiter, auch danach zu fragen, weshalb mich dieses Verhalten stört und warum gerade jetzt: Was wird in mir durch dieses Schülerverhalten ausgelöst? – Da es in vielen Situationen nicht möglich ist, sofort ursachenorientiert zu arbeiten, sollte das Lehrerverhalten in der Konfliktsituation zumindest so sein, daß ein späteres Bearbeiten des Konflikts nicht ausgeschlossen wird.

Zu den Vorgehensweisen des aufdeckenden Problemlösungsverfahrens gehört also:

- Die Schwierigkeiten zum *gemeinsamen Problem* zu machen und nicht mit Machtmitteln zuzudecken;
- die Schwierigkeit *anzusehen* und nicht blind zu bekämpfen;
- die Schwierigkeit für *alle Beteiligten,* also für Schüler und Lehrer zum Problem zu machen, mit dem sie sich auseinandersetzen müssen;
- den Konflikt *in Sprache umzusetzen,* also in Gespräche, die Folgen haben können;
- die Konfliktlösungsversuche zum *Lerngegenstand* und zur persönlichen Erfahrung für Schüler und Lehrer zu machen.

Von den Möglichkeiten, kleine und große Persönlichkeitskonflikte von Lehrerinnen und Lehrern zu bearbeiten, ist später ausführlich die Rede. Vorwegnehmend deute ich einige an:

- Lehrerinnen und Lehrer lassen ihr Verhalten von den Schülern mündlich oder schriftlich *einschätzen* und sprechen mit der Klasse darüber.
- Sie wünschen *Schülerkritik* und nehmen diese zum Anlaß gemeinsamer Selbstreflexion von Schülern und Lehrern.
- Sie nehmen Wege bewußter *Selbsteinschätzung* und lockerer Selbstbeobachtung wahr.
- Sie lassen sich durch *Kolleginnen* und *Kollegen einschätzen* und nehmen dies zum Ausgangspunkt von Gesprächen.
- Sie pflegen vielseitige *Kontakte* mit Schülern und Schülereltern und nützen diese auch als Quelle der Selbsterkenntnis.
- Sie schließen sich zu *pädagogischen Gruppen* zusammen, um für die alltäglichen Schulprobleme Lösungsmöglichkeiten zu diskutieren.
- Sie können mit Hilfe der *themenzentrierten interaktionellen Methode* (TZI) lernen, ihr Ich einzubringen, das Wir im Auge zu behalten, bezogen auf die unterrichtliche Sache, die es zu bearbeiten gilt.
- Sie können in *Konflikt-Gesprächsgruppen* – Balint-Gruppen – über einen längeren Zeitraum hinweg zusammen mit einem

Psychologen als Gesprächsleiter ihre Probleme mit Schülern, Kollegen und mit sich selbst bearbeiten.

- Sie können in *Selbsterfahrungsgruppen* sich selbst besser wahrnehmen lernen, neue Erfahrungen machen und neue Handlungsmöglichkeiten entdecken.
- Sie können sich psychologisch oder tiefenpsychologisch *beraten* lassen oder auch in einer psychoanalytischen *Therapie* sich eingehend mit persönlichen Konflikten auseinandersetzen.
- Sie gründen eine Selbsthilfegruppe, in der sie sich wöchentlich oder zweiwöchentlich treffen, um ihre Schulkonflikte miteinander zu besprechen.

Benützte Literatur:
Dreikurs, R.: Psychologie im Klassenzimmer. Stuttgart 1969
Singer, K.: Verhindert die Schule das Lernen? Psychoanalytische Erkenntnisse als Hilfe für Erziehung und Unterricht. München 1983(3) (Ehrenwirth)
Singer, K.: Kränkung und Kranksein. Psychosomatik als Weg zur Selbstwahrnehmung. München 1988 (Piper)

Kinder und Jugendliche mit ihren Gefühlen annehmen

Sich auf Gefühlsäußerungen der Schüler einlassen

> »Es ist eine ganze Kunst entwickelt worden, Gefühle nicht erleben zu müssen; denn ein Kind kann diese nur erleben, wenn eine Person da ist, die es mit diesen Gefühlen annimmt, versteht und begleitet. Wenn das fehlt, wenn das Kind riskieren muß, die Liebe der Mutter oder der Ersatzperson zu verlieren, kann es die natürlichsten Gefühlsreaktionen nicht ›für sich allein‹, insgeheim erleben; es erlebt sie nicht.«
> *Alice Miller*

Gefühlsäußerungen nicht bewerten – sondern als Gefühl des Kindes akzeptieren
»Deine Sorgen möcht' ich haben« – Wiedererinnern eigener Erlebnisse als Hilfe zum Verstehen

Jugendliche und Erwachsene reden oft aufeinander ein, aber hören sich kaum zu. Folglich können sie nicht wahrnehmen, woran dem anderen liegt. Die Jugendlichen behaupten dann, mit den Eltern oder Lehrern könne man nicht reden. Dazu eine Konfliktsituation aus einer Sendung des Bayerischen Rundfunks, in der es eine Mutter »gut meint«. – Das Beispiel ist dem Familienleben entnommen – zum einen, um zu zeigen, daß im Grunde beim Bearbeiten von Erziehungsproblemen kein wesentlicher Unterschied zwischen häuslichen und schulischen Konflikten besteht. Zum andern, weil Lehrerinnen und Lehrer oft auch Eltern sind – und weil sie alle selbst einmal Kind waren.

69

Mutter: Anni, schön, daß du schon da bist. Wir können gleich essen. Der Papa hat angerufen, daß er heute etwas später kommt. Aber wir sollen schon anfangen.

Anni: Ja ...

Mutter: Da können wir beide mal wieder richtig gemütlich ein bißchen ratschen. Hm, heut ist's Essen aber gut gelungen...

Anni: Ich hab keinen Hunger.

Mutter: Ach, wenn man aus der Schule kommt, hat man doch immer Hunger.

Anni: Aber heut' eben nicht.

Mutter: Ah geh. Dampfnudeln magst doch sonst so gern. Anni hast du was? Mir kannst du's doch sagen. Vielleicht kann ich dir helfen.

Anni: Ich möcht mittags nichts mehr essen. Ich bin sowieso so fett.

Mutter: Ach, das ist es! Ich hab schon gedacht, es wär was Schlimmeres. Schau mal her, Anni, du bist nun einmal ein stärker gebautes Mädchen.

Anni: Ach, das stimmt doch gar nicht! Ich freß einfach zuviel... Und du, statt mich daran zu hindern, du kochst auch noch extra kalorienhaltige Sachen!

Mutter: Aber junge Menschen brauchen nun mal kräftige Mahlzeiten in deinem Alter.

Anni: Aber die brauchen nicht fett zu sein. Mich schaut doch keiner an, so, wie ich ausseh.

Mutter: Aber Anni, du hast doch noch Zeit. Schau, über Geschmack läßt sich doch streiten, oder? Manche mögen pummelige Mädchen und manche nur ganz schlanke. Also ich find so dürre Bohnenstangen überhaupt nicht schön. Dein Vater auch nicht. Als er mich geheiratet hat, war ich nicht gerade ein Federgewicht, und dünner bin ich auch nicht geworden. Also komm, das mit dem Mittags-nicht-mehr-Essen, das ist doch ein Unsinn. Jetzt nimm dir noch eine Dampfnudel, sonst werden's ja kalt.

Anni: Ach, du verstehst mich eben nicht.

Mutter: Aber natürlich, Anni. Jetzt sag doch einmal selber...

Anni: Ach, das hat doch überhaupt keinen Zweck. Mit euch kann man eben nicht reden! (läuft weinend davon)

Mutter: Was sie schon wieder hat...

70

Die Mutter ist freundlich zu ihrer Tochter, sie möchte ihr helfen. Aber das gelingt ihr nicht – im Gegenteil: *der Konflikt wird größer, weil sie die persönlichen Gefühle des Mädchens nicht annehmen kann.* – »Wenn man aus der Schule kommt, hat man doch immer Hunger...« Die Mutter stülpt dem Mädchen wohlmeinend ihre Norm über. – »Dampfnudeln magst du doch...«: Die Mutter meint genau zu wissen, was Anni will. – »Ich hab schon gedacht, es wär was Schlimmeres...«: Sie bewertet nach ihren eigenen Maßstäben und kann nicht akzeptieren, was für ihre Tochter schlimm ist. Sie will ihr die bedrängenden Gefühle sogar ausreden. Dadurch ist kein Gespräch mehr möglich; denn der Konflikt des Mädchens ist ein Gefühlsproblem – und kein Verstandesproblem.

Vielleicht mußte die Mutter durch ihre Reaktion – »Deine Sorgen möcht' ich haben« – eigene Gefühlsprobleme abwehren? Aus ihren Worten könnte man das vermuten. – Womöglich weckt das Thema Angst in ihr, weil Anni den Jungen gefallen will und damit Ablösungswünsche gegenüber der Familie zeigt? – Oder die Mutter hat selbst unter Dicksein gelitten und möchte von dem unangenehmen Problem nicht berührt werden? – Vielleicht fühlt sie sich zurückgewiesen, weil Anni ihre Dampfnudeln nicht mehr will? – Was immer es sein mag: Indem die Mutter das »Eigene« aus ihrer Entwicklungsgeschichte oder der Jetzt-Situation abwehrt, geht das Verbindende verloren, das sie mit ihrer Tochter ins Gespräch bringen könnte.

»Gutmeinend« verfügt die Mutter über die Gefühle ihrer Tochter. Sie gibt vor, das Kind genauer zu kennen als dieses sich selbst. Sie meint zu wissen, was das Kind wirklich fühlt, was es denkt und was es wollen kann. Wenn die Tochter wirklich ihr eigenes Selbst nicht verleugnen will, bleibt ihr nichts anderes, als aus der Beziehung herauszugehen. Das wiederum ist für das Mädchen bedrohlich, wegen der Angst, allein dazustehen.

Erwachsene haben in der Regel nicht gelernt, Gefühlsäußerungen zu zeigen, Wünsche deutlich zu sagen. Deshalb ist es hilfreich, wenn sie *an ihr eigenes Kindsein zurückdenken:*

Wo gab es Situationen, in denen ich allein gelassen wurde und mich nicht verstanden fühlte?

Weshalb traute ich mich damals nicht, über meine Sorgen und Nöte zu reden?

Wo haben meine Eltern oder Lehrer gutmeinend etwas abgetan, was mir persönlich wichtig war?

Bei solchem Nachdenken werden Eltern wie Lehrerinnen und Lehrer fühlfähiger für das, was ihnen selbst widerfahren ist. Das wiederum schärft ihre Einfühlung für Kinder.

Gefühle nicht zudecken – sondern sich berühren lassen

»Brauchst doch keine Angst haben« – Die geringe Angstwahrnehmung von Lehrerinnen und Lehrern

Der Jugendlichen hätte vermutlich mehr geholfen, wenn die Mutter das Problem nicht abgewiegelt, sondern so ernstgenommen hätte, wie es für die Tochter war. Sie hätte dann Annis Kummer nicht bagatellisieren müssen, sondern diese erzählen lassen, was sie bedrückt. So wäre es der Mutter möglich geworden, mitzufühlen, selbst wenn ihr die Ursache des Leides nicht angemessen erschien. Die Tochter hätte nicht verzweifelt weggehen müssen und wäre mit ihrer Traurigkeit nicht allein gewesen.

Die Gefühle annehmen heißt:
- *Einfach »da sein«,* offen für den Kummer des andern; vielleicht mit dem Kind zusammen traurig sein oder sich freuen. Eltern und Erzieher meinen, sie müßten immer sofort handeln, sie müßten in jedem Fall »erziehend« auf das Kind »einwirken«. Das aber stört die Beziehung.
- Es heißt ferner: In Konfliktsituationen nicht gleich nach den Ursachen forschen. Kinder wissen auf Ursachen häufig keine Antwort, weil sie ein Gefühls- und kein Verstandesproblem haben. *Ratschläge decken die Gefühle zu.* Günstiger ist es, später mit dem Kind gemeinsam das Problem zu bereden und nach Lösungen zu suchen.

Ein Schüler steht zum Beispiel an der Tafel und soll vorrechnen. Er ist aufgeregt, seine Stimme zittert, er verhaspelt sich. Die Lehrerin merkt, daß das Kind Angst hat und versucht es zu beruhigen: »Du brauchst doch keine Angst haben, jetzt überleg mal in Ruhe...«

Womöglich kann dies dem Schüler helfen, weil er spürt, daß es die Lehrerin gut mit ihm meint. Der tröstende Satz ist jedoch nicht dazu angetan, das Angstgefühl zu bearbeiten. Der Schüler erfährt, daß er eigentlich keine Angst zu haben bräuchte. Diese bedrängt ihn, aber sie scheint nicht am rechten Platz zu sein. Er erlebt, daß er Zuspruch bekommt, aber *mit* seiner Angst nicht angenommen wird. Das Kind fühlt sich nicht verstanden; es bleibt trotz des beruhigenden Wortes allein – das kann die Angst noch steigern.

Der zudeckende Satz »Du brauchst keine Angst haben« führt nicht weiter, er schließt ab. Anders hingegen, wenn Lehrerinnen und Lehrer *die Angst des Schülers nicht beschwichtigen, sondern bei sich ankommen lassen.* Sie versuchen sich einzufühlen und sagen zum Beispiel: »Das macht dich jetzt unsicher, daß wir dir alle zuhören . . .« – Oder: »Das ist dir unangenehm, wenn du so an der Tafel stehst?« – Oder: »Ich hab' den Eindruck, du fühlst dich nicht gut, kannst du uns sagen, wie das ist?« – Oder: »Du scheinst jetzt Angst zu haben und meinst vielleicht, das sei unpassend?« – Oder: »Ich hab dich jetzt in Verlegenheit gebracht, das wollte ich nicht.« – Die Bemerkung kann nicht vorformuliert werden; sie muß dem entsprechen, wie sich der Lehrer jetzt in der Beziehung zum Schüler erlebt.

Solche Äußerungen *nehmen den Schüler mit seinem Angstgefühl ernst und* machen es möglich, mit ihm ins Gespräch zu kommen. Wir helfen ihm, seine Angst zu überwinden, wenn er diese aussprechen darf, wenn er seine Befürchtungen in Worte fassen und damit selbst »begreifen« lernt, wenn er erlebt, daß es anderen ähnlich geht. Durch das Verständnis von Lehrer und Klasse erfährt er, daß er nicht allein ist. Von diesem Annehmen der Angst aus kann er lernen, sich der Angst zu »stellen«. Mitschüler und Lehrer überlegen, was sie dazu beitragen können, um seine Angst zu mildern. Wie wenig Kinder und Jugendliche mit ihren Gefühlen wahr- und angenommen werden, zeigen Untersuchungen über Schulangst. *Viele Lehrerinnen und Lehrer haben keine Ahnung von den tatsächlichen Ängsten der Schüler.* In einer Erhebung von Jacobs und Strittmatter (1979) gaben 79 % der Lehrer an, sie könnten sich nicht um jeden Schüler kümmern, um herauszufinden, ob er unter Angst leide. So meinten sie zum Beispiel, 8 % der Schüler sorgten sich darum, ob sie in das nächste Schuljahr versetzt werden; in Wirklichkeit waren es jedoch 49 %. Während die Lehrer schätzten, 14 % ihrer Schüler haben beim Aufgerufenwerden ein beklemmendes Gefühl, bekundeten dies tatsächlich 48 %. Solche Zahlen drücken aus, wie unzureichend Lehrerinnen und Lehrer Schülerängste sehen dürfen und wie wenig sie sich deshalb von diesen Angstgefühlen berühren lassen können. Diese geringe Angstwahrnehmung hängt auch damit zusammen, daß viele Lehrerinnen und Lehrer ihre eigenen Ängste nicht wahr- und annehmen dürfen.

Es ist hilfreich, immer wieder *die eigenen Erfahrungen mit selbstverständlichen Erziehungsmaßnahmen zu erinnern und kritisch zu durchdenken:*

Erinnere ich mich an eigene Erfahrungen mit dem Satz »Brauchst doch keine Angst haben«?

Fallen mir aus der Kindheit dazu Erlebnisse ein?

Wie ist es für mich, wenn meine Freundin oder ein Freund, ein Mitarbeiter oder mein Ehepartner mich mit diesem Satz zu beruhigen versucht?

Was geht in mir selbst vor, wenn ich jemand anderen mit einem Satz wie »Brauchst keine Angst haben« beruhigen möchte?

Ablehnende Gefühle des Schülers nicht mit aggressivem Handeln gleichsetzen

Ein Kind, das Wut zeigen darf, muß vielleicht nicht zuschlagen – Nicht entschuldigen oder verurteilen, sondern den Konflikt austragen

Schwierig wird es für Lehrerinnen und Lehrer bei verletzenden Gefühlsäußerungen von Schülern. Gelegentlich kann es bei Auseinandersetzungen zu überschießenden Reaktionen kommen. Ein Schüler sagt zu seinem Nachbarn über den Lehrer: »So ein blöder Hund.« Dieser hört das und ärgert sich über die Frechheit. Er geht erregt auf den Schüler zu und redet ihn an: »Was macht dich denn so wütend auf mich?« – Der entgegnet darauf eher aggressiv-ängstlich: »Ja, ist doch auch wahr, jetzt habe ich mich so angestrengt, aber Ihnen kann man überhaupt nichts recht machen...« – Im Zusammenhang mit seiner Empörung sagt der Schüler auch, daß ihm das mit dem »blöden Hund« halt so rausgerutscht ist.

Der Lehrer versuchte spontan die Gedanken und Empfindungen des Schülers zu erfahren und zu verstehen. Er teilte diesem

auch den eigenen Ärger mit. Auf diese Weise wurde die Situation entspannt. Der Lehrer ließ aber auch den Satz »Ihnen kann man überhaupt nichts recht machen« an sich heran und konnte eingestehen, daß er in diesem Augenblick tatsächlich ungeduldig war. – Der Schüler vermochte seine negativen Gefühle dem Lehrer gegenüber zu äußern, ohne zu erfahren, daß deswegen seine Person abgelehnt würde. Er konnte aber auch den Unmut des Lehrers über die beleidigenden Worte verstehen.

Der Lehrer *nahm die Erregung des Schülers an.* Dadurch erlebte dieser, daß *er* angenommen wurde – auch mit seiner verletzenden Bemerkung. Vielleicht brauchte der Junge deshalb nicht mehr aggressiv zu *handeln,* weil er sich mit seinem aggressiven *Gefühl* erfahren konnte. Es war beiden möglich, in der Beziehung zu bleiben. – Der Lehrer hat den Konflikt nicht vermieden – durch Bestrafung, Verweis, Zurechtweisung, Verurteilung –, sondern ausgetragen. Das erleichterte die Problemlösung und beide konnten wieder miteinander reden.

Es verletzt Lehrer und Erzieher, wenn sie von Jugendlichen beschimpft oder beleidigt werden. Der Erwachsene kann das Verletztsein leichter ertragen, wenn er weiß, daß gerade die verletzenden Kinder oft neu inszenieren müssen, was ihnen lebenslang widerfahren ist. Schüler, die Schwierigkeiten machen, erlebten in ihrer Entwicklungsgeschichte nicht, mit ihren ureigenen Gefühlen – auch denen der Angst, Wut, Empörung, Trauer – angenommen zu werden. Deshalb kann es jetzt hilfreich und entspannend sein, wenn es dem Lehrer gelingt, den Schüler mit dessen unerlaubten Gefühlen nicht zurückzuweisen, sondern sich mit ihm auseinanderzusetzen.

Das bedeutet nicht, daß Lehrerinnen und Lehrer mit negativen Schülerreaktionen gewährend umgehen sollten. Aber sie können versuchen, auf die Kinder verstehend einzugehen. Sie geben dabei ihrerseits zu erkennen, wie es *ihnen* geht, was *sie* nicht akzeptieren und wo *sie* ihre persönliche Grenze wahren möchten. Entscheidend ist, daß sie *nicht mit Normvorstellungen reagieren:* »Du sollst nicht... Du darfst nicht... Man tut nicht... Das ist gut und jenes ist böse.«

Mit normsetzenden Bemerkungen bleibt der Erzieher als Person außerhalb der Beziehung; deshalb kann sich an dieser nichts verändern. Wenn er hingegen von *sich* redet, von seinem Betroffensein, seinem Ärger, seinen Forderungen, *seinen*

Grenzen, trifft er sich unmittelbar mit dem Schüler, und beide können sich aufeinander einlassen.

Gefühlsäußerungen annehmen bedeutet: Die Person des Schülers respektieren

Gefühle der Kinder als Teil ihres Selbst – Gefühlsäußerungen nicht dem Zwang zur Anpassung opfern

Lehrerinnen und Lehrer mögen bedenken, daß Ärger- und Wutreaktionen von Kindern und Jugendlichen oft nicht-gekonnte Kontaktversuche sind. Zumindest sollten sie zwischen aggressiven *Gefühlen* und aggressivem *Handeln* unterscheiden. Dann wird es den Kindern eher möglich, Ärger, Wut und Haß auszudrücken. Denn auch diese Gefühle sind Teil ihres Selbst und können nicht ohne Schaden unterdrückt werden.

Bei aggressiven Handlungen ist es wichtig, sie durch *persönliche Grenzsetzung* einzuschränken. Oft werden erst dann die Inhalte der aggressiven Gefühle deutlich. Ein neunjähriger Junge zum Beispiel fällt, wie in einem Tobsuchtsanfall, boxend über die Lehrerin her. Diese hält ihn mit ganzer Kraft fest. Da bricht er weinend zusammen und kann dem hinter der Aggressivität verborgenen Kummer freien Lauf lassen.

Vom Lehrer angenommene Wut des Schülers muß nicht Zerstörungswut werden, angenommener Haß nicht zu vernichtendem Haß, die Äußerung aggressiver Spannung muß nicht zu verletzender Aggression führen, akzeptierte Empörung braucht nicht Gewalt werden. – Gefühlsäußerungen des Kindes annehmen bedeutet, die Person respektieren. Im Gefühl äußern sich persönliche »Anmutungserlebnisse«, es handelt sich um etwas Einmaliges, Individuelles. Das Kind erlebt sich zurückgewiesen, wenn es mit seinen Gefühlen nicht angenommen wird. Umgekehrt erlebt sich der Schüler als Person respektiert, wenn Lehrerinnen und Lehrer die subjektiven Gefühle gelten lassen:

- Der Lehrer spricht zum Beispiel den *Ärger* eines Kindes akzeptierend an: »Bist du jetzt wütend auf mich, weil ich meine, daß du das nochmal schreiben sollst...?«
- Er verurteilt die *Langeweile* der Klasse während einer

Sprachlehrestunde nicht als ungehörig und wirft den Schülern Interesselosigkeit vor, sondern zeigt ihnen, daß er ihr Gefühl der Langeweile versteht: »Ich sehe, daß es euch schwerfällt, diesem Thema etwas abzugewinnen und daß ihr es langweilig findet; aber versuchen wir es miteinander durchzubeißen ...«

– Er bagatellisiert die *Scham* eines Schülers nach einer mißglückten Leistung nicht: »Da brauchst du dir doch nichts zu denken«, sondern nimmt ihn gerade mit seinem Gefühl der Scham an: »Das ist dir jetzt peinlich; du befürchtes vielleicht, ich verachte dich, weil du das nicht gekonnt hast...«

– Er versucht also, *Gefühle des Schülers als etwas zu diesem Gehörendes anzunehmen.* Ob es sich um Unsicherheit oder Trauer, Mitleid oder Abscheu, Schmerz oder Überdruß, Eifersucht oder Neid, Verlegenheit oder Ohnmacht, Langeweile oder Abneigung handelt.

Wenn sich Kinder in der Schule so anpassen müssen, daß es für sie unmöglich wird, persönliche Gefühle zu erleben und zu zeigen, wird dadurch ein Teil ihres Selbst zerstört, vor allem ihre Spontaneität. Akzeptieren wir die negativen Gefühle der Schüler – Ärger, Wut, Zorn, Scham, Angst – und reagieren darauf mit unserer Person, kann der Schüler auch den Lehrer wahrnehmen. Die Beziehung bleibt bestehen, wenn dieser zwar ein tadelnswertes Verhalten ablehnt, aber das Gefühl des Schülers annimmt. Kinder und Jugendliche erleben dann, daß man mit dem Lehrer reden kann – auch in schwierigen Situationen.

Spontanmitteilungen der Schüler als persönliche Lebensäußerung und Kontaktsuche begreifen

»Der kleine Fuchs« – Note 6: Hat dieser »schwierige« Schüler das »Thema verfehlt«? – Oder verfehlt der Lehrer das Thema des Kindes?

Viele Gelegenheiten, Beziehungskonflikte zu klären, werden nicht wahrgenommen, weil die *Schule mehr an der Leistung des Schülers als am Schicksal des Kindes interessiert ist.* Dabei könnten Schüler mehr leisten – nämlich das ihnen mögliche –, würden sie als Person angenommen. Für das Kind bedeutet es eine nicht abreißende Serie von Kränkungen, wenn seine

Äußerungen nur daraufhin angesehen werden, ob sie »richtig« oder »falsch«, »gut« oder »schlecht« sind, Note 1 oder Note 6 verdienen. Was er tut, wird nicht einfach als *Lebensäußerung des Kindes* angenommen, sondern unter fragwürdigen Leistungskriterien beurteilt. Das zeigt sich bei dem folgenden Aufsatz, der nach vorgegebenen Bildern verfaßt werden sollte. Der elfjährige Schüler schreibt:

Der kleine Fuchs

Eine Frau ging in den Wald und suchte Schwammerl. Da sah sie einen Fuchs. Als sie ihn nehmen wollte, biß er sie in die Brust. Sie schrie: Au! Au! Danach ging sie mit ihm heim und pflegte ihn mit der Mimiflasche. Später verband sie ihre Brust. Aber still und heimlich schlich der Fuchs unter das Sofa. Abends ging die Frau zu ihrem Geliebten. Das merkte der Fuchs und rannte wie ein Wilder die Treppe hinauf in das Schlafzimmer der Frau und fraß die ganze Schokolade. Später rannte er wieder herab und zerdätschte die ganzen Blumen samt der Vase. Da kam der Hund der Frau, und es gab einen blutigen Kampf, man sah nur noch Blut. Aber der Fuchs gewann! Da kam die Frau. Als sie das sah, fiel sie in Ohnmacht. Dann wurde sie wegen eines Nervenzusammenbruchs ins Krankenhaus eingeliefert. Aber die Frau durfte wieder aus dem Krankenhaus und lebte weiter.

Nach ein paar Jahren durfte der Fuchs im Garten umherlaufen. Da kam ein Tiger. Der Fuchs erspähte ihn und sprang ihn an. Plötzlich schlug der Tiger seine Pranke auf ihn, aber in letzter Sekunde rollte sich der Fuchs beiseite. Der Frau lief der Schweiß über den Rücken. Da plötzlich ein gellender Schrei. Der Tiger war tot. Die Frau war am Ende. Der Fuchs lief in den Wald und kam nie wieder.«

Der Lehrer versuchte »objektiv« zu sein und schrieb unter die Geschichte: »Deine Phantasie ist zwar sehr reichhaltig, aber diesmal nicht am rechten Platz. Du mußt dich an die Vorlage halten. Deshalb Note 6.« – Dieser Lehrer, ein den Kindern zugewandter Mann, benotete einwandfrei; denn der Schüler erfüllte die ihm gestellte Aufgabe nicht. Dem Elfjährigen war seine Phantasie »durchgegangen«. Der Lehrer konnte – verblendet durch das kindfeindliche Leistungsprinzip – auf die Beunruhigung des Kindes nicht eingehen.

Es stimmt: Der Junge ist nicht beim Thema geblieben. Aber wäre es nicht *Aufgabe der Schule, die Lebensthemen der*

Schüler zu treffen? Hat nicht der Lehrer das Thema verfehlt, Kindern dabei zu helfen, Leben zu lernen? – Dieses Ziel ist jedoch mit »korrekter« Zensurengebung schwer vereinbar. Lehrerinnen und Lehrer, die ihren Beruf als das Sich-Einlassen mit Kindern verstehen, sehen sich durch die fortwährende Leistungszensur daran gehindert, sich person-orientiert Schülern zuzuwenden – etwa jenem »schwierigen« Kind, das den Aufsatz schrieb.

Dieser Junge sucht einen Menschen, mit dem er reden kann. Er ist innerlich beunruhigt, deshalb bricht seine Phantasie durch. Man muß nicht Psychotherapeut sein, um zu spüren, daß den Schüler etwas ängstigt. Wir erfahren denn auch, daß er leidet, weil er Anlehnungswünsche an seine Mutter hat. Diese kann sich ihm – alleinerziehend und berufstätig – nicht voll zuwenden. Zudem geht sie abends öfter weg zu einem Freund.

Ist nicht der Aufsatzschreiber selbst der kleine Fuchs, der von der Mutter die Mimiflasche möchte, der liebeshungrig die Schokolade auffrißt, als »die Frau zu ihrem Geliebten ging«? – Seine Mutter wurde einige Wochen davor tatsächlich in ein Krankenhaus eingeliefert. – Er ist von der Pranke des Tigers bedroht und wünscht sich, dieser wäre tot. Vermutlich ist damit unbewußt der abgelehnte Freund der Mutter gemeint.

Die korrekte Note 6 ist eine befremdliche Antwort – gegeben von einem freundlichen Lehrer, der seine »Pflicht« tut: »Deine Phantasie ist nicht am rechten Platz«. Das bedeutet: Was unmittelbar die Person des Schülers betrifft und trifft, gehört nicht hierher? Damit sagen wir dem Kind: Du bist für die Schule da und hast dich an deren Forderungen zu halten – die Schule ist nicht für dich da! Hier zeigt sich *die institutionalisierte Beziehungsstörung zwischen Schüler und Lehrer.* Der Lehrer versicherte, er wollte eigentlich Kontakt aufnehmen zu dem Jungen, aber schließlich müsse er doch gerecht zensieren.

Seine lebenshelfende Aufgabe könnte in solch einer Situation sein, das unsichere Kind zu halten: es nicht zuvorderst an seiner Leistung zu prüfen und als »ungenügend« zu verwerfen, sondern es zu bejahen mit dem, was es hier von sich gibt: ein wesentliches Stück seiner Person. Der Schüler müßte aufgerichtet werden – dann würden mit der Zeit auch die Buchstaben seiner »wackeligen« Schrift aufrechter stehen.

Das »gute Wort« für diesen Jungen wäre, den Aufsatz als *seine persönliche Lebensäußerung anzunehmen und zu respek-*

tieren. Überdies könnte der Lehrer das Kind dazu erzählen lassen. Dann käme etwas von dem zur Sprache, was den bedrängenden Hintergrund des Aufsatzes darstellt. Es gäbe keinen sinn- und wirkungsvolleren Deutschunterricht, als den Schüler dabei zu unterstützen, das auszusagen, was er zu sagen hat – und dabei mit anderen Menschen in sprachlichen Kontakt zu kommen. Dies kann jeder Lehrer versuchen – aber er muß gleichzeitig *dafür eintreten, daß die kontakt- und lernstörenden Zensuren abgeschafft werden.*

Gefühlsäußerungen respektieren – auch wenn sie nicht immer zu verstehen sind
Ein Schüler wird »böse«, weil er die Lehrerin liebt

Es ist unmöglich, die jeweiligen Gefühlsäußerungen der Kinder zu verstehen; denn Gefühle hängen immer auch mit dem Lebensschicksal zusammen. – Ein achtjähriger Grundschüler war immer »brav und fleißig«. Nun kam er zu einer Lehrerin in die Klasse, die bei allen Kindern geschätzt war, weil sie gut Kontakt herstellen konnte. Bei dieser Lehrerin begann der »brave« Konrad auf einmal zu provozieren. Er »schwätzte« viel mit seinem Nachbarn, störte diesen durch verschiedenerlei Ablenkungen, wurde unaufmerksam. Häufig war er in Tagträumereien versunken, konnte daher dem Unterricht nicht folgen und verschlechterte sich in seinen Schulleistungen. Auffallend war, daß der bis dahin ruhige Schüler jetzt den Unterricht störte. Die Lehrerin setzte ihn deshalb in die erste Bank, unmittelbar vor sich, um ihn »im Auge« zu haben. – Was war in dem Schüler vorgegangen, daß er sich so störend verhielt und nicht mehr richtig lernen konnte?

Selbst bei aufmerksamem Hinterfragen des Schülerverhaltens und bei selbstkritischem Betrachten ihrer Person war es der Lehrerin unmöglich, den Schüler zu verstehen. Dessen Benehmen besserte sich zwar in der »Nähe« der Lehrerin. Aber der Hintergrund des Konflikts zeigte sich erst in einer späteren Psychotherapie: Der Junge mußte *seiner Lehrerin »Strafe abbetteln«,* weil er ihr nahe sein wollte. Die freundliche junge Lehrerin hatte in ihm die Phantasie erweckt, er könnte mit ihr zusammenleben. In ausgedehnten Tagträumereien stellte er sich vor, wie sie in die Wohnung neben ihm einziehe und er ihr dann näher wäre. In diesen Phantasien war die geliebte Lehrerin teils Mutterfigur, teils Ehefrau.

Die Träumereien die den Jungen auch vor dem Einschlafen beschäftigten, hingen mit seinem Wunsch nach Angenommen-werden zusammen. Das Kind wurde von der Großmuter in einem kleinen Dorf aufgezogen. Zum Schuleintritt kam es zu den ihm fremden Eltern in die Stadt und litt unter der Tren-nung. Auch die Mutter geriet diesem »fremden« Kind gegen-über in große Gefühlsunsicherheit. Das Heinweh des Jungen empfand sie als persönliche Kränkung, aber auch als schuld-haft, weil sie ihr Kind nach der Geburt weggeben mußte. Erschwerend kam eine Geschwistergeburt hinzu: Es drehte sich nun alles um die »sonnige« kleine Schwester. In dieser Situation wurde der Junge »schwierig«.

Erfüllt von der Verliebtheit in die Lehrerin konnte der Schüler nicht mehr lernen. Die *Schwierigkeiten waren für ihn das einzige – unbewußte – Mittel, der ersehnten Person näherzu-kommen.* Er erreichte, daß er in die erste Bank kam und damit auf den für ihn besten Platz. Die Werbung um die Lehrerin äußerte sich auf entstellte Weise als »störendes Verhalten«.

Solch entstellte Kontaktversuche von Schülern sind nicht selten. An vielen Beispielen wird deutlich, wie Aggressivität, »Frechheit«, Unaufmerksamkeit, auch unter dem Aspekt der Kontaktsuche verstanden werden können: Bitte schau mich an, kümmere dich um mich! – Es ist oft unmöglich, solche Gefühl-säußerungen von Kindern zu entschlüsseln. Aber es kann hilfreich sein, wenn es gelingt, die Gefühle der Kinder zu respektieren. Denn diese erleben sich dadurch angenommen.

Nicht-Annehmen von Gefühlsäußerungen kann Schutz vor eigenen bedrohlichen Gefühlen sein
Kinder mit ihrer Kriegs- und Atomangst nicht allein lassen

Ein Beispiel für das Nicht-Annehmen kindlicher Gefühle beobachten wir hinsichtlich der Kriegsangst. Manche Eltern werden verlegen, wenn Kinder fragen: »Sind wir alle tot, wenn die Russen auf uns eine Atombombe abschießen?« – Sie antworten darauf eher ablenkend: »Es wird schon kein Krieg kommen«, »Über solche Dinge sollst du dir nicht den Kopf zerbrechen, mach lieber deine Schulaufgaben«, »Woher hast du denn diese Frage«, »Das verstehst du noch nicht«. Nur wenige Eltern können ehrlich antworten: »Ja, wenn eine Atombombe fällt, sind wir alle tot.« – Es ist verständlich, daß Erwachsene ausweichen; denn die Wirklichkeit ist so, daß wir uns lieber nicht damit beschäftigen möchten.

Eine Drittklaßlehrerin ließ einen Aufsatz schreiben zum Thema »Die drei Wünsche«, im Anschluß an das gleichnamige Märchen. Ein Junge schrieb darin: »Als die Frau und der Mann in der Zeitung lasen, daß Krieg kommt, rannten sie in den Keller und wünschen sich, daß die Fee kommt und sie kam. Sie sagten: Was können wir tun, daß es keinen Krieg mehr gibt? Da sagte die Fee: Ihr müßt zum Bürgermeister gehen und ihn bitten daß der Krieg aufhört und daß er wieder Frieden schließen soll. Aber der Mann sagte: Das geht doch nicht. Aber die Fee sagte: Ich werde den Krieg stoppen und sie verschwand durch die Türe. Dann schauten die zwei zum Fenster raus und sahen wie die Fee kämpfte und ein Panzer kam und schoß ihr die Nase ab. Sie blutete. Die Frau und der Mann sahen das und eilten hinaus, um die Fee hereinzutragen und sie verbanden sie und die Fee kämpfte wieder und ein Schuß traf sie und schoß ihr den linken Arm ab und sie heulte. Als sie ganz tot war, taten sie sie in einen Sarg und mumierten sie. Als sie eingegraben wurde, kamen Blumen ans Grab. Aber die zwei vergaßen ihre Wünsche.

Aber eines Tages sagte der Mann: Ich glaube, wir haben doch noch zwei Wünsche frei und sie wünschten sich, daß der Krieg aufhört. Aber er hörte nicht auf. Da fiel ihnen ein, daß die Wünsche nur gingen, wenn die Fee lebte. Aber sie war ja tot und der Mann kämpfte im Krieg und es traf ihn ein Schuß und er hatte keine Arme mehr und er starb. Die Frau ging zum Bürgermeister und fragte: Wann hört der Krieg auf? Und sie starb vor Erschöpfung.«

Die Lehrerin gab die Note 3 und schrieb unter den Aufsatz: So kannst Du die Geschichte nicht weitererzählen. Einige Dinge stimmen nicht: der Bürgermeister kann den Krieg nicht beenden, die Fee kann nicht angeschossen oder gar getötet werden; sie ist ja kein Mensch! Die Geschichte ist zu lang und zu eintönig. Erzähl die Geschichte so, daß sich der Mann nur noch drei Wünsche wünscht. Denk dir etwas Erfreulicheres als Krieg aus!

Vermutlich geht es bei der Reaktion der Lehrerin nicht nur

darum, daß sie es schwer hat, kindliche Phantasien als Phantasien dieses Kindes anzunehmen. Wenn sie dem Jungen empfiehlt, sich etwas Erfreulicheres als Krieg auszudenken, muß sie wahrscheinlich auch ihre eigenen Kriegsgedanken unterdrücken.

Besonders Eltern erschrecken bei Kinderfragen über einen Atomkrieg; denn solche Fragen schließen die Vorstellung mit ein, daß die eigenen Kinder in der Hitzestrahlung eines Atomschlags bei lebendigem Leibe verbrennen. »Die Frage rührt eine furchtbare Angst bei den Eltern auf, weniger das eigene Leben zu verlieren, als vielmehr den qualvollen Tod ihrer Kinder ohnmächtig miterleiden zu müssen. *Die unerträgliche Angst wird verdrängt. Aber mit ihr verdrängen wir gleichzeitig die Gefahr, der wir alle ausgeliefert sind.* Die Frage des Kindes wirkt deshalb wie ein Schock, der uns aus einem Schlafzustand aufrüttelt; wir erfinden Ausreden, ersinnen Ablenkungen und scheuen selbst die Lüge nicht, angeblich um das Kind vor der schrecklichen Wahrheit zu schützen. In Wirklichkeit wollen wir uns selbst den Schlaf nicht rauben lassen, weil wir die Angst nicht aushalten« (Petri 1985, S. 46).

Zahlreiche Untersuchungen in der Bundesrepublik und in anderen Ländern zeigen ein erschreckend hohes Maß von Kriegsangst bei Kindern und Jugendlichen (Richter 1987). Den Erwachsenen bleibt diese allerdings zumeist verborgen. Sie spüren nicht, was ihre Kinder von der Welt wahrnehmen und welche kritischen Gedanken sich diese machen. Tatsächlich aber überwiegen bei vielen Jugendlichen düstere Zukunftserwartungen. Die vorherrschenden Angstthemen sind Umweltzerstörung, ein atomarer Krieg, das Anwachsen einer menschenfeindlichen Technik und die Arbeitslosigkeit. – Viele Erwachsenen – zum Beispiel die vorher angeführte Lehrerin – wollen nicht wissen, mit welchen Bedrohungsphantasien sich ihre Kinder beschäftigen; denn die Kinder beunruhigt ja gerade das, was sie verdrängen. Es scheint, als nähmen Kinder und Jugendliche viel hellsichtiger die Gefahren wahr, die die Mehrzahl der Erwachsenen verleugnen müssen.

Indem wir den problem-geladenen Fragen der Schüler ausweichen oder nur beschwichtigend auf sie eingehen, bewirken wir das Gegenteil von dem, was wir wollen: Wir verstärken die Ängste der Kinder; denn wir lassen sie mit ihren Befürchtungen allein. – Der Satz »Da brauchst du keine Angst haben«

führt auch hier leicht dazu, daß sich der andere – das Kind, der Ehepartner, Freund oder Mitarbeiter – nicht verstanden fühlt. Das stört die Beziehung, und Beziehungsstörungen vergrößern die Angst. Lassen wir uns hingegen gemeinsam auf die ängstigenden Fragen und Vorstellungen ein, dann wird geteilte Angst zur halben Angst.

Deshalb ist es wichtig, mit Kindern und Jugendlichen über das zu sprechen, was sie beschäftigt und bedrückt. Klare Informationen tragen mehr zur Angstbearbeitung bei, als die Gefahr zu verheimlichen. Die Jugendlichen können sich dann vorstellen, wie es zu der Bedrohung kommt und was man dagegen tun kann.

Die Zukunftsängste der Jugendlichen können die Erwachsenen dazu anstoßen, wirklichkeitsgerecht ansehen zu lernen, daß im Atomzeitalter die Lebensaussichten der Kinder verunsichert sind. Aus dieser Erkenntnis können *persönliche und politische Handlungsmöglichkeiten* erwachsen. Dieses neue Handeln muß alle Lebensbereiche durchdringen: die Familie, Schule, die Freundschafts- und Arbeitsbeziehungen, das politische Handeln. Es genügt nicht, in der Familie den Frieden einzuüben. Wir müssen uns gleichzeitig in die öffentlichen Bereiche einmischen, damit Frieden möglich wird. Denn nur wenn viel mehr Menschen als heute gegen die Unvernunft des mörderischen Wettrüstens protestieren, gibt es eine Chance, den Politikern Einhalt zu gebieten, die uns jetzt unverantwortbaren atomaren und ökologischen Risiken aussetzen.

Benützte Literatur:

Jacobs. B. und Strittmatter, P.: Der schulängstliche Schüler. Eine empirische Untersuchung über mögliche Ursachen und Konsequenzen der Schulangst. München 1979 (Urban & Schwarzenberg)

Miller, A.: Das Drama des begaben Kindes und die Suche nach dem wahren Selbst. Frankfurt/M. 1979 (Suhrkamp)

Petri, H.: Kriegsangst bei Kindern – Atomkrieg und Erziehung. In: psychosozial 26: Friedenspädagogik. Reinbek 1985 (rororo)

Singer, K.: Maßstäbe für eine Humane Schule. Mitmenschliche Beziehung und angstfreies Lernen durch partnerschaftlichen Unterricht. Frankfurt/M. 1981 (Fischer Taschenbuch)

Richter, H.-E.: Leben statt Machen. Hamburg 1987 (Hoffmann und Campe)

Lehrer-Schüler-Konflikte gewaltfrei regeln

Gewalt durch gewaltfreies Handeln überwinden – Praktizierte
Friedens-Beziehung

Doch der Mann in einer heitren Regung
Fragte noch: »Hat er was rausgekriegt?«
Sprach der Knabe: »Daß das weiche Wasser in Bewegung
Mit der Zeit den mächtigen Stein besiegt.
Du verstehst, das Harte unterliegt.«
Bert Brecht

Der mit Gewalt ausgetragene Konflikt verschärft den Konflikt

Ein gewalttätiger Schüler schlägt um sich – Was hat der Lehrer
damit zu tun? – Aggression bewirkt Gegenaggression

Konflikte beginnen oft harmlos: ein Mißverständnis, ein
unüberlegtes Wort, ein unbedachtes Einschränken des anderen. Werden Konflikte mit Gewalt »gelöst«, ist es wahrscheinlich, daß sie sich verschärfen. – Ein Lehrer berichtet von einem
vierzehnjährigen aggressiven Schüler, der sich so »aufgeführt«
habe, daß sich der Lehrer nicht mehr zu helfen wußte. Der
Jugendliche habe vor ihm das Schulheft zerrissen, es auf den
Boden geschleudert und sei darauf herumgetrampelt. Roland
schlug wild um sich, rannte an die Wände des Klassenzimmers
und riß Bilder von den Leisten – wie in einem Tobsuchtsanfall.
Der erschrockene Lehrer drängte den Schüler aus dem Klassenzimmer und meldete den Vorfall dem Rektor.

Es handelt sich um einen aufgeschlossenen, an seinen Kindern interessierten Lehrer. Absichtslos ließ er in seiner Schilderung die *Vorgeschichte der gewalttätigen Eskalation* weg. Sie
hing aber mit dem aggressiven Ausbruch des Jungen eng
zusammen. Erst auf Befragen hin erzählte der Lehrer folgen-

des: Er hatte sich über eine schlampige Arbeit des Schülers geärgert. Im Stillen dachte er sich: »Dir werd ich's zeigen.« – Er forderte den Schüler unwirsch auf, den Hefteintrag nochmal zu schreiben; über seinen Ärger sagte der Lehrer allerdings nichts. »Mach das gefälligst nochmal,« befahl er dem Jungen. Dieser murrte zwar, aber er überklebte die Seite so, daß die Mängel der Arbeit – so dachte er – beseitigt waren. Als der Lehrer das sah, wurde er innerlich wütend, weil sich der Jugendliche weigerte, zu befolgen, was er anordnete. Mit den Worten »So geht das nicht, mein Lieber« riß er die Seite aus dem Heft. Daraufhin erfolgte der Wutanfall.

Natürlich hat die überschießende Reaktion des Schülers auch mit dessen insgesamt zur Aggressivität neigenden Persönlichkeit zu tun. Aber das Beispiel zeigt darüber hinaus: *Gewalttätige Konfliktregelungen verschärfen den Konflikt.* Die schlampige Arbeit des Jugendlichen beantwortete der Lehrer nicht mit dem Versuch, zu klären, was da ist, sondern mit einer versteckt aggressiven Zwangsmaßnahme. – Der Schüler reagierte darauf mit einem »Erst-recht-nicht« und weigerte sich, das zu tun, was der Lehrer wollte. – Dieser setzte nun noch mehr Gewalt ein und riß das Blatt aus dem Heft des Schülers. – Darauf geriet der ohnehin aggressive Junge außer sich und schlug zu. – Der Lehrer suchte nach mehr Über-Macht und schaltete den Rektor ein.

Der Schüler hat mit seiner Gewalttätigkeit auf die versteckte und »korrekte« Aggression des Lehrers reagiert. Die Frage des Lehrers an eine Kollegengruppe verkürzte das Problem und machte es zunächst unkenntlich: Was kann ich tun, wenn ein Kind so aggressiv ist? – Geklärt konnte der Konflikt erst werden, als sich der Lehrer in die Konfliktanalyse einbezog: Wie ging es *mir* in der Situation? – Weshalb habe *ich* meinen Ärger nicht gezeigt, sondern eine Norm vorgeschoben? – Warum reizte mich gerade dieser Schüler?

Typisch an dem Vorfall ist auch, daß *der Lehrer nur noch den »feindlichen Schüler« sah und sich selbst als unschuldiges Opfer* bemitleidete. Aber auch der Schüler konnte den Lehrer nur noch als Feind sehen. – Dies ist immer eine Folge des mit Gewalt ausgetragenen Konflikts: Er hinterläßt Feindbilder und damit verbunden Haß und Rachegedanken. In der eigenen Vorstellung wird der andere noch »böser«, während man sich selbst unschuldiger und »besser« vorkommt.

Die friedliche Absicht der erzieherischen Gewalt wirkt nicht friedlich

Kinder lernen nicht die Konfliktlösung, die wir ihnen *sagen,* sondern jene, die wir ihnen *vormachen*

Oft erscheint zu Hause, in der Schule oder am Arbeitsplatz das Ausüben von Macht als einziges Mittel, um Konflikte zu lösen. Zuerst ein Beispiel aus der familiären Erziehungssituation: Der vom Frieden bewegte Vater ist beunruhigt, weil sein Junge eine Spielzeugpistole mit nach Hause brachte und nun unentwegt damit herumballert. Schließlich fährt er verärgert auf seinen Sohn zu und entreißt ihm die Pistole unsanft. Er tut dies in guter Absicht – aber *er lehrt damit Gewalt,* wo er doch erfüllt ist vom Gedanken der Gewalt*freiheit.*

Der Vater wollte dem Sohn durch die Strafe zeigen, daß Schießen mit Pistolen schlecht ist. Aber weshalb war er so wütend und gab seinem Jungen dadurch ein Beispiel für Gewaltausübung? – Bei genauerem Hinsehen zeigte sich, daß sein ursprüngliches Gefühl nicht Wut war, sondern etwas anderes. Während der beschriebenen Situation war ich gerade als Gast im Haus, nachdem ich zuvor in einer Kleinstadt über Friedenserziehung einen Vortrag gehalten hatte. Dem Vater war peinlich, daß gerade in meinem Beisein sein Kind in ein militaristisches Spiel verfiel.

Wir sprachen darüber und der Vater sagte, daß er sich als Versager erlebte: Weshalb bringe ich nicht fertig, meinem Jungen das Schießen abzugewöhnen? Was denkt der andere von mir, wenn mein Kind mit Kriegsspielzeug hantiert? – Eigentlich wurde er wütend, weil er sich bloßgestellt fühlte. Die ursprünglichen Gefühle – Scham und Peinlichkeit – konnte er jedoch nicht ausdrücken.

Wir phantasierten anschließend aus, wie diese Situation hätte *friedlich* bearbeitet werden können. Der Vater hätte zum Beispiel seine eigentlichen Gefühle, nämlich die der Peinlichkeit mir gegenüber, ausdrücken können. Er hätte dann von mir erfahren, daß ich ähnliche Probleme habe: daß nämlich mein Handeln oft auch nicht so ist, wie ich es theoretisch haben möchte; und daß ich ebenfalls nach Wegen suche, *die Kluft zwischen meinem friedlichem Anspruch und meinem unfriedlichen Handeln zu verringern.* Bei einem solchen Gespräch wären wir mit unseren peinlichen Gefühlen, mit unserem

Unzulänglichsein in Beziehung geblieben; das hätte die Situation entspannt. Die nicht angenommenen Gefühle wären nicht in Wut auf den kriegsspielenden Sohn umgeschlagen.

Und wie hätte nun friedliches Handeln dem Jungen gegenüber ausgesehen? – Ebenso indem der Vater *mit ihm in Beziehung geblieben* wäre und ihm von der Peinlichkeit wegen des Gastes erzählt und ihn gebeten hätte, doch jetzt mit der Schießerei aufzuhören. Dann hätte der Junge gewußt, worum es geht und die Chance gehabt, sich auf den Vater einzustellen.

Ein weiteres wäre gewesen, *sich einfühlend um die Phantasien und Wünsche des kriegsspielenden Jungen zu kümmern:* Was er sich dabei ausmalt, was er daran so schön findet, wie er zu der Pistole kam, wie es ihm beim Schießen geht... Der Vater hätte mitteilen können, was ihn am Kriegsspielen so beunruhigt. Beide hätten aufeinander eingehen können. So aber wurde »kurzer Prozeß« gemacht. Kurze Prozesse ermöglichen jedoch nicht, einander zu verstehen. Der kürzeste Prozeß ist das Abfeuern von Atomrakteten, auf den sich die Weltmächte unentwegt vorbereiten, anstatt daß sich ihre Regierenden *echt* miteinander einlassen.

Ähnlich wie in dem beschriebenen Vater-Sohn-Beispiel wollen in vielen Alltagsfällen Erwachsene »das Beste«: daß Kinder friedfertig werden. Aber die gut gemeinten aggressiven Mittel machen den guten Zweck, nämlich den Frieden, kaputt. Die Kinder lernen nicht, was ihnen Erzieher über richtiges Verhalten *sagen,* sondern was diese als Vor-Bild *tun.* Deshalb führt das pädagogische Machtausüben von Eltern und Erziehern nicht zu Friedfertigkeit. Hilfreicher ist, mit den Kindern *Beziehungen aufzunehmen, anstatt immer gleich zu erziehen.*

»Übersprungene« Gefühle können zu Wut führen
Sich selbst nicht annehmen erschwert das Verstehen

Was am Beispiel des friedliebenden Vaters, der kriegerisch handelte, aufgezeigt wurde, passiert in vielen schulischen Alltagssituationen. Ein Schulleiter sieht auf dem Pausenhof, wie sich zwei kleine Jungen schlimm verprügeln. Der eine nimmt gerade einen scharfkantigen Stein von einem Haufen Bauschutt und will auf den andern losgehen. Im Schulleiter kommt Angst auf, die beiden könnten sich verletzen. Er geht aber nicht mit diesem Angstgefühl auf die Schüler zu, sondern fällt über die »Raufbolde« her, packt sie am Kragen und schüttelt sie kräftig durch: »Euch werd' ich austreiben, einander so zu schlagen!« Er meint dies gut – nur: *Erfahren und gelernt haben die einander verletzenden Schüler, daß man Konflikte mit Gewalt löst: indem man dem andern wehtut.* Auch dieser Schulleiter drückte nicht seine ursprüngliche Besorgnis und Angst aus. Die nicht angenommenen Gefühle schlugen in Wut auf die Schüler um. Er konnte sich nicht in die Beziehung hineinbegeben, sondern begann zu erziehen.

Eine Schülerin stört ihre Nachbarin während des Unterrichts. Die Lehrerin gibt ihr eine »wohlverdiente« Strafarbeit. Aber lernt das Mädchen dadurch, andere nicht zu stören? – Sie lernt vermutlich, daß Arbeit eine Strafe ist – und sie lernt, daß man eine zwischenmenschliche Schwierigkeit beseitigt, indem man andern eine Strafe auferlegt.

In den angeführten Beispielen ist es den Erziehern nicht gelungen, *mit sich selbst und mit dem unerwünschten Verhalten der Kinder einfühlend umzugehen:* Der Vater hat sich nicht um die Phantasien und Wünsche seines kriegsspielenden Jungen gekümmert, aber auch nicht um seine eigenen Gefühle. Der Schulleiter versuchte weder sich selbst zu verstehen, noch den Konflikt der raufenden Schüler. Und die Lehrerin kümmerte sich nicht um ihr eigenes Gestörtsein und das Erleben des störenden Mädchens. Vielmehr antworteten Vater, Lehrerin und Schulleiter auf das unfriedliche Verhalten mit Machtausüben. Aber die Erwachsenen haben auch Gewalt gegen *sich* ausgeübt, indem sie sich selbst nicht so annehmen konnten, wie sie waren.

Die unsichtbare alltägliche Gewalt in Schulen fördert gewalttätiges Handeln

Friedliche Konfliktlösung ist nur möglich, wenn die strukturelle Gewalt abgebaut wird – Mit Alternativen beginnen

In der Schule enden mit Gewalt ausgetragene Konflikte meist damit, daß sich die Schüler unterwerfen müssen. Es kommt zum dauerhaften Herrschaftsverhältnis der Lehrer über die Schüler. Dabei handelt es sich allerdings weniger darum, daß der Lehrer *personale Gewalt* gegen Kinder und Jugendliche ausübt. Diese ist vielmehr verborgen in der strukturellen, unsichtbaren Gewalt der Schule. Als *strukturelle Gewalt* bezeichnen wir jene heimliche Gewalt, bei der kein Gewalt-Täter auftritt wie bei der personalen Gewalt. Bei dieser geht die Gewalt unmittelbar von Personen aus und ist direkt spürbar. Anders, wenn es sich um in den Strukturen geronnene Gewalt handelt. – Wie wird strukturelle Gewalt in der Schule wirksam?

Das Zensurensystem, die Auslesemethoden, die Verordnungen über »Aufsteigen« und »Sitzenbleiben«, Leistungsprinzip und Leistungskonkurrenz schaffen ein Gewaltsystem, das als solches nur zu erkennen ist, wenn man näher hinsieht. Dann allerdings bemerkt man, *wie* genau *die friedlosen Strukturen der Gesellschaft in der Schule abgebildet sind –* und wie diese Strukturen als strukturelle Gewalt auf Schüler, Lehrer und Eltern zurückwirken. Das sei an einigen Schlagwörtern unserer psychisch militarisierten Gesellschaft aufgezeigt.

Abschreckung: Schüler werden abgeschreckt durch Verweise, strenge Noten, angedrohte Strafen. All dies geschieht korrekt innerhalb der Schulordnung.

Bedrohung: Schüler werden unentwegt in ihrem Selbstwertgefühl bedroht durch Prüfungen, durch unvorhergesehenes »Drankommen«, durch die Gefahr des Sitzenbleibens, die in den vergangen Jahren für mehrere Hunderttausend wirklich eintrat. – Friedliche Konfliktlösung braucht jedoch Vertrauen statt Bedrohung.

Ängstigung: Schüler werden geängstigt, indem Lehrer mit Noten auf sie schießen müssen. Hunderttausende wurden durch diese Schüsse verletzt, einige auch getötet. Über die Hälfte aller Kinder und Jugendlichen haben Schulangst. – Frieden geht aber nicht mit Angstmachen, sondern braucht Angst*nehmen.*

Indirekte Gewalt in der Schule liegt vor, wenn Kinder Lebensbedingungen vorfinden, die sie daran hindern, sich in dem ihnen persönlichen Maß zu entwickeln und zu verwirklichen:

– Man kann ihnen etwas von ihrer Kindheit nehmen, indem man sie auf eine 40-Stunden-Schul- und Hausaufgabenwoche verpflichtet.
– Man kann sie quälen, indem man sie in ihrem existentiellen

Bewegungsdrang einschränkt durch stundenlanges Still-sitzen-Müssen.
- Man kann ihnen die Freude am Lernen verleiden und die Neugier auf mehr Wissen austreiben, indem man sie nicht handeln, sondern nur zuhören, nachsagen und nachschreiben läßt.
- Man kann sie bedrohen durch einschüchternde Prüfungen – und sie dadurch in ihrem Selbstwertgefühl schwächen.
- Man kann sie durch machtbehauptenden Frontal-Unterricht zu Schweigern deformieren, indem der Lehrer seine Sprach-Gewalt über zuhören-müssende Jugendliche ausübt.

Durch Alternativen im Unterricht können Lehrerinnen und Lehrer beginnen, diese *heimliche Gewalt abzubauen:* durch handelndes Lernen, durch Freiarbeit und Projekte, durch Abbau der Ziffernzensur überall dort, wo es heute bereits möglich ist, durch die Verbindung von Spielen und Lernen, durch Einbeziehen der Ausländerkinder, durch Elternmitarbeit in der Schule, durch Integration Behinderter, durch echte Schülermitsprache und vieles andere. Wer durch innere Differenzierung den Zwang abschafft, daß alle zur gleichen Zeit mit der gleichen Methode die gleichen Lerninhalte zu lernen haben, verändert nicht nur die Unterrichtsmethode. *Dadurch daß er den Schülern ermöglicht, ihren individuellen Fähigkeiten und ihren persönlichen Neigungen nach zu lernen, vermindert er Gewalt und fördert menschliche Entwicklung.*
Die alltägliche, in den Strukturen verborgene Gewalt wirkt auf Lehrerinnen und Lehrer genauso. Etwa in der Form, daß Direktor und Schulrat zu Aufsehern degradiert werden, die Lehrer zu überwachen haben – zum Beispiel indem sie diese in manchen Bundesländern unangesagt besuchen und visitieren, als wären Lehrer Diebe oder andere unzuverlässige Objekte, die man aus dem Hinterhalt bei etwas Unrechtem ertappen muß. Ein Schritt aus dieser strukturellen Gewalt herauszukommen, wäre, diese Überwachung aufzuheben. Lehrer brauchen keine Aufsicht, sondern hilfreiche Beratung und Zusammenarbeit.
Lehrerinnen und Lehrer tun sich schwer, Kinder nicht zu unterwerfen, solange sie sich selbst bürokratischen Regelungen unterwerfen und unterwerfen müssen. Sie brauchen allerdings nicht darauf warten, bis durch Erlasse die struktu-

relle Gewalt abgebaut wird, sondern können beginnen, Gewalt in *ihrem* Tätigkeitsbereich abzubauen – bei gleichzeitigem politischen Engagement für andere Schulstrukturen.

Lernmethoden müssen mit den Wegen gewaltfreier Konfliktregelung übereinstimmen

Gewalt in der Lernumwelt macht es schwer, gewaltfrei miteinander umzugehen

Wenn gewaltfreies Handeln von Lehrern und Schülern als pädagogisches Ziel gilt, müssen Mittel und Wege schulischer Arbeit mit diesem Ziel übereinstimmen: Sind es friedliche Wege, durch die wir friedlichen Umgang miteinander lernen?

Für friedenspädagogische Lernprozesse ist die Frage der Lernmethode ein Kernproblem. Erziehung wird leicht zum Machtverhältnis, weil der Erzieher der Stärkere ist. Dadurch ist ein möglicher Keim für Gewalt angelegt. Strukturen des Bildungssystems bedingen zusätzlich Friedlosigkeit: durch die Reglementierung, das Auslese- und Prüfungsverfahren, durch den Numerus clausus, die Arbeitslosigkeit und andere Bedingungen, die als strukturelle Gewalt hingenommen werden – ohne daß das Gewaltsame daran zutage träte.

Diese Strukturen müssen kritisch hinterfragt – und wo immer möglich – verändert werden. Nur so kommen wir dem Ziel einer gewaltfreien Gesellschaft näher. Es geht zum einen darum, daß ich meine Person verändere, aber gleichzeitig auch darum, Situationen und Strukturen so zu gestalten, daß gewaltfreies Handeln möglich wird. Unter diesem Aspekt tauchen Fragen und Aufgaben wie diese auf:

– Schließt das Lernen in dieser Schulklasse an die *Lebenssitua-tion der Schüler* an – oder zumindest: Wird diese Lebenssituation einbedacht? – Können die Kinder und Jugendlichen sagen: Das geht mich an – das betrifft mein Leben?
– Können die Schüler erfahren: *Ich erlebe mich handelnd* und kann durch mein Handeln etwas bewirken – und bekomme dadurch Mut zu weiterem Handeln? – Was kann ich tun, um diesen Lebens-Spielraum zu schaffen?
– Ist der Unterricht einseitig auf Wissenszuwachs ausgerichtet, oder fragen wir auch danach, wie es uns in der Schule geht,

wie wir uns fühlen, wie gleichgültig oder betroffen wir sind?
- In welchem Ausmaß ist es in der Schulklasse möglich, *spontan zu sein,* sich persönlich zu entfalten? – Kann der Einzelne Möglichkeiten wahrnehmen, kreativ zu werden?
- Berücksichtigen wir das Lernen in Kleingruppen oder in Partnergruppen? Kommt es auf diese Weise zu mehr Gemeinsamkeit? – In welchen täglichen Unterrichtssituationen *können wir zusammenarbeiten?*
- Werden die Ziele des Unterrichts für die Lernenden durchsichtig, und ist es ihnen möglich mitzuarbeiten? – Was können wir tun, um die *Schüler mitbestimmen* zu lassen?
- Müssen wir so viel »Frontal«-Unterricht machen, bei dem der Lehrer an »vorderster Front« gegen die Front der Schüler steht und es oft zu mehr Konfrontation kommt als zu *Kooperation?*
- Gehen aus dem Unterricht *neue Aktivitäten* für das Leben des Einzelnen hervor – oder ist das jeweilige Thema mit dem Ende des Unterrichts abgeschlossen?
- Halten wir im Schulleben an Feindbildern fest – oder versuchen wir, diese abzubauen und *Freundbilder zu ermöglichen?*
- Trägt die Schularbeit dazu bei, daß die Kinder und Jugendlichen Mut und *Selbstbewußtsein* entwickeln können?
- Versuchen wir im Unterricht *Hilfsbereitschaft* zu praktizieren, zum Beispiel indem wir den Schwächeren helfen?

Wenn wir die in solchen Fragen enthaltenen Aufgaben verwirklichen, beginnen wir mit der Friedenserziehung.

Gewaltfrei ausgetragene Konflikte ermöglichen neue Lösungen

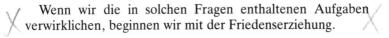

»Ihr Unterricht ist stinklangweilig!« – »Einseitig abrüsten« führt eher zur Verständigung als gegenseitiges Drohen

Gewalt beruht auf dem in unserer Gesellschaft vorherrschenden *Machtprinzip.* Dieses ist in der Schule abgebildet, indem dort unentwegt über andere Menschen verfügt wird. Es geht darum, den Lehrerwillen gegen das Widerstreben der Kinder und Jugendlichen durchzusetzen. Das Machtprinzip stellt eine Form der Beziehung her, in der eine Person oder eine Gruppe bestimmt, was die anderen denken und tun dürfen.

Ein Lehrer geriet in eine Situation, in der er sich macht-los fühlte. Vermutlich hat ihm das *Eingestehen der Machtlosigkeit* geholfen. Tags zuvor hatte er sich sorgfältig auf die Erdkundestunde vorbereitet. Er versuchte, jene Aspekte des Themas »Fischfang in der Nordsee« herauszuarbeiten, die die Schüler interessieren. Er stellte Arbeitsmaterialien bereit, damit die Jugendlichen selbst tätig sein konnten und aussagekräftige Lichtbilder. Es konnte eine lebendige Stunde werden, und sie begann auch recht gut.

Dann aber platzte ein Schüler dieser neunten Klasse aggressiv dazwischen. Mit Verachtung in der Stimme fuhr er den Lehrer an: »Ist das wieder ein Mist, den Sie da verzapfen. Ein richtiger Scheiß, den Sie uns vorsetzen. Und wir soll'n das fressen. Das wollt' ich Ihnen schon lang einmal sagen: Ihr Unterricht ist stinklangweilig. Das ist nicht nur meine Meinung, sondern die andern in der Klasse denken genauso!«

Die Bemerkung saß. Der Lehrer war getroffen. Die Klasse schwieg teils hilflos, teils lauernd, was »er« jetzt machen würde, teils ängstlich, teils bewundernd dem Sprecher gegenüber. – Was sollte der Lehrer tun? – Sollte er den aggressiven Schüler wegen seiner »Unbotmäßigkeit« tadeln und »in seine Schranken weisen«? – Sollte er kritisieren, wie unfähig dieser war, sich am Unterricht interessiert zu beteiligen? – Sollte er gegen den Vorwurf, der Unterricht sei langweilig, argumentieren? – Sollte er darauf verweisen, daß der »Stoff« durchgenommen werden muß, ob dies nun langweilig sei oder nicht? – Sollte er für die Ungezogenheit einen Verweis erteilen? – Sollte er die Klasse danach fragen, ob der Vorwurf zutrifft? ...

Der Lehrer stellte sich diese Fragen nicht, weil er verletzt und sprachlos war. Schlimm fand er, daß die Klasse schwieg. Keiner der Jugendlichen verteidigte ihn; der Lehrer fühlte sich allein gelassen. – Er wußte nicht, was er tun sollte. In der Klasse entstand peinliche Stille. Die Schüler spürten, wie betroffen und hilflos ihr Lehrer war. Schließlich meinte dieser, er wisse nicht recht, was er dazu sagen sollte; er fühle sich vom Angriff des Schülers verletzt; die Vorwürfe empfinde er als ungerecht. Die Schüler wagten daraufhin, etwas zu äußern. Es sei wohl nicht so schlimm, wie es der Heinz ausgedrückt habe, aber sie langweilten sich schon in manchen Stunden. Oft würde sie etwas anderes interessieren, das aber »nicht zum Stoff« gehöre. *Der Lehrer hörte sich die Kritik an.*

Was im folgenden Abschnitt des Gesprächs inhaltlich gesagt wurde, ist für unsere Überlegungen unbedeutend. Die Schüler waren eher vorsichtig und versuchten, die herbe Kritik maßvoller vorzubringen. Der aggressive Junge schien überrascht und erleichtert, daß der Lehrer nicht machtvoll zurückgeschlagen hatte. Auch er war bemüht, seine Meinung weniger kränkend zu äußern.

Das Gespräch nahm dann eine Wendung: Die Schüler begannen bald – wohl wie sie es in dieser Situation am Lehrerbeispiel erlebten –, *ihr eigenes Verhalten kritisch anzusehen.* Daraus erwuchsen in der folgenden Zeit immer wieder kürzere Gespräche, in denen alle miteinander überlegten, wie sie die Erdkundestunden anregender gestalten könnten. Diese Gespräche hatten Folgen. Die Schüler merkten, daß sie von *sich* aus etwas beitragen konnten, um die Unterrichtssituation zu verändern.

Der Weg vom Machtprinzip zum Verständigungsprinzip ermöglicht friedliches Handeln

Die Vergeltungsregel »Böses mit Bösem vergelten«
außer Kraft setzen

Was war geschehen, daß sich der Konflikt nicht verschärfte? Wie konnte Gewalt verhindert und die Angst des Lehrers konstruktiv werden?

- Der Lehrer *hielt inne,* als er angegriffen wurde. Er leitete nicht gleich eine Gegenhandlung ein. Dadurch entstand eine Lücke, in die etwas Neues einfließen konnte: etwas anderes als Gegengewalt.
- Der Lehrer versteckte nicht, wie *gekränkt* er war. Der aggressive Junge und die Klasse erlebten, daß sie den Lehrer verletzt, »getroffen« hatten. Aber in diesem Treffen lag auch der Keim für ein anderes »Sich-Treffen«: sich besser verstehen zu können. Durch die gewaltfreie Lehrerhaltung wurde die Atmosphäre von Verachtung, Mißtrauen und Rachsucht gereinigt.
- Der Lehrer verhielt sich *echt.* Er versuchte keinen psychologischen Trick, noch klammerte er sich an die Moral oder an die Schulordnung. Wie er sich in der Konfliktsituation

verhielt, stimmte für ihn. Er war hilflos und zeigte sich nicht in Lehrer-Überlegenheit. Er war gekränkt und mußte sich nicht unangreifbar stellen, im Gegenteil: *Er ließ sich begreifen.* Die Schüler bekamen dadurch eine Chance, ihn als Person zu spüren.

- Der Lehrer hat *Gewalt nicht mit Gewalt beantwortet.* Er schlug nach dem Angriff nicht zurück, obwohl es korrekte Wege dazu gegeben hätte. Niemand hätte ihn vermutlich kritisiert, wenn er zum Gegenangriff übergegangen wäre. Der Lehrer hat sich *gewaltfrei* verhalten – und das hat den Konflikt nicht verschärft, sondern eine gemeinsame Lösung ermöglicht.

- Der Lehrer spielte nicht die Rolle des Souveränen, der »über der Sache« steht. Die Schüler konnten spüren, wie hart ihn die kränkend vorgebrachte Kritik traf. Er *demonstrierte nicht Lehrerstärke,* sondern zeigte sich so, wie ihm zumute war. Der Lehrer hat die »Vergeltungsregel« – Böses mit Bösem zu vergelten – außer Kraft gesetzt.

- Der Lehrer hatte in der Konfliktsituation Angst. Aber er mußte diese nicht in »Abschreckung des Gegners« umwandeln. Dadurch wuchs die Chance der *Verständigung.* Er hielt die Angst aus – und machte dann die Erfahrung, daß er doch nicht so allein war, wie er anfangs meinte.

- Ohne daß er dies bewußt getan hätte, kehrte er den unbestrittenen Satz um, der heißt: »Gewalt erzeugt neue Gewalt«. Er demonstrierte mit seiner Klasse, daß *Gewaltlosigkeit wiederum Gewaltlosigkeit bewirken kann.* Deshalb gab es am Ende keine Sieger und Verlierer.

- Am Beispiel des verletzend kritisierenden Schülers wird deutlich: Der Lehrer *nahm die negativen Gefühle des Schülers an.* Dadurch erlebte dieser, daß er selbst angenommen wurde – auch mit seiner verletzenden Kritik. Weil er sich mit seinem aggressiven *Gefühl* erfahren konnte, brauchte er später nicht mehr aggressiv zu *handeln.*

Der Lehrer riskierte *Schritte vom Machtprinzip zum Verständigungsprinzip:* nicht Gewalt anwenden, sondern sich gegenseitig zu erkennen geben und sich wahrnehmen lernen; sich aus persönlichen Bedürfnissen heraus über etwas einigen; gemeinsam Lösungen finden, die von allen akzeptiert werden können. Sternstein (1984, S. 668) weist darauf hin, daß ein Konflikt, bei dem eine der beiden Konfliktparteien gewaltfrei handelt, in der Regel anders verläuft als beim mit Gewalt ausgetragenen Konflikt. Zu Beginn und im Verlauf eines derarigen Konflikts kann es durchaus zu Gewaltanwendung kommen. »Da eine der beiden Konfliktparteien jedoch bewußt und konsequent darauf verzichtet, Gewalt mit Gewalt zu beantworten, kann der Eskalationsmechanismus nicht in Gang kommen. Für den mit gewaltfreien Aktionsmethoden ausgetragenen Konflikt ist vielmehr charakteristisch, daß nach einiger Zeit eine De-Eskalation der Gewaltanwendung eintritt.«

Der Lehrer im vorangegangenen Beispiel hat versucht, Machtausübung abzubauen. Er hat *den Konflikt nicht mit Gewalt unterdrückt, sondern mit der Schulklasse ausgetragen.*

Beziehung ist die Voraussetzung des Gewaltabbaus
Von der Du-oder-Ich-Beziehung zum Sich-Verständigen

Als Sigmund Freud von Albert Einstein gefragt wurde, weshalb es Krieg gebe, antwortete er innerhalb einer längeren Abhandlung mit folgenden Worten:

»Wenn die Bereitwilligkeit zum Krieg ein Ausfluß des Destruktionstriebs ist, so liegt es nahe, gegen sie den Gegenspieler dieses Triebes, den Eros, anzurufen. *Alles, was Gefühlsbindungen unter den Menschen herstellt, muß dem Krieg entgegenwirken.* Diese Bindungen können von zweierlei Art sein. Erstens Beziehungen wie zu einem Liebesobjekt, wenn auch ohne sexuelle Ziele. Die Psychoanalyse braucht sich nicht zu schämen, wenn sie hier von Liebe spricht, denn die Religion sagt dasselbe: Liebe Deinen Nächsten wie Dich selbst. Das ist nun leicht gefordert, aber schwer zu erfüllen. Die andere Art von Gefühlsbindung ist die durch Identifizierung. Alles was bedeutsame Gemeinsamkeiten unter den Menschen herstellt, ruft solche Gemeingefühle, Identifizierungen, hervor. Auf ihnen ruht zum guten Teil der Aufbau der menschlichen Gesellschaft« (Freud 1950, S. 23).

Wenn dem so ist, müssen wir versuchen, auch den »Krieg im Klassenzimmer« viel mehr unter dem Aspekt der Gefühlsbindung sehen. Bislang steht die pädagogische Beziehung vorwiegend unter dem Gesichtspunkt, was der Erzieher mit dem Kind *machen* muß, wie er sich *verhalten* soll, was er dabei *richtig* oder *falsch* machen kann. – Zu wenig wird betrachtet, was diese Beziehung *ist:* Was *im Lehrer* in der aktuellen Konfliktsituation vorgeht, was *den Schüler* in der Beziehung zum Lehrer bewegt, wie sich beide diese Beziehung anders vorstellen könnten. – Das bedeutet, darüber zu sprechen, wie sich der Schüler die Beziehung zum Lehrer wünscht – und wie sich der Lehrer in der pädagogischen Beziehung wohlfühlen möchte. Es geht darum, *Wege zu finden, die menschlichen Beziehungen* zu verbessern – in einer Weise, daß jeder so weit wie möglich seiner Person gemäß leben kann und keiner versucht, über den anderen zu verfügen.

In vielen Konfliktsituationen handeln Lehrer wie Schüler ausschließlich in einer Du-oder-Ich-Beziehung: Entweder *ich* setze dir rechtzeitig Grenzen oder *du* machst mich fertig. – Wenn *ich* nicht der Stärkere bin, gehe ich unter, also muß ich *dich* schwach machen... – In dieser Du-oder-Ich-Beziehung müssen Lehrerinnen und Lehrer bei Konfliktlösungen eine Methode *gegen* den Schüler anwenden. Sie können dann nicht ansehen, was sich in der augenblicklichen Beziehung abspielt; vielmehr setzen sie »Maßnahmen« ein, die ihre Angst beseitigen sollen. Nur: *Die Angst des Lehrers kann am ehesten in der Beziehung überwunden werden.*

Allerdings bringt die Beziehungsaufnahme keine Garantie dafür, daß die Konfliktlösung so verläuft, wie ich mir das wünsche. Wenn *ich* jedoch aus dem Machtprinzip heraustreten möchte, dann muß *ich* von *mir* aus versuchen, die Beziehung zu meiner Umgebung so zu gestalten, wie es meiner Vorstellung entspricht. Ich darf das nicht erst dann tun, wenn ich sicher sein kann, daß der andere auf mein Angebot eingeht. Vielmehr nehme ich die Konsequenz auf mich, mit meinem Wunsch gewaltfreier Konfliktlösung keinen Erfolg zu haben.

Wenn ich in der Beziehung zu Schülern – und überhaupt zu Mitmenschen – weniger Gewalt haben möchte, muß ich mich bemühen, weniger Gewalt auszuüben. – Bei dieser Bemühung geht es nicht darum, mich zu »überwinden« um der Schüler willen. Ich gehe als Lehrerin und Lehrer vielmehr meinem Wunsch nach, mit den Kindern und Jugendlichen besser zusammenleben zu können: Frieden ist die Fähigkeit von Menschen, nicht *gegen*einander, sondern *mit*einander zu leben.

Die atomare Drohung fordert zum »Lernziel Gewaltfreiheit« heraus
Erfahrungen, Erkenntnisse und ein kritisches Bewußtsein
zum Thema »Frieden« erarbeiten

Immer wenn Schüler Erfahrungen machen können wie die
mit dem Lehrer, dem sie aggressiv seinen »stinklangweiligen
Unterricht« vorwarfen, sollen solche Erfahrungen auch
bewußt gemacht werden: Wie kam es dazu, daß der Heinz den
Lehrer in so verletzender Weise angriff? – Was führte dazu, daß
es am Ende keine Sieger und Verlierer gab? – Was ist geschehen, daß sich Heinz und der Lehrer jetzt nicht mehr feindlich
gegenüberstehen, sondern wieder miteinander reden können?
– Was hätte vermutlich eine gewalt-volle Lösung mit sich
gebracht? – Wie ist uns allen nach der gewaltlosen Regelung
zumute? Weshalb glaubten viele Schüler, der Lehrer hätte auf
das aggressive Verhalten des Jungen mit Strafe antworten
müssen? – Warum meinen viele Erwachsenen, so eine »Ungezogenheit« dürfe man »nicht durchgehen lassen«? – Wer kann
ähnliche Erfahrungen mit gewaltfreiem Handeln berichten? –
Wer kennt Situationen, in denen er demnächst gewaltfreies
Handeln ausprobieren möchte?

Bei Gewaltfreiheit im Alltag geht es jedoch nicht darum,
Aggressionen zu unterdrücken. Dies würde die Feindseligkeit
nicht aufheben, sondern könnte sie unterschwellig sogar verstärken. Außerdem übt der, der seine Aggression unterdrückt,
Gewalt gegen sich selbst aus und bleibt damit voll im Gewalt-
prinzip. Ein anderes ist es, sich *mit* der eigenen Aggression auf
den anderen einzulassen, sich mit ihm auseinanderzusetzen in
einer Form, die nicht verletzt – und wenn die Verletzung
geschehen ist, nicht herauszugehen aus der Beziehung, sondern zu versuchen, mit den gegenseitigen Verwundungen so
weiterzumachen, daß es wieder ein Miteinander-Reden gibt.

Die Schüler erleben und erkennen dann, daß es keine
»Überwindung« bedeutet, sich gewaltfrei zu streiten, sondern
eine Erleichterung des Zusammenlebens – etwa mit Hilfe von
Gandhis Forderungen

– den Gegner nicht zu beleidigen,
– ihm persönlich zu begegnen,
– andere nicht härter zu beurteilen als sich selbst,

- Schwächen des Gegners nicht auszunutzen,
- die eigenen Pläne nicht zu verbergen,
- Fehler einzugestehen und versuchen, sie wieder gutzumachen,
- unserem Einatz einen positiven Sinn zu geben,
- zum Kompromiß bereit zu sein,
- den anderen nicht zu zwingen,
- ihn nicht zu provozieren, und vieles andere.

So trägt das Bemühen um gewaltfreie Konfliktregelung im Klassenzimmer unmittelbar zum *Lernen des Friedens* bei. Eine Schwierigkeit dabei ist, daß die Schüler in ihrem Alltag wenig Vorbilder für gewaltfreies Handeln finden, weil nur wenige Menschen mit gewaltfreien Prinzipien vertraut und darin geübt sind. Zwar bekommen in unserer Gesellschaft Millionen junger Männer eine lange Ausbildung darin, mit Waffen und grausamsten Menschenvernichtungsmitteln umzugehen. Hingegen gibt es keine Ausbildung in Friedensarbeit, sonst könnten gewaltfreie Methoden häufiger praktiziert werden. – Es ist für uns noch unvorstellbar, die selbstverständliche *Ausbildung zur Gewalt in eine Ausbildung zur Gewaltfreiheit umzukehren.* Die Schule kann für diesen Tatbestand ein kritisches Bewußtsein entwickeln und erste Schritte zur lebensnotwendigen Utopie einer gewaltlosen Gesellschaft tun.

Wir dürfen also die Erziehung zur Gewaltfreiheit nicht auf einen individual-pädagogischen Zusammenhang einengen, sondern müssen gleichzeitig die Friedlosigkeit als gesellschaftliche Erscheinung erkennen. Diese drückt sich am deutlichsten in der unvernünftigen atomaren Vernichtungspolitik aus. Zur Friedenspädagogik gehört die wichtige Aufgabe, Kinder und Jugendliche friedliche Erfahrungen machen zu lassen. Sie muß aber gleichzeitig dazu befähigen, *unfriedliche Strukturen zu erkennen und an deren Veränderung mitzuwirken.*

Benützte Literatur:

Freud, S.: Warum Krieg? In: Gesammelte Werke Band XVI. Frankfurt/M. 1950 (S. Fischer)

Sternstein, W.: Satjagraha – den Feind in einen Freund umwandeln. Gandhis Theorie und Praxis der gewaltfreien Aktion. In: Kindlers Enzyklopädie »Der Mensch«. München 1984

Konflikte durch aggressive Kinder und Jugendliche

Umgang mit der Aggression in der Lehrer-Schüler-Beziehung

> Je mehr Lebenstrieb vereitelt wird, um so stärker wird der Zerstörungstrieb; je mehr Leben verwirklicht wird, um so geringer ist die Kraft der Destruktivität. Destruktivität ist das Ergebnis ungelebten Lebens.
> Menschen und gesellschaftliche Bedingungen, die das Leben zu unterdrücken suchen, erzeugen ein leidenschaftliches Verlangen nach Zerstörung.
> *Erich Fromm*

Durch Aggressivität von Kindern und Jugendlichen fühlen sich Lehrerinnen und Lehrer besonders bedroht. Von Schülern angegriffen zu werden, macht Angst und verleitet zu raschen Gegenmaßnahmen. Oft wird nur die zerstörerische Seite des An-griffs wahrgenommen, nicht auch die kontaktsuchende: das verzweifelte »Greifen« nach Halt, das Verlangen nach Berührung, das Ringen um Selbstwerdung.

Aggression und Aggressivität
Zu den Annahmen über Aggressionsursachen

Ehe von der schwierigen Schulsituation mit aggressiven Schülern die Rede ist, seien einige Überlegungen zur Aggression vorangestellt. – Aggression ist ein gefühlsbedingtes Angriffsverhalten des Menschen. Der Angreifer möchte mächtiger sein als andere und die Macht des Angegriffenen vermindern. Er schädigt, verletzt, demütigt oder vernichtet diesen. Dieses Verletzen kann körperlich oder seelisch geschehen.

Aggression drückt sich als Angreifen oder Verteidigen aus. Sie richtet sich nicht nur gegen Personen, sondern auch gegen Sachen und gegen die eigene Person. Sie äußert sich in Reaktionen wie Beißen, Schlagen, Treten, Niederschreien, Erschießen – bis hin zu »feineren« Reaktionen wie Bloßstellen, Entwerten, Herabsetzen, Verächtlichmachen. – Man kann zwischen konstruktiver und destruktiver Aggression unterscheiden. Konstruktive Aggression bedeutet, sich mit dem andern unmittelbar auseinanderzusetzen, ohne die Absicht, diesen zu verletzen. Zerstörerische Aggression kränkt den anderen, schädigt oder vernichtet ihn.

Es gibt verschiedene Auffassungen über die Natur der Aggression. Die *Triebtheorie* nimmt an: Der Mensch hat einen biologisch vorgegebenen Aggressionstrieb, der abreagiert werden muß (Freud, Adler, Lorenz). Er besitzt eine angeborene Neigung zum Bösen, zur Aggression, Destruktion und Grausamkeit.

Nach der *Frustrations-Theorie* entsteht Aggression, wenn zielgerichtetes Handeln gestört wird. Es gibt ein unmittelbares Ursache-Wirkungs-Verhältnis zwischen Frustration – also dem inneren Zustand bei einer Behinderung oder Versagung – und aggressiven Handlungen. Aggression ist eine Folge von Frustrationen und jede Frustration führt zu Aggression (Dollard und Miller). Die Aggression soll das Hindernis beseitigen, damit das gewünschte Handeln möglich wird.

Die *Lern-Theorie* sagt aus: Aggression wird durch soziales Lernen angeeignet und gesteuert, vor allem nach dem Prinzip des nachahmenden Lernens: Kinder beobachten, wie sich Erwachsene verhalten, sie »lernen am Modell« (Bandura).

Nach der *psychodynamischen Theorie* der Tiefenpsychologie ist destruktive Aggression die Folge frühkindlicher und entwicklungsgeschichtlicher Versagungen. Zerstörerische Strebungen sind auf schädliche Erziehungseinflüsse zurückzuführen (Erich Fromm, Alice Miller). Durch diese werden die »gesunden Aggressionen« in den Untergrund verdrängt und kehren von dort als destruktive Aggressivität wieder.

Diese Theorien drücken jeweils einen bedeutsamen Aspekt der Aggression aus; deren Ursachen sind vielgestaltig. Eine Rolle spielen soziale Einflüsse, Lernvorgänge, kulturelle Einwirkungen, frühkindliche Erlebnisse, gegenwärtige enttäuschte Erwartungen (Frustrationen), biologisch vorgegebene Reaktionsformen und spontane Aktivität im Sinne des Selbständig-Werdens.

Im Unterschied zu Aggression bezeichnen wir mit *Aggressivität* die Bereitschaft, aggressiv zu reagieren. Es handelt sich um eine Haltung des Menschen, die mehr oder weniger unbewußt ist. Die gewohnheitsmäßig aggressive Einstellung wird zum wesentlichen Zug einer Person und zeigt sich offen oder versteckt als Dauerbereitschaft zu aggressivem Handeln.

Aggression als Entwicklungsnotwendigkeit
An-greifen – Sich-treffen – Heran-gehen –
Erobern – Behinderte Aggression macht krank

Die lebensfördernde Seite der Aggression zeigt sich besonders in der kindlichen Entwicklung. Es handelt sich um das *»Herangehen« des Kindes an die Welt:* ausprobierend, beobachtend, fragend, unternehmungslustig. Das Kind setzt sich spontan und aktiv mit Menschen und Dingen auseinander. Es dringt neugierig in Sachen ein, nimmt sie auseinander, untersucht, wie weich oder hart sie sind, bricht sie entzwei und möchte erforschen, was innen drin ist, »macht sie kaputt«, aber baut sie auch wieder zusammen.

Dieses An-greifen führt dazu, daß das Kind Schwierigkeiten im Umgang mit Gegenständen sachgerecht meistern lernt. Die aktiv-spontane Aggression äußert sich vor allem im Tätig-sein-Wollen, im Zupacken und Zugreifen. Das In-Berührung-Kommen mit der Welt ist eine wichtige Grundlage für die Entwicklung des Selbstwertgefühls und Selbstvertrauens.

Zur spontanen Aggression gehört auch das Sich-wehren-Können. Das Kind lernt, seinen Platz zu behaupten und sich durchzusetzen. So entwickelt es Selbständigkeit und kann sich zunehmend von den Eltern ablösen. Es erfährt die beiden Aspekte der Aggression in der Beziehung zu seiner nächsten Umgebung: das Sich-Treffen kann verletzend sein – aber es bringt auch Berührung und Nähe.

Damit sich ein Kind gesund entwickeln kann, ist es *notwendig, daß es wütend werden darf* und daß es ein Gegenüber findet für seine Wut. Es muß seinen Ärger ausdrücken dürfen und damit »ankommen«. Dann erlebt es, daß es auch mit seinem Zorn angenommen wird. – Werden hingegen die aggressiven

Impulse gehemmt, kann dies zu seelischem und körperlichem Kranksein führen: Ein Kind frißt alles in sich hinein und erkrankt zum Beispiel an einer Magenschleimhautentzündung. Ein anderes leidet unter Kopfschmerz, weil die unterdrückte Wut es zu stark anspannt.

Ein häufig auftauchendes Symptom braver, aggressiv gehemmter Kinder ist das *Nägelbeißen.* Nägelknabbernde Kinder können ihre Aggressionen nicht nach außen richten. Ihre Angst, den anderen zu verletzen und eine verletzende Gegenaggression zu erfahren, ist zu groß. *So richten sie unbewußt ihre Wut gegen sich selbst.* Sie beißen an den Nägelrändern, manchmal aber auch an den Fingern, so stark, daß diese bluten.

Häufig wird das Nägelbeißen als dumme Angewohnheit abgetan. Das Kind könnte schon damit aufhören, wenn es nur wollte. Nägelbeißen ist jedoch das Anzeichen für eine Störung, die ihre Ursache in unbewußten Konflikten hat. In vielen Lebensgeschichten nägelbeißender Kinder finden wir früh unterdrückte Bewegungsimpulse, überhöhte Leistungsanforderungen und eine ausgeprägte Bravheitsdressur, in deren Folge die Aggression verdrängt werden mußte.

Einige Mitteilungen aus der Lebensgeschichte des siebenjährigen Roland sollen dies verdeutlichen. Er knabberte seit dem vierten Lebensjahr an den Nägeln und zwar an allen zehn Fingern. Einbinden der Finger und Beschmieren mit unangenehm schmeckenden Cremes brachte keinen Erfolg. – Als Säugling und Kleinkind sei Roland brav gewesen. Er habe schön gespielt, ohne zu stören. Erst ab dem dritten Lebensjahr gab es Schwierigkeiten. Die Mutter berichtet: »Er begann alles anzufassen, riß Bücher aus dem Schrank, tappte an unsere schönen Möbel und machte alles schmutzig. Ich mußte ständig achtgeben, damit er nichts verkratzte. Oft schickte ich ihn aus dem Zimmer, sonst hätte er mir die Möbel beschädigt. Er hatte schließlich sein Kinderzimmer.«

Die Mutter konnte »Wildheit und Toben« nicht vertragen: »Das machte mich so nervös; es blieb mir nichts übrig, als ihn ins Zimmer einzusperren. Anfangs schrie er fürchterlich und riß und pumperte an der Tür, aber später gewöhnte er sich daran.« – Schreien und Lärmmachen des Jungen seien ihr unangenehm gewesen, weil empfindliche Nachbarn sich dauernd beschwerten. So hieß es immer: »Sei still, schrei nicht so laut, mach keinen Lärm, verhalte dich ruhig!« – Von Anfang an habe die Mutter verboten, daß Roland mit seinem Bruder oder anderen Jungen raufe. Sie könne das nicht vertragen und habe Angst, es passiere etwas. Die Mutter beklagte selbst ihre große Ungeduld: »Schon wenn die Kinder hereinkommen, könnte ich explodieren.«

In diesen wenigen Angaben zeigen sich typische Gegebenheiten aus der Vorgeschichte von Kindern, die nägelbeißen: Zum einen wurde der *Bewegungsdrang stark eingeengt.* Zum anderen behinderte die übertriebene *Dressur auf Bravsein* Roland in seinen ursprünglichen spontanen Impulsen. Die nicht gelebte Spontaneität staute sich auf und wurde im Symptom des Nägelbeißens abgeführt. – Zugleich drückt sich im Nägelbeißen von Kindern die gegen sich selbst gerichtete Aggression aus, die nach außen nicht gelebt werden kann. Im Symptom äußert sich außerdem das Isoliertsein: die Beschäftigung mit sich selbst.

Das Beispiel soll darauf verweisen, daß Aggression zur gesunden Entwicklung von Kindern und Jugendlichen gehört. Außerdem kann es zeigen, wie wir das Leiden jener Schüler leicht übersehen, die »brav«, angepaßt, folgsam und ruhig sind. Sie stören Lehrerinnen und Lehrer nicht und werden deshalb oft mit der Not ihres Gestörtseins allein gelassen.

Ein aggressiver Jugendlicher – Das »gestörte« Kind wird zum Störer

Die Schule nimmt sich im allgemeinen nur ungern jener Kinder an, die der Hilfe besonders bedürfen. Sie empfindet Schüler als Zumutung, die sich im Lernen schwer tun und schiebt sie von der normalen Schulklasse ab in Sonderschulen, Sonderklassen, Sonderheime. In dieser Absonderung sollen diese dann – unter ihresgleichen – sehen, wie sie mit ihrer Sonderbehandlung weiterkommen. Noch unliebsamer sind der Schule »schwierige« Kinder, die den Unterricht stören. Manche Lehrer erwarten, sie müßten eine Klasse ohne Disziplinschwierigkeiten bekommen, damit sie unbehelligt ihren »Stoff durchnehmen« können. Ihr Stoff sind nicht die jungen Menschen, die vor ihnen sitzen – mit ihren Lern- und Lebensbedürfnissen und ihren Lern- und Lebensschwierigkeiten; ihnen geht es um das Pensum. Ein schwieriges Kind fordert dann nicht zu pädagogischem Handeln heraus, sondern ist etwas Lästiges, das aus der Welt – aus der Schulklasse – geschafft werden müßte.

Die menschlichen Grundwerte des Verstehens und Helfens gelten in manchen Schulen allenfalls so weit, als für das hilfebedürftige Kind jemand anderer gesucht wird, der ihm helfen kann. Dabei hätte gerade *die Schule oft mehr therapeutische Chancen als spezielle Therapie* beim Psychologen, Heilpädagogen, Arzt, Psychotherapeuten oder in speziellen Schulen, Heimen und Gruppen. Das wird durch die nachfolgende Falldarstellung sichtbar.

Ein Vierzehnjähriger »aggressiver Störenfried« tyrannisiert seine Gymnasiallehrer

An diesem Beispiel zeige ich auf, wie es zu aggressiver Entwicklung kommen kann – und welches pädagogisch-therapeutische Handeln in der Schule möglich ist. Ich stelle dabei keine Verhaltensnormen für den Umgang mit aggressiven Jugendlichen auf, sondern möchte zu psychologisch-pädagogischem Denken anregen.

Der vierzehnjährige Karl tyrannisierte seine Umwelt. Er war aufsäßig und aggressiv, quälte seine Eltern, stellte sie vor anderen Leuten bloß und beschimpfte sie; er machte überall Krach und war den Nachbarn gegenüber rücksichtslos. Die Lehrer schikanierte der Schüler so, daß einigen von ihnen die Schulstunden zum Alptraum wurden. Karl störte den Unterricht, schwätzte ständig, stellte den Lehrern Fallen, schoß mit Papierkugeln auf sie und schrie unflätige Bemerkungen dazwischen. – So konnte es passieren, daß der Deutschlehrer sorgfältig auf ein lyrisches Gedicht einstimmte. Die Klasse war in größter Stille empfänglich für das nun vorzutragende Rilke–Gedicht. In diese Stille hinein ließ Karl seine Kaugummiblase platzen - und die Stunde war zerstört.

In vielen ähnlichen Situationen zeigte sich die eben beschriebene Außenseite des Kindes. Die Innenseite sah anders aus: *Der Junge war verzweifelt über sich selbst.* Er versuchte immer wieder, von seinem Störverhalten wegzukommen. Seine Umgebung meinte zum Beispiel, es wäre ihm gleichgültig, was er einem Lehrer angetan hatte. Bei diesem trieb er seine aggressiven Quälereien so heftig, daß der Lehrer wegen eines

Zusammenbruchs von der Schulstunde weg ins Krankenhaus eingeliefert werden und dort mehrere Wochen liegen mußte.

Die Vermutung, Karl bliebe von diesem Vorfall unberührt oder empfände Genugtuung, traf allerdings nicht zu. In Wirklichkeit war er von Schuldgefühlen geplagt und konnte oft nur wenige Stunden schlafen. Sich unglücklich fühlend weinte er stundenlang in sein Kopfkissen hinein – während seine Umgebung nie eine Träne von ihm sah. Ohne daß er es wollte, verharrte er in seiner Rolle als aufsässiger Störenfried

Ein Vaterkonflikt als psychologischer Hintergrund

Weshalb mußte sich der Junge so brutal verhalten, wenn er gleichzeitig feinfühlig war und unter seinem Verhalten litt? – Bei späteren Gesprächen mit ihm zeigte sich, daß sein Kampf mit Lehrern vielerlei Hintergründe hatte. Er war jedoch auch die *unbewußte Fortsetzung seines Kampfes mit dem Vater.* Dieser war außergewöhnlich streng, hart und einengend; er wollte den Sohn nach seinen Vorstellungen formen. Der Junge widersetzte sich der übertriebenen Forderung, aufs Wort zu gehorchen. So kam es zu einem fortwährenden Machtkampf, den der stärkere Vater jedesmal erneut gewann.

Das Verhältnis zwischen dem mächtigen Vater und dem machtlosen Jungen bildete einen Hintergrund der Aggressivität. Karl konnte sich in früheren wie in gegenwärtigen Lebenssituationen nicht offen mit seinem Vater auseinandersetzen und schon gar nicht durchsetzen. Er war immer wieder unterlegen. Der daraus resultierende psychologische Vorgang ist so zu verstehen: Unbewußt blieb dem Jungen nichts anderes übrig, als sich gefühlsmäßig mit dem Vater gleichzusetzen. Er nahm dessen peinigendes Verhalten in seine eigene Person auf: Er identifizierte sich mit dem strafenden Vater, es kam zu einer »Identifikation mit dem Aggressor«. Durch diesen unbewußten Verinnerlichungsvorgang wurde er selbst teilweise zum Abbild der Vaterfigur: *Der Gepeinigte verwandelte sich in den Peiniger.*

Die Identifikation des Kindes mit abgelehnten Seiten seiner Eltern ruft oft Unverständnis hervor. Bewußt kann jemand ausdrücken: Niemals werde ich so wie meine Mutter! Oder: Diese verhaßte Seite meines Vaters übernehme ich einmal bestimmt nicht! Und doch werden in vielen Fällen gerade auch die abgelehnten oder bekämpften Merkmale eines Elternteils vom Heranwachsenden verinnerlicht.

Unbewußte Übertragung des Vater-Konflikts auf die Lehrer

Gegen den unterdrückenden Vater konnte Karl nicht aufkommen. Das versetzte ihn in eine aggressive Dauerbereitschaft, jeden anderen »Vater« klein zu machen. Solche »Väter« begegneten ihm in der Schule; gegen diese richtete er nun seine angestaute Aggressivität. Sie wurden vernichtet; aber eigentlich sollte es eine immer wieder neu aufgelegte Vernichtung des Vaters sein.

Ein vorherrschendes Element dieses »undisziplinierten« Schülerverhaltens war also die *Übertragung*. Der tiefenpsychologische Begriff der »Übertragung« drückt folgendes aus: Jeder Mensch erwirbt durch die Erfahrungen mit Eltern, Geschwistern und anderen Bezugspersonen seiner Kindheit bestimmte Einstellungen und Verhaltensweisen: zum Beispiel Vertrauen, Optimismus, Hoffnung, Mut, Angst, Mißtrauen, Aggressivität, Kontaktfreude, Sicherheit. Mit diesen früh erworbenen Verhaltensweisen, Gefühlen und Wünschen tritt er später unbewußt an neue Bezugspersonen heran. Vor-Erfahrungen mit der Mutter überträgt das Kind auf Personen seiner jetzigen Umgebung, zum Beispiel auf die Lehrerin. Handelt es sich um gute mitmenschliche Vor-Erfahrungen, wirkt sich das beziehungsfördernd auf die neue Situation aus. Hingegen beeinflussen Ur-Erfahrungen des Mißtrauens die Jetzt-Beziehung störend.

Die Übertragung ist ein normal-psychologischer Vorgang, der sich erst dann störend auswirkt, wenn Verhalten und Einstellungen der Person in keinem stimmigen Bezug zur Wirklichkeit stehen: wenn sich also ein Mensch unbewußt so verhält, als wäre sein Gegenüber ein anderer. – Karl schien durch die neurotische Übertragung so verblendet, daß er in den Lehrern den verhaßten Vater sehen mußte. Dies wurde ihm selbst erst später deutlich, als er in psychotherapeutischen Gesprächen seine Schwierigkeiten bearbeitete.

Der »schwierige« Jugendliche macht Schwierigkeiten, weil er Schwierigkeiten hat

Karls Störverhalten wurde verstärkt, weil er nach jedem seiner destruktiven Ausfälle ein persönliches Erfolgserlebnis hatte; und zwar dadurch, daß die Klasse ihn anerkannte. Die Mitschüler feierten ihn als Helden, wenn er den Lehrern zu sagen wagte, was eigentlich jeder gern gesagt hätte. Er *konnte* seine Rolle nicht mehr aufgeben, weil er sonst wieder klein und nicht akzeptiert gewesen wäre. – Schwierig für den Jungen war aber nicht nur, daß er nicht mehr aus seiner Rolle heraus*kam*, sondern daß ihn die Umwelt aus seiner Rolle nicht mehr heraus*ließ*. Seine Umgebung trat mit der Erwartung an ihn heran, er sei ein hoffnungsloser Fall. Dies ist die schwerste Beeinträchtigung, die ein Kind erfahren kann: aufgegeben zu werden.

»Welche Lebensmöglichkeit bleibt einem Kind, dem alle Fähigkeiten und jede Möglichkeit, Anerkennung zu erwerben, abgesprochen werden? Es kann zu keinem anderen Schluß kommen als zu dem: ›Ich passe nicht zu den übrigen; ihre Gemeinschaft ist nichts für mich‹. Es müßte sich notwendigerweise weiter sagen: ›Ich kann da nicht mittun‹. Dies würde heißen, sich selbst aufzugeben, würde in allen Punkten und für immer zur passiven Rolle im Leben verurteilen. Das erträgt kein Kind...; nach der Philosophie von den saueren Trauben wird durch einen geschickten, immer unbewußten Selbstbetrug die Formel: ›Ich kann nicht‹ vertauscht mit der anderen ›Ich will nicht‹. So ist das Prestige gerettet, aus der passiven eine aktive Rolle geworden. Damit prallt alle Zurücksetzung und alle Erniedrigung ab an dem schützenden Gedanken: ›Ich will ja gar nicht. Wenn ich nur wollte, dann...‹. Jetzt ist auch von einem Aufgeben der Person keine Rede mehr. Im Gegenteil: Sich zu behaupten, unter allen Umständen und ohne Rücksicht auf die Mittel, das ist nun das Ziel« (Simon 1950, S. 23).

In einem solch verzweifelten *Selbstbehauptungskampf* stand Karl. Sein Beispiel zeigt, daß Erzieher leicht hereinfallen auf die störende Außenseite und nicht mehr wahrnehmen, wie schwierig die Situation für das Kind ist. Schwierig vor allem, weil es mit jedem Konflikt, den es verursacht, in die größte Gefahr gerät, in die ein Kind zu kommen droht: die *Gefahr, alleingelassen zu werden.*

Natürlich können sich Lehrer und Erzieher von aggressiven Schülern nicht tyrannisieren lassen. Sie müssen dem Störverhalten feste Grenzen entgegensetzen und damit Halt geben. Das Kind befindet sich in seinem Konflikt mit den Erwachsenen immer in der schwächeren Lage. Es ist zwar unrichtig zu sagen: Die Eltern sind an allem schuld – oder die Erzieher oder die Lehrer. Aber es ist in jedem Fall zutreffend, daß es Eltern, Erziehern und Lehrern leichter möglich ist, im Konflikt mit dem Kind sinnvoll zu handeln.

Ausgangspunkt für pädagogisches Handeln ist die Einsicht, daß ein Kind, das Schwierigkeiten *macht,* Schwierigkeiten *hat.* So gesehen, werden Schwierigkeiten zum Appell: Schau mich an, ich brauche Hilfe! Solche »Aufrufe« weisen auf Störungen hin, durch die es einem Kind nicht gelingt, einen Konflikt zu verarbeiten.

Das Zerstörerische in Karls Verhalten stand in unmittelbarem Verhältnis dazu, wie er in seiner persönlichen Entfaltung beschnitten wurde. »Je mehr Lebenstrieb vereitelt wird, um so stärker wird der Zerstörungstrieb; *je mehr Leben verwirklicht wird, um so geringer ist die Kraft der Destruktivität.* Destruktivität ist das Ergebnis ungelebten Lebens. Menschen und gesellschaftliche Bedingungen, die das Leben zu unterdrücken suchen, erzeugen ein leidenschaftliches Verlangen nach Zerstörung« (Fromm 1980, S. 149).

Psychologisches Verstehen und Helfen durch Beziehungsaufnahme

Im Bericht über Karl wird deutlich, daß seine Aggressivität mit einer schweren Beziehungsstörung zusammenhing. Deshalb konnte ihm Hilfe vor allem durch eine korrigierende Beziehung zuteil werden. Was ein Lehrer in dieser verfahrenen Situation tat, soll nicht als Handlungsanleitung mißverstanden werden. Es war der Versuch *dieses* Lehrers, mit Karl Kontakt aufzunehmen. Wenn wir sein Vorgehen betrachten, werden allerdings wichtige Bausteine pädagogisch-therapeutischen Handelns sichtbar.

Der aggressive Gymnasiast wird verstanden

Der Lehrer erlebte das aggressive Verhalten des Gymnasiasten als Not-Signal – und nicht nur als rasch zu beseitigende Störung des Unterrichts. Dadurch bewirkte er im Leben des »Störenfrieds« eine Wendung. Neu an die Schule gekommen, hatte er kein Vor-Urteil gegenüber Karl. So kam er mit ihm in einer Ausnahmesituation ins Gespräch: Er mußte den Schüler allein beim Nachschreiben einer Probearbeit beaufsichtigen. Dieser schrieb aber kein Wort, sondern meinte, er bekäme ohnehin eine Sechs, und es habe keinen Sinn für ihn, weiter zu überlegen. Darauf tat der Lehrer etwas, was Karl noch nicht erlebte: Er redete nicht auf ihn *ein,* sondern redete *mit* ihm. Er erkundigte sich danach, was denn sei, daß er nicht schreiben wolle, was ihn von vornherein aufgeben ließe und weshalb es ihm so schlecht gehe. Kurz: Der Lehrer interessierte sich für die *Person* des Jugendlichen – nicht nur für den *Schüler.*
Der Lehrer sah in der Konfliktsituation nicht die nachzuschreibende Probe als einzig wichtig an. Er faßte das Verweigern des Schülers nicht gekränkt auf oder als Schmähung, sondern als Anzeichen dafür, daß der Jugendliche in einer schwierigen Situation sein müsse. Für ihn gab es jetzt Wichtigeres, als den Schüler zur Ordnung zu rufen, die Lehrerautorität herauszustellen oder mit dem Jugendlichen »etwas zu machen«: Er versuchte einfach, den Jugendlichen *wahrzunehmen.* Das bedeutete für die Beziehung, daß er sich nicht zum »Vater« machen ließ, der auf den Angriff des »Sohnes« mit einem übermächtigen Gegenschlag antwortet. So kamen die beiden ins Gespräch. Dieses Gespräch ließ der Lehrer während des Schuljahres nicht mehr abreißen. Der Schüler erlebte dadurch erstmals einen »Vater«, mit dem man reden konnte.
Freilich war durch *das Sich-Einlassen des Lehrers* die Aggressivität nicht behoben; die Disziplinverstöße verschwanden nicht von heute auf morgen. Aber sie ließen zunehmend nach – um so mehr, als der Lehrer versuchte, auch seinen Kollegen etwas von der schwierigen Situation Karls verständlich zu machen. Schon bald zeigten sich erste entspannende Veränderungen für die Lehrer- wie Schülerseite.
Es war also nicht ein Fachpsychologe, der den Veränderungsprozeß in Gang brachte und damit dem »schwierigen« Jungen aus seinen Schwierigkeiten heraushalf, sondern ein

Lehrer. Er nahm den Hilferuf eines in Not geratenen Jugendlichen auf und versuchte zu verstehen. Für ihn war die Störung nicht Anlaß zu Strafe oder Verweis, zu Bedrohung mit Ausschluß oder schlechter Note, sondern er ließ sich zum Helfen herausfordern.

Schritte des Verstehens und pädagogisch-therapeutischen Handelns

Karl konnte im Laufe des Schuljahres sein Störverhalten mehr und mehr lassen. Was hat der Lehrer dazu beigetragen? Was hat geholfen?

– Der Lehrer wandte keine Technik an oder ein bestimmtes Verhalten, sondern versuchte, eine *Beziehung* anzubahnen. Er ließ sich mit dem Jungen ein; das hatte dieser nicht erlebt.
– Er reagierte auf Karls widersetzliches und aggressives Verhalten nicht ablehnend oder ausschließend, sondern *versuchte zu verstehen*, was den Jungen bedrückte. Er interessierte sich für *ihn* – und nicht nur dafür, eine störungsfreie Unterrichtssituation herzustellen. Deshalb nahm er sich Zeit, Karls Probleme *anzuhören* – und war nicht darauf bedacht, auf ihn *einzureden*.
– Dadurch wurde es dem Lehrer möglich, *Hintergründe kennenzulernen:* Er erfuhr, wie sich Karl fühlte, wie er Klasse und Lehrer erlebte, welche Ängste er bei seinen »großen Auftritten« hatte. Der Lehrer versetzte sich in die Lage des schwierigen Jugendlichen und erfuhr so dessen »Welt-Anschauung«.
– Dabei lernte er viel aus der Vorgeschichte des Jugendlichen kennen: Erlebnisse aus der Kindheit, Einzelheiten aus der Lerngeschichte, wichtige Bezugspersonen. Dieses *Bekanntwerden mit der Lebensgeschichte* veränderte seine Einstellung gegenüber dem »Störenfried«: Aus dem Störer wurde einer, der nicht nur »böse« ist, sondern dem es schlecht geht.
– Durch das Sich-Einlassen des Lehrers konnte der Schüler spüren, wie er anderen weh tat. Er erlebte die Lehrer nicht mehr als machtvolles Bollwerk, das es zu vernichten galt, sondern als verletzliche Personen. So erwuchs ihm die Chance, *andere wahrzunehmen,* weil sich der Lehrer in seiner Getroffenheit zu erkennen gab.

- Die *grenzensetzende Haltung* war nicht durch Sollens-Vorschriften gekennzeichnet, sondern durch die Person des Lehrers, seine Wünsche, sein Nicht-ertragen-Können. Dadurch erfuhr der Jugendliche »Halt« als Einhalten und als Haltgeben.
- Der Lehrer gestand Karl eine »*Schonzeit*« zu und warb bei den Mitschülern und Kollegen darum, dies zu unterstützen. Der Schüler sollte nicht bei jedem Vergehen, das ihm jetzt unterlief, bestraft oder abgesondert werden. Man sollte ihm zubilligen, daß er sein Störverhalten nicht von heute auf morgen verändern kann – selbst wenn er guten Willens dazu ist.
- Dem Lehrer war daran gelegen, den mit negativen Urteilen behafteten Schüler seine *guten Seiten zeigen* zu lassen: Karl war unter anderem ein hervorragender Rundfunk-Bastler – aber wer wußte das schon?
- Wie oft bei schwierigen Schülern, war Karl auch ein »schlechter« Schüler – trotz guter Intelligenz. Deshalb galt es, ihm in seinen schwachen Fächern *nachzuhelfen,* so weit, daß er wieder Tritt fassen konnte. Dies besorgten Mitschüler und ein Nachhilfelehrer, der Nachhilfeunterricht nicht als Einpauken auffaßte, sondern als Unterstützen eines in seinem Selbtwertgefühl unsicheren Jugendlichen.
- Der Lehrer versuchte, die *Eltern zu gewinnen,* ihnen aus ihrer aussichtslosen Lage, in der sie sich mit Karl befanden, herauszuhelfen. Er wollte sie zu einem Neubeginn ermuntern. Dieses Unterfangen war wenig erfolgreich. Aber die Mutter konnte nachdenklich gemacht und der Vater etwas beruhigt werden.
- Dem Lehrer war daran gelegen, die *Mitschüler einzubeziehen.* Sie waren an Karls Schwierigkeiten beteiligt – zum Beispiel indem sie ihn dazu anstachelten, den Unterricht zu stören. In den gemeinsamen Gesprächen konnten sie auch über sich selbst etwas erfahren, über einen schwierigen Menschen und darüber, wie alle gemeinsam versuchen können, Schwierigkeiten zu vermindern.

Beziehung heilt Aggressivität

Der Bericht über Karl und die dazu geäußerten Überlegungen gehen von der tiefenpsychologischen Annahme aus, daß destruktive Aggression auch die Folge lebensgeschichtlicher Störungen ist. Aggressive Strebungen sind wesentlich auf entwicklungshemmende Einflüsse zurückzuführen:

– Die Wurzeln der zerstörerischen Aggression liegen in *einschränkenden Kindheitserlebnissen* wie früher Vernachlässigung, Unterdrückung spontaner Impulse, psychischer und körperlicher Mißhandlung. Dies sind Erfahrungen, die die Beziehung stören. Auf Gefahren der Beziehungsstörung, also letztlich der Trennung, reagieren Kinder hochgradig empfindlich, weil Isolation für sie lebensbedrohlich ist.

– Frühe Kränkungen durch die Eltern werden von den Kindern häufig idealisiert. Das Kind *kann* gar nichts anderes annehmen, als daß die Eltern »gut« sind; sonst fühlt es sich hoffnungslos allein gelassen. Selbst verletzendes Handeln von Eltern und Erziehern wird vom Kind *als »erziehungsnotwendig« gedeutet.*

– Das Kind kann frühe Mißhandlungen nicht »erzählen«. Ihm fehlen die Worte dafür. Deshalb muß es unbewußt *tun,* was ihm selbst angetan wurde. Hinter der *verübten* Aggression verbirgt sich die *erlebte* Aggression.

– Je früher psychische Verletzungen geschehen, um so mehr sind Kinder auf diese *Wiederinszenierung* angewiesen. Die Aggression ist allerdings nicht nur die Antwort auf die *frühen* Versagungen. Sie beinhaltet auch den ungelebten Zorn des Kindes, das auf Enttäuschungen nicht mit Wut reagieren durfte.

Störungen, die durch solche Erfahrungen bedingt sind, können nicht durch bestimmte Methoden, Techniken oder Verhaltensanleitungen beseitigt werden. Nur die aufrichtende Beziehung zu Menschen kann destruktive Aggression heilen. In ihr vermag das Kind in einem langen Prozeß gemeinsamer Auseinandersetzung lebensstörende alte Erfahrungen durch hoffnungsmachende neue Erfahrungen zu korrigieren.

Karl mußte sadistisch-aggressiv sein, weil er ungeborgen, unfrei und machtlos war. Er konnte kein ihn befriedigendes Leben führen – weder zu Hause, noch in der Schule oder anderswo. Er hatte nichts zu verlieren; auch deshalb mußte er sich so destruktiv verhalten. – Der Jugendliche wurde von seiner sadistischen Aggression befreit, weil ihm Menschen dabei halfen, seine *Machtlosigkeit und Ohnmacht zu überwinden und Beziehungen einzugehen*. Weil er wieder leben konnte, brauchte er nicht mehr zu zerstören.

Pädagogisches Handeln in der Beziehung zu aggressiven Kindern und Jugendlichen
Möglichkeiten der Beziehungsaufnahme und »Ersten Hilfe«

Was können Lehrerinnen und Lehrer tun, wenn es im Schulalltag zu plötzlichen aggressiven Reaktionen von Kindern und Jugendlichen kommt? – Es ist inzwischen deutlich geworden, daß es auf diese Frage keine einfache Antwort geben kann. Jeder Lehrer vermag immer nur das zu tun, was *ihm* jetzt möglich und was für *ihn* echt ist.

Oft kann eine kleine Soforthilfe bei aggressiven Auseinandersetzungen Schüler wie Lehrer vorläufig entspannen.

Die folgenden Stichpunkte (Redl 1976, Singer 1983) sind bezogen auf aktuelle Konfliktsituationen; sie gehen nicht auf das ursachen-orientierte Handeln ein. Die Handlungsvorschläge sollten jedoch das nachfolgende *ursachen-orientierte Handeln begünstigen*.

- *Signale* geben, um das aggressive Kind darin zu unterstützen, sich selbst zu steuern: Gesten, Blicke, ein beschwichtigendes Wort, Zeichen zur Selbstkontrolle, an den Schüler mit dem persönlichen Lehrerwunsch appellieren.
- Durch *körperliche Nähe* oder Berührung zu beruhigen versuchen.
- Das Interesse am Kind verstärken: Was verunsichert es? Was macht es wütend oder hilflos? . . . Sich dem aggressiven Kind in mitfühlender *Anteilnahme* zuwenden.
- Kinder und Jugendliche in ihrem aggressiven Verhalten *ernstnehmen;* ihren Affekt nicht unbeachtet lassen oder lächerlich machen oder sich ungerührt zeigen. Die aggressive Gefühlsregung annehmen und ansprechen, dann ist vielleicht die aggressive Handlung nicht mehr nötig.
- Die Betroffenheit des Erziehers zu erkennen geben: sein Erschrecken, Zornigwerden, Gekränktsein, das, was im ersten Kapitel als *Sich-begreifen-Lassen* bezeichnet wurde.
- Versuchen, das aggressive Kind in die *Gruppe* einzubezie-

hen: die Mitschüler beteiligen, helfen lassen, es auf keinen Fall isolieren.

– Persönliche Kurzkontakte zum aggressiven Kind knüpfen: Eine Frage, ein Hinweis, eine Mitteilung... Ein situationsbezogenes »Erste-Hilfe-Gespräch« versuchen.

– Das *Selbst-tätig-Sein* in der augenblicklichen Lernsituation unterstützen: Etwas »tun« lassen, selbst bestimmen lassen.

– Womöglich eine »*aggressive*« *Betätigung* anregen, etwas »machen« lassen, Tafel wischen, etwas holen lassen...

– Befreiende *Körperbewegung* ermöglichen: aufstehen, Kurzgymnastik, Laufen...

– Nicht jede Störsituation gleich ansprechen; sie zwar nicht übersehen, aber *unerwähnt lassen,* wenn es sich nicht um eine Provokation oder um eine unübersehbare Störung handelt.

– Nicht jede Störsituation als gegen den *Lehrer* gerichtete Aggression ansehen, aber auch nicht so tun, als ginge es ihn nicht an.

– Hindernisse sind oft Auslöser aggressiver Reaktionen. Deshalb: Beim *Überwinden von Hindernissen* helfen: Ermuntern, etwas vormachen oder zeigen...

– Den Schüler *nicht demütigen;* denn mit seiner Aggression, Wut, mit seinem Verächtlichmachen möchte er sich ja gerade vor seiner eigenen Kleinheit schützen.

– Spannungen ableiten durch *offene Diskussion* und die Möglichkeit, Lehrerverhalten und Unterricht zu kritisieren. Gefühle der Unzufriedenheit äußern lassen und den Schülern dabei helfen, diese auszudrücken. Beschwerden nicht in der Selbst-Rechtfertigung des Lehrers ersticken, weil sonst die Konflikte nicht ausgetragen und die Spannungen nicht vermindert werden können.

– Die Spannung womöglich durch *Humor* entschärfen, wenn der Lehrer Humor *hat* und wenn *alle* lachen können und es nicht auf Kosten einzelner geht.

– Die äußere *Situation verändern* durch kurzzeitigen Tätigkeitswechsel, durch Ändern der Gruppenzusammensetzung oder Sitzordnung...

– *Grenzen* deutlich setzen; sie vor allem an der eigenen Person – nicht an »Du-sollst-Normen« – erleben lassen. Halt geben durch Festhalten im wirklichen und übertragenen Sinn.

– Kinder durch äußere *Ordnungen* und deren Einübung unterstützen, zum Beispiel durch eine sinnvolle, von den Schülern mitbestimmte Sitzordnung.

– Das aggressive Kind sich kurzzeitig trennen lassen, wenn es das wünscht, aber nicht isolieren – bei nachfolgendem Bearbeiten des Konfliktes.

Solche Überlegungen dürfen nicht als »Strategie« oder »Taktik« mißverstanden werden. Daß es sich nicht um »Tricks« handelt, wird dann deutlich, wenn die Lehrerin oder der Lehrer die Absicht mitteilt: »Vielleicht hilft es dir und mir, wenn du jetzt...« – Alle »Erste-Hilfe-Maßnahmen«, die dem Lehrer in aggressiven Situationen »passieren« oder mit denen er bewußt die Beziehung zum Kind aufnimmt, sollten das spätere Bearbeiten des Konflikts begünstigen.

Zerstörungswut durch aggressivitäts-auslösende Lebensbedingungen in der Schule
Die Verdinglichung der Schüler

Die Schule *bekommt* nicht nur »schwierige« Schüler, sie *macht* sie auch. Eine englische Studie von Rutter (1980) wollte herausfinden, was eine »gute Schule« ausmacht. Es wurde die Entwicklung von Kindern und Jugendlichen in unterschiedlichen Schulen untersucht. Zu den Ergebnissen gehörte dieses: Schulen, in denen es viele »schwierige« Schüler gab, hatten diese keineswegs schon als schwierige Schüler bekommen. Vielmehr wurde beobachtet, daß *an »schlechten« Schulen die Zahl »schwieriger« Schüler am Ende dreimal größer war, als an »guten« Schulen.* Dies galt für Kinder der gleichen Eingangsgruppen, mit gleichem sozialen Hintergrund und etwa gleicher Schulleistung.

Die »schlechten« Schulen waren gekennzeichnet durch viele Disziplinarmaßnahmen, zum Beispiel unerlaubte körperliche Strafe, durch Gleichgültigkeit den Schülern gegenüber, durch deren Chancenlosigkeit, etwas für sie Vernünftiges zu tun. – In den »guten« Schulen erfuhren die Schüler unmittelbare Anerkennung bei der Unterrichtstätigkeit; sie konnten in einer ermutigenden Lernatmosphäre arbeiten. Hier bekamen die Kinder und Jugendlichen Verantwortung übertragen. Der

Unterricht war so, daß sie Erfolg erfahren konnten. Die Lehrer waren für die Schüler zugänglich.

Wenn die Schule grundlegende Lebensbedürfnisse von Kindern und Jugendlichen einschnürt, kann dies Aggressivität auslösen, zum Beispiel

- wenn Schüler in ihrem *Bewegungsdrang* stark eingeschränkt werden durch stundenlanges Stillsitzen, zu wenig Bewegungspausen, zu kleine Spielwiesen, zu viel Hausaufgaben;
- wenn Kinder zu wenig *selbst tun* dürfen, weil der Unterricht überwiegend Wort-, Lese- und Schreibunterricht ist;
- wenn das *Spielen* aus der Schule verbannt wird, weil hier nur ‹ernsthaftes Lernen› einen Platz haben soll;
- wenn die Schüler kein eigenes *Klassenzimmer* haben, in dem sie sich persönlich einrichten und »zuhause fühlen« können;
- wenn ihnen die Schule verhaßt ist, weil diese sich nicht auf ihre *Lern- und Lebenswünsche* einstellt.

Ein Ausdruck von Schüleraggressivität ist Zerstörungswut. Dabei handelt es sich zwar nicht unmittelbar um einen Konflikt zwischen Lehrer und Schülern. Aber das Kaputtmachen von Gegenständen kann für das Kaputtmachen des Lehrers oder der Institution Schule stehen. Millionenbeträge müssen jährlich ausgegeben werden, um mutwillig zerstörte Schulanlagen zu reparieren: Verschmierte Wände, aufgeribbelte Teppichböden, abgerissene Fußleisten, aufgehebelte Türschlösser, eingedrückte Gipskartonwände, zerstörte Decken, beschädigte Garderobenständer, demolierte Wasserhähne, zertrümmerte Urinanlagen, zerstörte WC-Becken und vieles mehr.

Die einseitige Suche nach den Tätern, der Erlaß von Verboten und Schulordnungen, das Androhen schwerer Schulstrafen lenkt leicht von dem ab, was mitursächlich für das Kaputtmachen ist: kindferne und interessen-tötende Lebensbedingungen in der Schule. Ein Hintergrund der Zerstörungswut scheint Enttäuschung und Zorn der Schüler darüber zu sein, daß sie in der Schule zunehmend verdinglicht werden: Hinter Zensuren, Tests, Leistungsprüfungen, Lehrmitteln, Medien, Arbeitsblättern, Lehrprogrammen spielt die persönliche Beziehung zwischen Lehrern und Schülern eine untergeordnete Rolle. Dies ist auch ein Ausdruck verborgener Gewalt.

Das pädagogische Handeln in der Schule wird zunehmend bürokratisiert und technisiert. Lehrerinnen und Lehrer treten dadurch mehr als Amtswalter auf, denn als Personen, von denen unmittelbar Versagung und Einschränkung ausgeht. Es kommt zu einer versachlichten Form des Drucks, zum Beispiel als »Leistungsdruck«. Wenn Schüler Schulgebäude beschädigen, Fenster, Türen und Toiletten zerstören, mag das auch eine verdinglichte Antwort auf die versachlichte Form des Drucks in der Schule sein.

Bei dieser Verdinglichung in der Schule verkümmert das soziale Verhalten. Das macht Lehrerinnen und Lehrer zu Notengebern, Abfragern, Leistungsforderern, die Schüler zu Leistungserbringern und Zensurenempfängern. Anstatt einer persönlichen Antwort auf die persönliche Mitteilung seines Aufsatzes zum Beispiel, bekommen Kinder die befremdliche Antwort einer Ziffer, vielleicht ergänzt durch eine formale Bemerkung. Die Verdinglichung geht unter Umständen weiter, indem der Schüler für seine Note zu Hause Geld bekommt, anstelle menschlicher Aufmerksamkeit.

An all dem sei nichts zu ändern, so heißt es, weil die *Sach*zwänge kein menschliches Handeln zuließen. Die Personen, die zwingen, verbergen sich hinter den Sachen, die angeblich zwingen können: Erlasse, Vorschriften, Schulgesetze... So kann es geschehen, daß Kinder und Jugendliche mit Noten »abgeschossen«, mit Extemporalen »überfallen«, mit plötzlichem »Drankommen« erschreckt werden. – Solche Verdinglichung aufzuheben bedeutet, hinter den Dingen das persönliche Erleben und die menschliche Beziehung aufzusuchen, hinter den Sachzwängen die Zwingenden und Gezwungenen wahrzunehmen. Das ist die Voraussetzung dafür, daß *menschlich* gehandelt werden kann.

Lebendiger Unterricht vermindert Aggressivität
Interessengeleitetes und handelndes Lernen verhelfen zu Lebenssinn

Die vorangegangenen Überlegungen zeigen: Schulkonflikte sind wesentlich von psychosozialen Bedingungen mitbestimmt: von sozialen Gegebenheiten, die auf das psychische Befinden der Kinder und Jugendlichen einwirken. Die Schule selbst ist eine gesellschaftliche Bedingung, die sich auf Schüler schädlich auswirken kann und deshalb Schulkonflikte verursacht. Daher

bedeutet ursachen-orientiertes Bearbeiten von Schulkonflik-
ten: nicht nur bei Schülern, Lehrern und Eltern anzusetzen,
sondern die Schule selbst zu verändern. – Eine solche Veränderung der Schule wurde durch einen Modellversuch an einer
Hauptschule in Neuss bewirkt. Dessen Ergebnis kann man in
dem Satz zusammenfassen: *Wenn Jugendliche in der Schule
sinnvoll handeln dürfen, bedeutet das auch, daß sie nicht
aggressiv sein und zerstören müssen.*

An dieser Hauptschule haben sich die Schulkonflikte innerhalb von drei Jahren auffallend vermindert. Das Verhalten der
Schüler untereinander hatte sich verbessert. Das Zusammenleben an der Schule war unter anderem dadurch großen Spannungen ausgesetzt, daß die Jugendlichen zu 65 Prozent aus
Ausländer- und Unterschicht-Familien kamen. Im Schuljahr
1978/79 fuhr der Krankenwagen dreimal die Woche vor, um
Schüler abzuholen, die bei Raufereien verletzt worden waren.
Im Verlauf des Modellversuchs kam er wenige Jahre danach
nur noch einmal im Monat. Deutlich nachgelassen hatte auch
die Zerstörungswut. Die Stadtverwaltung von Neuss brauchte
3 Jahre zuvor noch jährlich 20 000 Mark, weil die Jugendlichen
Türen eintraten, Toiletten demolierten, Möbel zerschlugen.
Danach waren es nur noch 2000 Mark für die üblichen anfallen-
den Verschleißreparaturen.

Und worin bestanden die Schulbedingungen, durch die die
Schüler rücksichtsvoller wurden und mit den Dingen im Schulgebäude nicht mehr so zerstörerisch umgingen? – Es war vor
allem *interessengeleitetes Lernen* und *handelndes Lernen*, das
die positive Veränderung in den Schülern bewirkte. Die
Jugendlichen wurden nicht mehr durch übermäßige Theorie
lernunlustig gemacht, sondern durften handwerklich arbeiten
und lernten Dinge, die sie im Alltag anwenden können. Auf
dem Stundenplan steht zum Beispiel »Häusliche Kranken-
pflege«, »Kunststoffverarbeitung«, »Arbeit im Fotolabor«
oder im »Textilkurs«. Die Mädchen und Jungen können in
Naturwissenschaften und Arbeitslehre unter sechzehn Kursen
wählen, zum Beispiel »Kosmetikkurs«, »Säuglingspflege«.
»Mofakurs«, »Amateurfunklizenzkurs«.

Vor allem die *alltagsbezogenen Inhalte* weckten bei den
Schülern Interesse am Unterricht und das handelnde Umgehen
mit den Lerninhalten: Das Konstruieren, Bauen, Experimentieren, Beobachten, Untersuchen. Darüber hinaus blieben die

Schüler nicht nur im Klassenzimmer, sondern gingen hinaus in Betriebe und Werkstätten, sie machten »Eintagslehren« bei Friseuren, Fliesenlegern, in Versicherungen und Verwaltungseinrichtungen. Sie konnten sich so mit ihrem zukünftigen Beruf vertraut machen und ihren Berufswunsch womöglich korrigieren.

Das Beispiel zeigt: Die Lernbereitschaft der Schüler stieg, die Aggressivität verminderte sich,

– weil die Jugendlichen persönliche *Interessen* entwickeln durften und der Unterricht auch ihren Interessen folgte,
– weil sie etwas »in die Hand« nehmen – nämlich *handelnd lernen* konnten,
– weil sie ihr jetziges Tun mit *künftigen Zielen* verknüpfen konnten,
– weil es den Schülern möglich wurde, den Unterricht mit *Lebenssinn* zu verbinden.

All dies wäre leicht zu verwirklichen, wenn mehr Eltern, Lehrer, Schüler, wenn eine Vielzahl von Bürgern sich dieses einfache Sachverständnis aneigneten – und dann den Mut hätten, für eine an den Grundbedürfnissen der Jugendlichen orientierte Schule einzutreten: In Bürgerinitiativen, politischen Parteien, Verbänden, Elternvereinigungen, Lehrer-Eltern-Schüler-Gruppen und dergleichen mehr. Dabei geht es um die Fragen: Was kann *ich* verändern? Was können alle Beteiligten *miteinander* verändern? Womit können wir *heute* beginnen?

Benützte Literatur:
DER SPIEGEL 1983/3: Nützliche Praxis. Bericht über einen Modellversuch an einer Hauptschule in Neuss
Fromm, E.: Die Furcht vor der Freiheit. Frankfurt/M. 1980 (Europäische Verlagsanstalt)
Redl, F. und Wineman, D.: Steuerung des aggressiven Verhaltens beim Kind. München 1976 (Serie Piper)
Rutter, M. u. a.: Fünfzehntausend Stunden. Schulen und ihre Wirkung auf die Kinder. Weinheim 1980 (Beltz)
Simon, A.: Verstehen und Helfen. Die Aufgaben der Schule. München 1950 (Oldenbourg)
Singer, K.: Verhindert die Schule das Lernen? Psychoanalytische Erkenntnisse als Hilfe in Erziehung und Unterricht. München 1983 (3) (Ehrenwirth)

Konfliktbearbeitung im Gespräch mit den Schülern

Kinder und Jugendliche brauchen in Problem-Situationen ein gutes Wort – und die Chance, zu Wort zu kommen

> Das höchste Lob, das einem Erzieher von Kindern zuteil werden kann, ist der Satz: »Mit dem kann man reden.«
> Nichts geht verloren, kein gutes und kein böses Wort, weder erwiesenes Vertrauen noch Mißtrauen, das dem Kinde entgegengebracht wurde. Das aufrichtende oder niederdrückende Gefühlserlebnis, durch unser Wort ausgelöst, bleibt und verstärkt das schon vorhandene positive oder negative Lebensgefühl.
> Die Frage: »Was soll ich tun?« ist immer erst die zweite Frage. Die erste heißt: »Wie lerne ich das Kind verstehen?«
> *Alfons Simon*

Nur der Mensch kann Konflikte in Sprache umsetzen. Er vermag starke Gefühle in Worten auszudrücken – und sich dadurch von ihnen zu befreien. Antriebe wie Angriffslust oder der Wunsch, jemandem nahe zu sein, können ihre Energie auch in Vorstellungen und Worten verzehren. Deshalb ist es möglich, Reaktionen, die das Zusammenleben gefährden – etwa das aggressive Übereinanderherfallen – auf dem Gebiet des Sprachhandelns auszutragen.

Zudem ermöglicht Sprache ein probe-handelndes Bearbeiten des Konflikts: sprechend und denkend können Menschen Probleme von verschiedenen Seiten ansehen, Lösungswege ausprobieren, Irrtümer erkennen und korrigieren. Über das Sprechen kann der Mensch Gefühle ausdrücken und bewußt erleben. – In den folgenden Überlegungen zum konfliktbearbeitenden Gespräch handelt es sich nicht um eine Gesprächs-

»technik«. Es geht vielmehr um die Frage, wie sich Lehrer und Schüler in Konflikten besser verstehen und annehmen können.

Das Befinden von Kindern und Jugendlichen erkunden
Fragen nach intellektueller Einsicht erschweren konfliktlösende Gespräche – Wahrnehmen durch teilnehmendes Zuhören

Erwachsene erleben im Umgang mit Kindern oft, daß sie kaum eine weiterführende Antwort erfahren, wenn sie das Kind fragen: »Warum störst du denn dauernd?« oder »Weshalb habt ihr zu streiten angefangen?« oder »Warum merkst du nicht besser auf?« – Und doch gehört das Warum zu dem immer wiederkehrenden erfolglosen Versuch, mit Schülern zu reden; vermutlich weil die ganze Arbeit des Lehrers auf den Verstand und weniger auf das Gefühl ausgerichtet ist.

Ein unaufmerksamer Schüler kann nicht auf die Frage eingehen: »Warum bist du denn dauernd so abwesend?« – Er sagt: »Ich weiß nicht.« – Ganz anders, wenn sich die Lehrerin danach erkundigt, *wie das für ihn ist,* wenn er im Unterricht »träumt«: was ihm durch den Kopf geht, woran er denken muß, was seine liebsten Gedanken sind, welche Vorstellungen er nicht mag. Da fällt es dem Schüler leichter zu reden; denn es ist nach Inhalten gefragt und nicht nach Begründungen. Er kann vielleicht erzählen, wie es ihm geht, welche Phantasien er hat, wie er sich immer wieder »zusammenreißt«, aber es ihm doch nicht gelingt, aufzumerken.

Vor allem kommen Lehrerinnen und Lehrer auf diese Weise eher an das heran, worauf sich unaufmerksame Schüler konzentrieren müssen; denn »Unkonzentriertheit« heißt ja: sich auf etwas anderes konzentrieren als auf den Unterricht, auf etwas, das den Jugendlichen bewegt oder bedrückt. – Ein Schüler, der Schule geschwänzt hat, kann wenig sagen, wenn er gefragt wird »Aus welchen Gründen hast du die Schule geschwänzt?« – Es kommt eher zu einem Gespräch, wenn sich der Lehrer danach erkundigt, wie es für den Schüler gestern war, welche Gedanken ihm durch den Kopf gegangen sind, was er getan, ob ihn etwas geängstigt oder gefreut hat. Kinder können leichter mit Lehrern reden, wenn sich *diese nach ihrem Befinden erkundigen, anstatt nach den Ursachen des Verhaltens.*

Beim konflikbearbeitenden Gespräch blockieren auf intellektuelle Einsicht abzielende Fragen aus folgenden Gründen:

- Es handelt sich bei schulischen Konflikten meist um ein *Gefühlsproblem* und nicht um eine Verstandesangelegenheit. Die Warum-Frage zielt jedoch auf Rationales und nicht auf Emotionales.
- Die Warum-Frage verleiht der Situation einen *Rechtfertigungscharakter*. Es kommt eher zu einer Befragung, vielleicht gar zu einem Verhör, anstatt zu einem Gespräch.
- Der Schüler kann auf die sich an den Intellekt wendende Ursachen-Frage schon deshalb nicht antworten, weil er keine Antwort weiß: ihm ist meist selbst nicht klar, weshalb er sich so verhält, denn es handelt sich zum Teil um *unbewußte* Konflikte.
- Die Weshalb- oder Warum-Frage bringt etwas *Trennendes* zwischen Lehrer und Schüler, weil sie oft »von oben« herab gestellt wird: Der Erwachsene fragt, der Jugendliche hat zu antworten.

Durch an den Verstand gerichtete Fragen wird leicht das Erleben ausgeschlossen; das Kind kann Warum-Fragen sogar als Verbot auffassen, über das zu sprechen, was es emotional bewegt. Deshalb ist es günstiger, sich in Konfliktsituationen nach dem Erleben, nach dem Wie und Was zu erkundigen. Dabei gilt das Interesse der Person des Schülers: Wie ist dir zumute? Wie kam es dazu? Wie ist das für dich? Was hast du dabei für Gefühle gehabt? Welche Gedanken gingen dir durch den Kopf?

Dieses Sich-Interessieren für das Befinden braucht nicht in Form solcher Fragen vor sich zu gehen. Es soll einfach *möglich machen, daß das Kind sein Problem spüren und mitteilen kann.* Fragen können einschränken, wenn sie als Befragung ankommen und nicht als das Sich-Einlassen des Erwachsenen. Verstandesfragen sind in Konfliktsituationen noch aus einem anderen Grund hinderlich für das Erhellen des Konflikts: der Lehrer kann durch sie die Beziehung zum Schüler abwehren. Er *hält durch seine auf intellektuelles Verstehen ausgerichteten Fragen den Schüler auf Distanz zu sich.* Dadurch sichert er sich ab gegen mögliche Angriffe des Schülers und gegen eigene Mitverantwortung für den Konflikt.

Es ist nicht damit getan, Warum- und Weshalb-Fragen durch andere Formulierungen zu ersetzen. Entscheidend ist, daß der Lehrer das Erleben des Schülers annimmt und sein eigenes. – Die Frage »Wie« kann durchaus auch intellektualisierend sein – und umgekehrt kann eine Warum-Frage auf Zusammenhänge abzielen, die den Gefühlsbereich ansprechen.

Die Beziehungsstörung ist nicht durch die richtigen Worte »Warum« oder »Wie« zu beheben, sondern indem der Lehrer *die Beziehung zuläßt,* so wie sie *ist.* Dazu gehört, daß er in jeder Konfliktsituation sich selbst nicht außer acht läßt. Das kann er, indem er nicht versucht, dem Kind falsche Verhaltensweisen auszutreiben, sondern sich mit seinem persönlichen Erleben auf den Schüler einläßt. – Dann wird ein Gespräch mit dem schuleschwänzenden Jungen nicht damit beginnen, daß der Lehrer danach fragt, warum dieser Schüler nicht zum Unterricht kam, sondern er wird vielleicht mit sich selbst anfangen: »Ich hab' mir gestern Gedanken darüber gemacht, was wohl mit dir los ist...« Oder: »Ich war gestern in Sorge, weil...« Oder: »Ich hab' mich geärgert darüber, daß...«

Es geht nicht um die »richtige« Formulierung, sondern darum, daß der Lehrer *Beziehung ermöglicht, indem er sich »ein-bezieht«.* Diese Beziehungsaufnahme äußert sich auch darin, daß er anteilnehmend zuhört: er versucht zu verstehen, was das Kind empfindet; er versucht herauszufinden, was es eigentlich mitteilen will. – Der Lehrer setzt auf das vom Schüler Mitgeteilte nicht gleich eine eigene Mitteilung: etwa indem er unverzüglich seine eigene Meinung dagegen stellt; oder gar indem er das vom Schüler Gesagte zu analysieren versucht. Er tut dem Schüler kund, wie er dessen Mitteilung auffaßt.

Andererseits aber ist es ebenso wichtig, daß Lehrerinnen und Lehrer nicht so tun, als ginge es ihnen »nur um den Schüler« oder um die Schulordnung. *Natürlich geht es ihnen auch um sich selbst:* um ihren Wunsch, ungestört unterrichten zu können, von den Schülern akzeptiert zu werden, sich wohlzufühlen, Freude am Lernstoff und am Unterrichten zu haben. Mit diesen Wünschen läßt sich der Lehrer ebenso wahrnehmen, wie er seinerseits versucht, den Schüler wahrzunehmen.

»Emotionale erste Hilfe« in der Konfliktsituation ausüben
Entkrampfende Soforthilfe für Schüler und Lehrer

Es gibt Konfliktsituationen, in denen Lehrerinnen und Lehrer keine Zeit haben, sich sofort ursachen-orientiert auf den Konflikt einzulassen. Ein Schüler schreit seinen Lehrer an: »Leck mich am Arsch!« – Der schreit zornig zurück: »Das werd' ich ganz bestimmt nicht tun!« – Beide waren überrascht über die Reaktion des andern wie über die eigene. Nach dieser Entladung konnte es weitergehen, ohne daß der Konflikt gleich hätte aufgegriffen werden müssen. – Oft muß man sich in solchen Fällen mit einem kurzen, situationsbezogenen Gespräch begnügen. Redl (1971, S. 53) schreibt von emotionaler »Erster Hilfe«, durch die der Erzieher das aktuelle Erleben des Kindes sofort aufnimmt und diesem, wie sich selbst, dabei helfen möchte, über die augenblickliche Erregung hinwegzukommen. Er bringt ein Beispiel:

»Nehmen wir an, eine Gruppe von Kindern will gerade auf einen Ausflug gehen, auf den sie sich schon seit einiger Zeit gefreut hat. Nehmen wir weiter an, daß sie durch unsere Schuld an der Tür noch ein wenig aufgehalten wird, da man in letzter Minute nach verlorenen Schuhen, Fußbällen usw. suchen muß. Dadurch steigt die Reizbarkeit in der Gruppe, die bereits versammelt ist und ungeduldig auf den Aufbruch wartet. Im folgenden aufgeregten Gezänk geraten zwei unserer Kinder in Streit, wobei Johnny heftiger verprügelt wird, als er es ertragen kann. Er rennt aufgebracht in sein Zimmer zurück, verflucht seine Peiniger, die ganze Welt und besonders alle Erzieher, und er schwört, daß er nie niemals mehr in seinem ganzen Leben auf einen Ausflug gehen werde. Er ist also gerade dabei, sich in einer angenehmen Flut von Selbstmitleid zu baden, seinen Groll gegen die Menschen im allgemeinen zu nähren und neue Beweise für seine Theorie zu sammeln, daß das Leben schlecht und die Leute sowieso gemeine ›Schufte‹ seien...«

Der Erzieher wird durch eine »emotionale erste Hilfe« versuchen, Johnny in seinem Elend beizustehen. Er kann dies durch eine *beruhigende Geste* oder indem er Johnny's *Kummer einfach annimmt*. Er wird ihm vielleicht sagen, wie gern er es hätte, daß Johnny auf den Ausflug mitginge und dabei könnten sie ja – wenn der Junge will – den Vorfall nochmal besprechen. Der Erzieher kann Johnny sagen, daß er es nicht gut findet, eine doppelte Bestrafung auf sich zu nehmen: erst die Prügelei und dann der verpaßte Ausflug... All dies soll aber *nicht ein* »*Einreden*« *oder* »*Ausreden*« sein, sondern dazu beitragen, *den Affekt,* zu besänftigen, in den sich Johnny hoffnungslos verstrickt hat. Das geschieht »mit dem einfachen Ziel, ihn hier und jetzt darüber hinwegzubringen und ihn wieder in seine ursprüngliche, erwartungsvolle Stimmung zu versetzen. Dies läßt sich wohl recht gut mit einer Art »Erster Hilfe« vergleichen« (Redl 1971, S. 54).

Diese »emotionale Soforthilfe« schließt nicht aus, den Konflikt bei späterer oder bei anderer Gelegenheit ursachenorientiert zu bearbeiten. Hierbei ginge es darum, »Johnny dabei zu helfen, sich mit einem Problem in seinem Leben auseinanderzusetzen, das ihm bewußt zu machen wir bisher keine Möglichkeit hatten. In diesem Fall soll das Gespräch die besondere Gelegenheit dieses Konflikts als Ausgangspunkt eines Erklärungs- und Deutungsversuchs benutzen. Der Erzieher mag etwa damit beginnen, Johnny zu zeigen, wie dieser Vorfall mit vielen ähnlichen vorhergegangenen Vorfällen verknüpft ist, um ihm so zu der Einsicht zu verhelfen, daß er selbst diese Vorfälle oft geradezu herausfordert, obwohl er sich selbst dessen nicht bewußt ist; und ferner, wie seine aufreizend unverschämten Provokationen oder Schlägereien mit anderen Kindern manche Leute oft in Wut versetzen« (Redl 1971, S. 54).

»Emotionale Soforthilfe« müssen sich auch Lehrerinnen und Lehrer selbst zugestehen: zornig zu werden, ärgerlich zu schimpfen, gekränkt zu reagieren. Solche Lehreraffekte, so sie für die Schüler nicht bedrohlich sind, haben auch etwas Verbindendes: Die Schüler erleben den Lehrer »ganz«, also auch mit seinen negativen Gefühlen.

Nicht »einwirken« – sondern »da sein«
Sich vom »pädagogischen Aktivismus« lossagen

Lehrerinnen und Lehrer müssen nicht auf den Schüler »einwirken«, wie es ihnen ihr »pädagogischer Imperativ« oft nahelegen will. Sie sollen vielmehr »da sein« und versuchen, zu begreifen. Sie neigen leicht dazu, dem »schwierigen« Kind etwas zu sagen, auf es *einzureden,* zu ihm zu sprechen, ihm

Ratschläge zu erteilen, Einsichten zu vermitteln. Das führt dazu, daß der Schüler nicht über das sprechen kann, was *ihn* bedrückt und bewegt. Der Lehrer kann lernen, aufmerksam zuzuhören und dabei versuchen zu verstehen, was der Schüler empfindet.

Weil Lehrer auch »Beurteiler« sind, laufen sie leicht Gefahr, auch in Einzelgesprächen gleich zu »beurteilen« – und daran scheitert ein person-orientiertes Gespräch. Hingegen wirkt es bereits pädagogisch-therapeutisch, wenn sie *in der Beziehung interessiert und verstehend annehmen, was das Kind mitteilt.* Das trägt dazu bei, daß sich dieses entwickeln kann, Probleme formulieren lernt, zum Sich-Verändern fähig wird.

Der Erzieher, der aufmerksam zuhört, kann einen Prozeß in Gang bringen, der gefühlsentspannend wirkt. Das Kind erfährt, daß es ernstgenommen wird und daß man mit den Erwachsenen reden kann. Wenn Lehrerinnen und Lehrer darüber klagen, daß ihnen die Schüler nicht zuhören, sollten sie überlegen, ob sie selbst womöglich den Kindern nicht aufmerksam zuhören.

Ein Beispiel dafür, wie schwierig es für das Kind ist, wenn wir es so »gut meinen« und es nicht »sein lassen«:
Lehrer: (beobachtet, daß Ilse den Kopf auf den Tisch legt und schluchzt.) Was ist los, Ilse?
Ilse: (Undeutlich) Ich weiß nicht.
Lehrer: Du weinst über etwas. Was ist der Grund?
Ilse: (Schluchzend) Niemand mag mich.
Lehrer: (Setzt sich neben Ilse und legt ihr den Arm um die Schulter.) Das scheint nur so. Alle mögen dich! Du bist doch nett und hübsch; nur nicht, wenn du so weinst. Komm, hör auf zu weinen. (Streichelt ihre Wange.) Wieder besser?

»Dieser Lehrer weigert sich, Ilse ihren Kummer zuzugestehen, stellt prüfende Fragen, analysiert, läßt der positiven Wertung eine negative folgen und befiehlt schließlich Ilse, sich besser zu fühlen. Solche Reaktionen von seiten der Lehrer, Tag für Tag, Woche für Woche, bringen am Ende Schüler so weit, ihren eigenen Gefühlen zu mißtrauen und sich nur noch so zu verhalten, wie andere es ihnen vorschreiben« (Gordon 1977, S. 93).

Viele Lehrerinnen und Lehrer meinen, sie müßten für alles eine Antwort oder eine Problemlösung parat haben. Diese Einstellung ist Teil des geläufigen technokratischen Denkens der Gesellschaft: Immer sofort etwas wissen, aktiv werden, Schritte unternehmen gegen oder für den unaufmerksamen Schüler, das »schwierige« Kind, die gelangweilte Klasse. In Konfliktsituationen können sie sich schwer vorstellen, daß nicht nur was sie *machen* wesentlich ist, sondern es für Kinder eine große Hilfe bedeutet, wenn sie *da* sind, *zuhören* und nicht weggehen, *Anteil nehmen* und nicht bewerten. *In diesem »Nicht-Tun« liegt oft mehr Stützendes als in unaufhörlichem »pädagogischen« Aktivismus.*

Die Angst vor Nähe respektieren
»Schwierige« Kinder haben es schwer mit dem Sprechen

Kinder, die »schwierig« sind, haben es schwer – auch mit dem Reden:
sie müssen schlagen, weil sie nicht sprechen können,
sie müssen schweigen, um nicht gefährdet zu sein,
sie müssen »träumen«, weil sie das sie Bewegende und Bedrükkende nicht sagen dürfen,
sie müssen trotzen, um ihr Ich zu behaupten,
sie müssen schreien, weil sie kaum erhört werden,
sie müssen auf Distanz gehen, um sich nicht verwundbar zu machen,
sie müssen sich durch psychische und körperliche Krankheiten bemerkbar machen, weil sie anders niemand versteht – aber auch mit den Symptomen bleiben sie oft unverstanden.

Lehrerinnen und Lehrer haben es schwer mit solchen Kindern, weil diese *auf den üblichen Kontakt nicht ansprechen.* Sie sind sich zu wenig bewußt, wie heilend ein »gutes Wort« wirken kann – wo sie meinen, es würde nichts nützen. Allerdings ist es oft nicht ohne weiteres herauszufinden, was für »schwierige« Kinder das »gute Wort« sein kann:

Manche Kinder und Jugendliche weisen Lehrer zurück, wenn sie mit ihnen reden möchten. Diese sind dann gekränkt und verstehen nicht, weshalb bei diesem Schüler der Kontakt unmöglich erscheint. – Ein Mädchen sagt gar zu ihrer Lehrerin: »Ich mag nicht, daß Sie mich anschauen!« – Jede körperliche Berührung, wie den Händedruck zur Begrüßung, wehrt es ab. Die Lehrerin fühlt sich verletzt und ratlos: Was sonst im Umgang mit Kindern hilft, bleibt hier unwirksam.

Frederikes Lehrerin berichtet, wie schwer es für sie ist, das vierzehnjährige Mädchen in die Klassengemeinschaft einzubeziehen. Die Schülerin besteht darauf, allein an einem Tisch zu sitzen. Kommt ihr ein anderes Kind zu nahe oder faßt sie gar an, bricht sie in Wut aus. Enttäuscht ist die Lehrerin auch darüber, daß Frederike sie jeden Morgen patzig abfahren läßt, wenn sie auf sie zugeht und an ihr Anteil nehmen möchte.

Bei solchen Schülern kann es sich um emotional schwer gestörte Kinder handeln, die *Angst vor Nahkontakt* haben. Sie wehren diesen unbewußt ab, weil sie ihre Mitmenschen ihnen böse gesonnen sehen. Sie mußten in den ersten Lebensjahren seelische Verletzungen erleiden, weil ihnen die notwendige Zuwendung einer nahen Bezugsperson fehlte. Häufig wurden sie gehaßt und abgelehnt. Vor solchen schweren Kränkungen müssen sie sich jetzt durch große Distanz schützen.

Bei Kindern mit einem solchen Entwicklungshintergrund kann es lang dauern, bis der Lehrer mit ihnen in Beziehung kommt. Sie fordern ihm viel *Wartenkönnen und Einfühlung* ab. Nur wenn er sich vorstellt, wieviel Verzweiflung hinter ihrem abweisenden Verhalten steckt, wird er ihre Ablehnung ertragen.

Der Lehrer muß diese Kinder erst einmal in ihrer Distanz belassen. Seine Behutsamkeit macht es ihnen möglich, in der »sicheren« Ferne allmählich etwas Vertrauen aufzubauen. Er wird sie nicht gewaltsam zu anderen an den Tisch setzen, wenn sie noch allein sitzen wollen und nicht zum Reden zwingen, wenn sie noch nichts sagen können. Er muß versuchen, das »distanzierte Verhältnis« zu festigen, damit die Kinder aus diesem heraus allmählich wagen können, sich anzunähern.

Im Gespräch die Ich-Stärkung des Schülers unterstützen

Den Klassenclown nicht »klein« machen – Das Gespräch »nebenbei« kann hilfreich sein

Schüler, die als »disziplinlos« gelten, sind oft ich-schwach. Ihre »Schwierigkeiten« können der Versuch sein, etwas zu gelten. Deshalb ist es in konfliktbearbeitenden Gesprächen wichtig, den Schüler nicht »klein« zu machen, auch wenn dieser im Unrecht ist oder etwas »angestellt« hat. Lastet der Erzieher dem Kind in einer Konfliktsituation dessen Unzulänglichkeit,

»Minderwertigkeit« und Schwäche an, dann werden die Schwierigkeiten eher größer. Dies ist zum Beispiel deutlich am Klassenclown zu sehen. Alexander Mitscherlich (1980, S. 20) beschreibt seine Not als Clown so:

»Meine schulischen Leistungen waren nicht ohne Grund schlecht. Ich hatte nicht nur mit den Schulkameraden meine Kräfte zu messen, sondern es gab etwas mindestens ebenso Unheimliches: mich auch noch zwischen meinen in ewigem Streit befindlichen Eltern zu behaupten und so buchstäblich an zwei Fronten kämpfen zu müssen. In der Schule suchte ich das durch mein Benehmen auszugleichen. Ich spielte den Clown, um mir wenigstens auf diese Weise Geltung bei meinen Klassenkameraden zu verschaffen, wenn schon nicht durch ordentliche Leistungen.

Der Clown ist eine Form des Einzelgängers. Er hat Zuflucht gesucht bei einem Verhalten, das ihm erlaubt, seine Not zu verstecken. Psychoanalytisch spricht man bei solchem Verhalten von einer *Darstellung durch das Gegenteil.* Zum Beispiel werden Trauer und Schmerz durch vorgeschobene Lustigkeit verdeckt. – Man könnte sagen, daß die Haltung des Einzelgängers doppelt begründet ist, einerseits durch Mangel an Geborgenheit und auch durch Ausgestoßensein, andererseits aber durch Ungebundenheit.«

Hier beschreibt ein Mensch, der früher einmal Klassenclown war, wie er sich als Kind ungeborgen und ausgestoßten fühlte – aber seine Not versteckte. Was läge näher, als hinter seiner vorgeschobenen Lustigkeit *die Not aufzusuchen?* – Auf die Wege der Ich-Stärkung wird hier nicht näher eingegangen (ausführlich in Singer 1981). Es sei nur an einige Aspekte erinnert:

Der Schüler fühlt sich akzeptiert und bestärkt, wenn sich der Lehrer auf ein Gespräch mit ihm einläßt, anstatt ihn zu belehren. Sieht der Lehrer dabei die »guten« Seiten des Schülers und erkennt diese an, kann der Schüler sich selbst besser annehmen. Wichtig für die Ich–Stärkung sind Erfolgserlebnisse, die der Schüler über einen leistungsdifferenzierten Unterricht erfahren kann. Voraussetzung dafür ist handelndes Lernen, bei dem das Kind erlebt, daß es »etwas bewirkt«, besonders wenn dies innerhalb von Lerngruppen geschieht, wo der Schüler erfährt, daß er mit seinen persönlichen Fähigkeiten wichtig genommen wird.

Ein Lehrer berichtet über die konfliktreiche Beziehung zu einem Vierzehnjährigen. Dieser verweigerte immer wieder die Schularbeit, war aufsässig und erbrachte keine zufriedenstellenden Leistungen. Im Lauf der Zeit entdeckte der Lehrer, daß der Jugendliche gern bastelt und geschickt Fahrräder und Mopeds reparieren kann. Als sein eigenes Moped nicht mehr funktionierte, fragte er den Schüler, ob er nachsehen könne, was da fehle. Dieser ging bereitwillig darauf ein, zerlegte das Moped in Einzelteile, reinigte alles, besorgte sich einige Ersatzteile und baute das Fahrzeug wieder zusammen. Das Moped fuhr wieder; aber darüber hinaus kam die Beziehung zwischen dem Schüler und seinem Lehrer neu in Gang. Dieser sagt: »Von da an kam ich mit dem problematischen Jungen viel besser zurecht – er machte weniger Schwierigkeiten.«

Wie kam es zu dieser Veränderung? Geht es wirklich so leicht, einem schwierigen Schüler dabei zu helfen, weniger schwierig zu sein? – Zweifellos ginge es dann besser, wenn die Schule nicht immerfort Sachen wichtiger nähme als Menschen, wenn nicht nur – zum Teil fragwürdige – Lerninhalte den Unterricht bestimmten, sondern ebenso die Lebensbedürfnisse der Schüler. »Das Moped-Reparieren hat uns ins Gespräch gebracht«, sagte der Lehrer. Der Jugendliche brauchte nicht mehr so »schwierig« zu sein,

- weil er sich durch die ihm vom Lehrer übertragene Aufgabe *akzeptiert* fühlte: diese Erfahrung konnte er wegen seiner »schlechten Leistungen« im Unterricht nicht machen.
- weil er durch das Moped-Reparieren mit dem Lehrer in einen neuen, nicht vorbelasteten Kontakt kam. Der Lehrer konnte ihn und er den Lehrer anders wahrnehmen: beide konnten *durch diese Begegnung Angst voreinander abbauen*. Die »vorsätzlichen« Gespräche wichen dem »Reden nebenbei«.
- weil er sich selbst als handelnde, *schaffende Person* erlebte, die etwas hervorbringen konnte. Dagegen brachte ihm der Schulalltag überwiegend Mißerfolg und Demütigung ein, gegen die er sich durch gespielte Gleichgültigkeit und Aufsässigkeit zu wehren versuchte.
- weil durch diese Begegnung beide *aus ihrer Rolle »Schüler« und »Lehrer«* heraustreten, mehr »Person« sein konnten.

Beim Miteinander-Tun kann das »Wort nebenbei« besonders hilfreich sein. Kinder können sich »so nebenbei« oft entspannter mitteilen, als wenn sie sich aufs »festgesetzte« Gespräch »konzentrieren« müssen. Dazu ist es hilfreich, wenn sie Lehrerinnen und Lehrer nicht ausschließlich in unpersönlicher Unterrichtsabsicht mit den Schülern einlassen, sondern als erlebende Personen. Das freilich kommt hinter Leistungsdruck, Lernstofforientierung, Schulordnungshörigkeit oft zu kurz.

Die Sprachlosigkeit, in der Lehrerinnen und Lehrer den Schülern und diese ihren Lehrern gegenüberstehen, ist oft erschreckend. Vor einigen Jahren wagte bei einem Schulausflug ein Schüler nicht zu sagen, daß er nicht schwimmen kann. Er ist einfach den anderen in's Wasser gefolgt und wortlos ertrunken. Dabei wollte er in dieser Gesellschaft nur nicht untergehen. – Natürlich ein tragischer Einzelfall, der mit der gestörten Entwicklung eines Kindes zusammenhängt. Aber doch auch ein Zeichen für die stumme Ohnmacht, in der sich Schüler in der Schule aufgeben können. Helmut Ruge hat dazu ein Lied gemacht:

Wenn Kinder lieber sterben,
Als verlacht zu werden.
Wenn Totsein leichter scheint,
Als einmal nicht dabei zu sein.
Wenn Kinder lieber schweigend ein Grab besteigen.
Als ein Wort zu sagen, das zur Rückkehr zwingt.
Dann wissen wir, wie weit wir alle sind.

Ich habe Angst, mein Kind,
Daß Du mal keine Angst mehr hast,
Weil Angst Dir keine Punkte bringt.

Komm her, und scheu Dich nicht vor Deiner Angst,
Denn ich hab' meine viel zu oft versteckt.

Ich habe Angst, von Euch nicht mehr gebraucht zu werden.
Ich habe Angst, Ihr sagt, jetzt ist er fad geworden.
Ich habe Angst vor einem Krieg.
Ich habe Angst, in schweren Zeiten zu versagen,
Doch Dir kann ich's ja sagen.

Dann ist es halb so schlimm.
Die Angst schützt Dich vor falschem Mut.
Mein Kind, die Angst ist gut.

Sag mir immer, wenn Du Angst hast,
Dann haben wir gemeinsam Angst.
Und können den Angstmachern
Nachher vielleicht sogar den Weg abschneiden.
Doch laß die Angst Dir nie beim Quaksalber austreiben.

Angst ist keine Krankheit.
Angst ist manchmal Pflicht!
Angst beschützt!
Angst nützt!
Angst zeigt den Notausgang.
Wer Angst hat, lebt oft ziemlich lang.

Doch wieviel Mut braucht es heute, um seine Angst zu tragen,
Weil Valium viel leichter ist.

Auch Lehrerinnen und Lehrer brauchen ein »gutes Wort«
»Ja wer lobt denn mich? – »Die nützen meine Schwäche aus«

Eine Lehrerin berichtete über den Ärger, den sie ständig mit einem bestimmten Schüler hat. Die Kollegin, mit der sie darüber in resigniertem Ton sprach, meinte unter anderem: »Vielleicht solltest du den Jungen einmal loben!« – Da gab sie in spontaner Verbitterung zurück: »Ja wer lobt denn mich?« – Tatsächlich merken Lehrer oft wenig davon, daß und wie ihre Bemühungen bei den Kindern aufgenommen werden. Das hängt zum einen damit zusammen, daß überhaupt in Schule und Unterricht wenig Unmittelbarkeit zugelassen wird. Zum andern sind die Schüler gewohnt, daß alles von »oben« nach »unten« geht.

Die Lehrer »machen« etwas mit ihnen, worauf sie zu reagieren haben: auf die Impulse, Hilfsimpulse, Gesten, auf Mimik und Stimme, auf Fragen, Anordnungen, Anweisungen, Arbeitsaufträge, Arbeitsblätter. Die Schüler müssen überwiegend re-agieren und können wenig von sich aus handeln. Bei dieser reaktiven Haltung braucht es nicht zu wundern, daß der Lehrer kaum einmal ein spontanes Lob von den Schülern hört.

Dabei verdiente und brauchte er das ebenso, wie die Schüler sein anerkennendes Wort. Aber diese halten ihn für viel zu souverän, als daß sie auf die Idee kämen, ihm eine ermutigende Bemerkung zu sagen.

»Ja wissen Sie das nicht?« war die verdutzte Frage der Schüler, als der Lehrer in einer Unterrichtsstunde ausspracht, wie wenig anerkennendes Echo er auf seine großen Bemühungen bekäme, den Unterricht interessant zu machen. Die Schüler konnten sich im Verlauf des folgenden Gesprächs rasch in den Lehrer einfühlen. Sie sahen, daß auch er ein ermunterndes Wort braucht und durch ein Lob unterstützt wird. Der Lehrer seinerseits merkte in diesem Gespräch, *wie wenig er den Schülern von all den Bedürfnissen mitteilt,* die im täglichen Unterricht und in seiner Vorbereitungsarbeit eine Rolle spielen. Er sah, daß er sich als Person seinen Schülern viel zu wenig faßlich machte. Mehr noch: die ständige Frage »Was mach' ich mit denen?« deckt die wichtige Frage zu: »Was ist in mir?«

Daß Schüler ihren Lehrern gegenüber weniger Akzeptierendes äußern als diese es bräuchten, hängt auch mit deren Rollenverhalten zusammen. Es ist beinahe die Regel, daß Lehrer und Erzieher in Konfliktsituationen ihre *Gefühle verstecken.* Die Schüler sollen nicht merken, wie eine herabsetzende Bemerkung kränkt, ein Zurückgewiesen-Werden verletzt. Sie dürfen nicht wahrnehmen, wie zornig die Lehrerin über ein rücksichtsloses Verhalten der Klasse ist, wie traurig über einen Mißerfolg. Sie sollen nicht spüren, wieviel Angst der Lehrer vor einem aggressiven Schüler hat oder wie unsicher sich die Junglehrerin in einer Problemsituation fühlt. – Solche *Gefühle werden übersprungen durch* »*Maßnahmen*«, die »getroffen werden müssen«. Dadurch »macht« der Lehrer aber nicht nur etwas mit den Kindern, sondern *tut auch sich selbst Gewalt an.* Gleichzeitig gibt er den Schülern keine Chance, *ihn zu verstehen*, so daß sie sich auf *ihn* einstellen können.

Dieses Verstanden-Werden von den Schülern erfuhr eine Realschullehrerin unerwartet und ungewollt. Sie wurde von ihrem Direktor und der stellvertretenden Schulleiterin kurz vor ihrer Unterrichtsstunde zur Rede gestellt und – wie sie sagt – »fertig gemacht«. Es handelte sich um eine Anweisung der Schulleitung, die sie nicht befolgen wollte. Die beiden redeten und schrien vor dem Klassenzimmer heftig auf sie ein. Sie geriet in ohnmächtige Wut und Hilflosigkeit, hielt dieses

Gefühl aber mit Gewalt zurück. Als sie dann, sich klein gemacht fühlend, in die Klasse ging, konnte sie sich nicht mehr beherrschen und es kamen ihr die Tränen.

Die Schüler verhielten sich anders als sie erwartet hatte. Zunächst betroffen, meinten sie, sie könnten schon allein weitermachen und das Pensum durchnehmen; denn sie sähen ja, daß die Lehrerin so nicht unterrichten könne. Einige hatten etwas von dem Streit vor dem Klassenzimmer mitbekommen und teilten verständnisvoll die Empörung und das Gekränktsein der Lehrerin. So fühlte sich diese nicht bloßgestellt, weil sie eine von ihr unerwünschte Gefühlsregung zeigen mußte. Vielmehr erlebte sie sich verstanden und unterstützt.

Lehrerinnen und Lehrer befürchten oft, Kinder würden ihre »Schwäche ausnutzen«. Das ist jedenfalls dann wenig wahrscheinlich, wenn der Lehrer für die Schüler spürbar wird. – Davon handelt eine alte jüdische Geschichte (Granach 1984, S. 76): Unser Rabbi-Lehrer Schimschale, der Milnitzer, war ein müder und friedlicher Mensch, der, nicht nur, daß er uns nicht schlug, auch froh war, wenn wir ihn in Ruhe ließen. Er pflegte zu sagen, es wäre ihm lieber ein frecher Junge mit einem guten Kopf, der gut lernt, als ein »braves, anständiges« Kind mit einem verstopften Kopf. Wir haben diese seine Ansicht oft mißbraucht und ihm immer wieder kleine Schabernacks gespielt. Einmal haben wir seinen Kaftan am Stuhl, auf dem er saß, befestigt. Einmal haben wir seinen Fuß mit einer Strippe an ein Tischbein angebunden; und er schüttelte nur den Kopf und lächelte gutmütig müde dazu. Ein anderes Mal, als er, was oft geschah, beim Lehren mit dem Kopf über dem rechten Arm auf dem Tisch einschlief, haben wir seinen Bart an die Tischplatte festgeklebt, und als er aufwachte, hat er einfach das Wachs vom Tisch abgekratzt und es sich dann stückchenweise aus dem Bart herausgezupft, ohne an diesem Tag ein Wort darüber zu sprechen oder sonst darauf zu reagieren.

Einige Tage später sagte er nur: »Kinder, neulich hat einer so einen Scherz mit meinem Bart gemacht. Ich habe nichts gesagt, nicht, weil ich mich nicht gekränkt fühlte. Umgekehrt, ich war so traurig, daß ich einfach nichts sagen konnte. Ihr wißt ja, daß ich viele Sorgen habe und sehr arm bin. Aber der liebe Gott hat mir einen Bart gegeben wie Leuten, die keine Sorgen haben und wohlhabend sind, wie jedem anderen Mann. So war mein Bart für mich ein Trost in meinen Sorgen. Wenn ihr aber auch den Bart in meinem Gesicht beleidigt, so macht ihr mich noch ärmer, als ich so schon bin, und keiner von euch wird dadurch reicher.«

Das war an einem Donnerstag. Er pflegte Montag und Donnerstag zu fasten und sprach sehr still an diesen Tagen, und wir schauten verlegen auf die Erde, dann schickte er uns an diesem Tag eine Stunde früher nach Hause. – Aber seit diesem Tag war er für uns heilig wie die Thora selber. Wir scherzten nie mehr über unseren Rabbi und spielten ihm nie wieder einen Schabernack.

Benützte Literatur:

Gordon, Th.: Lehrer-Schüler-Konferenz. Wie man Konflikte in der Schule löst. Hamburg 1977 (Hoffmann und Campe)

Granach, A.: Da geht ein Mensch. Roman eines Lebens. München 1984 (Weismann)

Mitscherlich, A.: Ein Leben für die Psychoanalyse. Frankfurt/M. 1980 (Suhrkamp)

Redl, F.: Erziehung schwieriger Kinder. München 1971 (Piper)

Ruge, H.: Zwischen Wut und Sehnsucht. Programm 1981/82 Reihe Plakaterie. Nürnberg

Simon, A.: Verstehen und Helfen. München 1950 (Oldenbourg)

Singer, K.: Aufsatzerziehung und Sprachbildung. Didaktik des schriftlichen Ausdrucks und Gesprächs. München 1974 (Ehrenwirth)

Singer, K.: Maßstäbe für eine Humane Schule. Mitmenschliche Beziehung und angstfreies Lernen durch partnerschaftlichen Unterricht. Frankfurt/Main 1981 (Fischer-Taschenbuch)

Singer, K.: Ohne Noten lieber lernen und mehr leisten (Aktion Humane Schule, 8000 München 19, Leonrodstr. 19)

Selbstwahrnehmung und Selbsterkenntnis als Grundlage der Konfliktbearbeitung

Sich mit der eigenen Person auseinandersetzen

> Eine Umerziehung zu einer neuen Art von Mut ist geboten. Das ist der Mut, auch zurückgehen zu können, sich als unvollkommen zu akzeptieren, sich mit der eigenen Schwäche auszusöhnen.
>
> In der menschlichen Existenz sind Größe und Kleinheit, Stärke und Schwäche natürlicherweise verbunden. Der vollständige Mensch ist derjenige, der beide Seiten in sich integrieren kann. Er kann durch offene Anteilnahme an fremder Schwäche lernen, seine eigene Schwäche zu tragen. Aber das Akzeptieren der eigenen Schwäche stärkt wiederum als Voraussetzung die Möglichkeit, sich fremder Schwäche zuzuwenden. Die Öffnung zum eigenen Innern hin und die Öffnung in sozialer Beziehung gehören zusammen.
> *Horst-Eberhard Richter*

Wenn wir Unstimmigkeiten und Feindseligkeiten aufheben wollen, so liegt eine sichere Chance dafür in der eigenen Person. Dies ist kein moralischer Aufruf zu »harter Arbeit an sich selbst«, sondern die Ermutigung, eigene *Lebenswünsche* und *Lebensmöglichkeiten* wahrzunehmen. Mit diesen kann *ich* versuchen, die gestörte Beziehung zu verändern – ohne allerdings von vornherein zu wissen, wie erfolgreich dieser Versuch verläuft.

Lehrerinnen und Lehrer sind in Konfliktsituationen immer wieder versucht, sofort »nach außen« zu handeln. »Was tue ich, wenn…« ist die unablässige Frage. – »Wie soll ich mich *verhalten?* – Was *mache* ich mit dem Schüler? – Wie gehe ich mit der Klasse um?« – Auf solche Handlungszwänge folgen Aktivitäten, die die eigene Person meist außer acht lassen; damit können sie aber auch den Schülern nicht gerecht werden.

Eigene Lebensbedürfnisse in der Schule wahrnehmen
Nicht eingestandene Erwartungen als Ursache
eigener Gespanntheit

Die pädagogische Beziehung wird nicht selten dadurch gestört, daß Lehrerinnen und Lehrer ihre persönlichen Wünsche und Erwartungen sich selbst und den Schülern gegenüber nicht eingestehen. Sie haben zum Beispiel den Wunsch, von den Schülern bestätigt zu werden und sich wohlzufühlen. Aber solche Wünsche werden oft verleugnet und kommen dann nur noch entstellt zum Vorschein. Den Schülern ist es dann nicht mehr möglich, sich auf die Lehrerin oder den Lehrer einzustellen, so wie diese es eigentlich erwarten.

Lehrer, die ihre persönlichen Bedürfnisse verleugnen müssen, tun oft so, als ob es ihnen nur um das Wohl der Kinder oder den Unterrichtsauftrag ginge. Um so stärker beginnen ihre persönlichen Wünsche unbewußt zu wuchern. – H. E. Richter (1972, S. 21) stellt das an einem Beispiel dar:

»Ein Lehrer. Er weiß nicht mehr richtig, ob das Sinn hat, woran er glaubt. Deshalb will er unbedingt, daß die Schüler ihn in seinen Idealen bestätigen. Er fühlt sich einsam und verloren. Also will er unbedingt, daß seine Schüler ihn benötigen und gern haben, um dadurch seine Einsamkeitsbefürchtungen beschwichtigen zu können. Er fühlt sich schwach und klein. Also will er unbedingt, daß seine Schüler ihn ernst und wichtig nehmen, damit er wieder an seine Stärke glauben kann. Da er die Schüler zu sehr zur eigenen Stützung braucht, fehlt es ihm an Kraft, sich hinreichend um die Wünsche der Kinder zu kümmern. Das bringt ihn in Konflikt mit dem ihm anerzogenen pädagogischen Ideal. Also verdrängt er das, was er von den Schülern für sich selbst will, aus dem Bewußtsein. Das bereitet ihm um so mehr innere Spannungen. Er kann nun den Schülern sein Bedürfnis nicht mehr in einer Weise zeigen, daß diese darauf eingehen können.«

Die Schüler würden bereitwillig einiges tun, wenn sie damit

den Lehrer entlasten und freundlicher stimmen könnten. Aber das ist nicht möglich, weil dieser den Anschein verbreiten muß, als ginge es ihm nur um die Schüler. *Nicht eingestandene Bedürfnisse des Lehrers stauen sich im Unbewußten und machen ihn gespannt und vorwurfsvoll.* Er haßt nun die Schüler dafür, »daß sie ihm etwas abschlagen, worum er sie gar nicht offen gebeten hat. Die Schüler wiederum ärgern sich über ihn, weil sie mit ihren Bedürfnissen zu kurz kommen. Sie spüren, daß der Lehrer unter dem Einfluß seines eigenen Problems mit ihnen nur etwas machen will, was für ihn selbst wichtig ist« (Richter 1972, S. 21).

Der Bezug zwischen Lehrer und Schülern ist damit verzerrt: *keiner weiß mehr vom anderen, was der wirklich will. Alle tun so, als ginge es nur ums Lernen oder Erziehen.* In Wirklichkeit aber wird gerade das Lernen durch diese »Als-ob-Beziehung« behindert. *Der Lehrer neigt dazu, seine verdrängten Wünsche an die Schüler unter dem Deckmantel pädagogischer Notwendigkeit heranzutragen.* Die Schüler sollen seine Ansichten übernehmen, damit er seine Unsicherheit zudecken kann. Sie sollen ihm gehorchen, wenn sie ihn schon nicht anerkennen. Der Lehrer muß Aufmerksamkeit erzwingen, um so doch noch zu der ersehnten Anteilnahme der Schüler an seiner Person zu kommen.

Die Schüler aber fühlen sich nicht verstanden und setzen sich zur Wehr. Sie tun gerade das nicht, was er am sehnlichsten erwartet. Damit verschärft sich der Gegensatz und beginnt sich kreisförmig zu verstärken. Der sich schwach fühlende Lehrer muß nun in einem aufreibenden Selbstbehauptungskampf die noch schwächeren Schüler dazu mißbrauchen, sich selbst – wenn auch nur scheinbar – zu stärken.

Uneingestandene Erwartungen an die Kinder und Jugendlichen sind häufig Thema von Konfliktgesprächs- und Selbsterfahrungsgruppen. Über die unmittelbaren Erfahrungen in der Gruppe wird es Lehrerinnen und Lehrern möglich, sich mit solchen, zum Teil unbewußten, Erwartungen auseinanderzusetzen. Dabei wird deutlich, wie sehr diese Konflikte in die tägliche Berufsarbeit hineinreichen: in Einstellungen gegenüber der Klasse und einzelnen Schülern, gegenüber Kollegen und Vorgesetzten. Aus dieser Konfliktbearbeitung in der Gruppe erwächst die Chance, *die eigenen Lebenswünsche wieder wahrzunehmen, sie in das unbefriedigende Lehrer-*

Schüler-Verhältnis hineinzutragen und dadurch Bewegung in die gestörte Beziehung zu bringen.

Das eingespurte Machtdenken an sich selbst erkennen und aus ihm heraustreten

»Ich habe mich wegen meines Gegen-Schlags geschämt«

Die meisten Menschen sind unter dem Machtprinzip aufgewachsen. Deshalb konnten sie keine Erfahrungen machen, wie Konflikte gewaltfrei auszutragen sind. Konfliktlösungen waren überwiegend mit Machtausübung verbunden. Das daraus erwachsene Verhalten hat sich tief eingeprägt.

Das Machtprinzip in Lehrerinnen und Lehrern bewirkt eine ständige Bereitschaft, die Schüler »abzuschrecken«: Wenn ihr nicht lernt, dann... Wenn ihr nicht aufmerken könnt, dann... Du willst wohl einen Verweis... Dann schreiben wir eben eine Extemporale... Wenn ihr euch so verhaltet, dann muß ich die Schrauben anziehen (zum Beispiel die Notenschrauben)... – Durch die Vorstellung vom feindlichen Schüler wird das Machtprinzip immer tiefer eingespurt.

Eine Gymnasiallehrerin sagt, daß sie sich überwinden müsse, die folgende Konfliktsituation in der Lehrergruppe zu erzählen. Es sei ihr unangenehm, weil sie sich im nachhinein wegen ihres Verhaltens schäme. – Sie stand während des Unterrichts mit ein paar Schülern beisammen, um mit diesen etwas zu bereden: »Da fiel mir ein Bleistift auf den Boden. Ein danebensitzender Schüler rief aus der Klasse heraus: ›Aufheben!‹ – Ich ärgerte mich über seine Bemerkung und gab scharf zurück: ›Du kannst deiner Mutter sagen, wann ich Sprechstunde habe!‹

Jetzt finde ich meine Äußerung töricht. Obwohl eine Kollegin meinte, meine Entgegnung sei in Ordnung gewesen, fühle ich mich bei dem Gedanken an die Situation nicht wohl. Mir fällt aber auch nichts ein, was ich tun könnte, wenn ich in eine ähnliche Situation gerate. Das Ärgerliche war, daß ich den Bleistift selbstverständlich aufgehoben hätte und bereits dabei war, mich zu bücken. Aber jetzt konnte ich nicht mehr.«

Die Studienrätin schämte sich, *weil sie sich in einer Weise verhalten hatte, die ihrem Bild von sich nicht entsprach.* Im Grunde genommen trotzte sie dem Jugendlichen gegenüber:

Wenn du mir das anschaffst, dann mache ich es erst recht nicht. Die trotzige Gebärde ist Ausdruck von Kleinheit und Nicht-handeln-Können. Daraus kann ein Teil der jetzt empfundenen Scham verstanden werden. Die Lehrerin ließ sich von der ironisch-befehlenden Bemerkung des Schülers dazu manipulieren, nicht so zu handeln, wie sie persönlich handeln wollte, sondern trotzig wie ein Kind. Der Schüler hat einen Augenblick lang – vermutlich aus eigener Erfahrung heraus – die Elternrolle übernommen: Tu das! Und sie ist in die Rolle des verweigernden Kindes geraten, also hereingefallen auf seine Machtausübung, obwohl sie gerade das nicht wollte.

Das Beispiel zeigt, *wie tief in Erwachsenen der machtbehauptende »Reflex« sitzt.* Der aus dem »Feindbild Schüler« erklärte Angriff muß schlag-fertig zurückgewiesen werden. – Erst jetzt merkte die Lehrerin, daß es ihr entsprochen hätte, ihrem Impuls nachzugeben und den Beistift aufzuheben – und gleichzeitig dem Schüler zu sagen, wie ärgerlich sie seinen Kommandoton finde. Der Junge hätte dadurch auch eher über sein Verhalten nachdenken können, als durch die angedrohte Elternvorladung.

Hinterher war es der Lehrerin peinlich. Aber weshalb nicht mit dieser Peinlichkeit weitermachen – so wie sie es jetzt in der Gruppe tat –, anstatt sie zu verdrängen? Weshalb nicht zum Schüler hingehen und ihm sagen, daß ich meine Bemerkung unpassend empfand – und ihm mitteilen, was ich *wirklich* meine? – Lehrerin wie Schüler könnten dadurch *Erfahrungen machen, so miteinander umzugehen, daß nicht auf jeden Schlag ein Gegenschlag folgen muß.*

Die Lehrerin wies ihre Scham nicht zurück: Da brauchst du dir nichts zu denken. Im Gegenteil: Sie erlebte ihr Beschämtsein eindringlich in der Lehrergruppe. Dieses Annehmen und Durchhalten des peinlichen Gefühls wurde hilfreich für sie. Sie konnte besser wahrnehmen, was gegen ihr Selbstwertgefühl verstieß. Und sie vermochte sich vorzustellen, wie ein Handeln aussähe, das zwar nicht den unangenehmen Affekt beseitigen kann, aber das für ihre Person stimmt. Vor allem wurde ihr klar, wie tief das Machtdenken auch in ihr eingespurt war – das Oben-sein und Rechthaben-müssen – und wie sehr dies eine friedliche Konfliktlösung behindert.

Bei solchen Versuchen des Sich-selbst-Wahrnehmens kann deutlich werden: *Machtausüben hängt oft mit Respektiert-*

werden-Wollen zusammen. Es gibt Lehrerinnen und Lehrer, die immerfort darum bemüht sind, sich »Respekt zu verschaffen«. Das mag auch damit zusammenhängen, daß sie sich selbst, so wie sie sind, nicht annehmen können. Häufig wurde ihnen in ihrer eigenen Kindheit kein Respekt erwiesen: Mutter und Vater nahmen sie als Person – so wie sie waren – nicht ernst. So konnten sie nicht wirklich daran glauben, daß sie liebens-wert sind. Deshalb müssen sie jetzt mit Hilfe erzieherischer »Autorität« versuchen, den Schülern »Respekt beizubringen«. – Für solche Menschen ist es in der Balint-Gruppe eine ganz neue, hilfreiche Erfahrung, *ernstgenommen zu werden – so wie sie sind.*

Das Lehrerverhalten in jede Konfliktbetrachtung einbeziehen
Eine Schülergruppe stört aus Eifersucht
Die unbewußte Rollenzuweisung an eine Schülerin

Sich selbst wahrzunehmen wird dann schwierig, wenn unbewußte Konflikte mit im Spiele sind. – Gegen die Lehrerin einer siebten gemischten Klasse leistete eine Gruppe von acht Schülerinnen passiven Widerstand. Die Mädchen brauchten zu allem betont lange; sie warfen der Lehrerin gehässige Blicke zu oder zeigten ein überlegenes Lächeln. Auf der Schulwanderung behielten sie ihr passiv-widersetzliches Verhalten bei, indem sie entweder zu weit vorausliefen oder hintennach hinkten. Frau S. beunruhigte dieses Verhalten, zumal es sich um Schülerinnen handelte, zu denen sie bisher in guter Beziehung stand. Danach befragt, weshalb sie sich so befremdlich verhielten, reagierten die Schülerinnen achselzuckend: es sei nichts.

Da der Lehrerin an einem partnerschaftlichen Klima gelegen war, litt sie unter dem undurchschaubaren Konflikt und fühlte sich zunehmend unsicher. Die Schülerinnen wiederum schienen diese Unsicherheit zu genießen. Sie trafen die Lehrerin besonders hart, weil sie sich ihr gerade dort verweigerten, wo für sie das Wichtigste ihres Lehrer-Seins lag: im Miteinander-Reden. Frau S. versuchte, mit einzelnen über die Situation ins Gespräch zu kommen, mit der Gruppe, mit der Klasse – aber ohne Ergebnis.

143

Erst nach einiger Zeit konnte sich Frau S. erklären, weshalb die Schülerinnen so versteckt aggressiv waren. In freien Niederschriften, die sie die Klasse gelegentlich kritisch über die Schule verfassen ließ, beklagten sich viele Mädchen darüber, daß ihre Mitschülerin Helga bevorzugt würde. – Diese dürfte vorsingen, sie brauche sich nicht an die Regelungen halten, mit ihr spräche die Lehrerin öfter als mit anderen, ihr würde sich die Lehrerin besonders zuwenden. Alles, was Helga mache, sei in den Augen der Lehrerin lobenswert, Helga würde öfter aufgerufen – und so fort. – Frau S. war getroffen von den Mitteilungen ihrer Klasse, speziell der Mädchen. Sie wußte zwar, daß ihr Helga besonders lag, aber sie hatte nicht gedacht, daß dies nach außen so sichtbar werden könnte. *Der Gruppenkonflikt erwies sich als Folge von Eifersucht unter den Schülerinnen.*

Die Lehrerin machte die Vorwürfe eines Teils der Klasse zum Thema mehrerer Gespräche. In diesen ging es nicht nur um das Ungerecht-Sein der Lehrerin; das Thema wurde vielmehr ausgeweitet auf alle: Jeder hat seine »Lieblinge« – und woher das kommt; wen wir bevorzugen oder benachteiligen; wie wir mit der Tatsache umgehen können, daß wir bestimmte Menschen vorziehen und andere ablehnen... – Die Schüler waren angesprochen von der selbstkritischen Haltung der Lehrerin. Sie brachten Beispiele dafür, wo *sie* ungerecht gegen andere waren und begannen zu verstehen, daß es einer Lehrerin auch so ergehen könne.

Obwohl die widersetzliche Schülerinnengruppe ihre Angriffe nun nicht mehr fortsetzte und die gute Beziehung wieder einkehrte, war die Lehrerin innerlich beunruhigt. Es war ihr unverständlich, daß sie nicht sehen konnte, wie sie die Schülerin so augenscheinlich bevorzugte und – in welch schwierige Situation sie Helga selbst gebracht hatte. Denn diese drohte von der Klasse isoliert zu werden und litt unter dem Bevorzugtwerden – ohne daß sie dies mitteilen konnte.

Die Lehrerin wollte ihre »Blindheit« für all das besser verstehen und berichtete deshalb das Problem in einem pädagogisch-psychologischen Gesprächskreis, dem sie seit längerem angehörte. Da wurde ihr deutlich, daß sie das Mädchen wegen bestimmter Eigenschaften und Fähigkeiten besonders mochte: wegen der ausgeprägten musischen Seite, die sich im Singen und Zeichnen zeigte; aber auch wegen derer intellektuellen Tüchtigkeit – Helga zählte zu den besten Schülerinnen der Klasse; zudem sah sie gut aus und war bescheiden.

Als die Lehrerin das Bild der von ihr bevorzugten Schülerin zeichnete, merkte sie, daß Helga genau so war, wie *sie* hätte sein wollen. Frau S. legte ihr Ideal-Ich in die Schülerin hinein und versuchte es in dieser zu leben. Sie mußte Helga eine Rolle zuweisen, um eigene unbewußte Wünsche zu befriedigen: Die Schülerin sollte das Ideal erfüllen, das sie selbst nicht erreichen konnte. Frau S. hatte einen von ihr ersehnten Ich-Anteil an diese Schülerin abgetreten – und das bewirkte den Wunsch nach enger Bindung.

Durch Gespräch und Nachdenken wurde deutlich: *Die Eifersucht der Mädchen galt einer Mitschülerin, der die Lehrerin unbewußt die Rolle ihres Ich-Ideals zuwies.* Was zunächst nur als Eifersucht der Schülerinnen erschien, hatte also auch einen bedeutsamen Anteil in der Person der Lehrerin. – Daß ein Lehrer bestimmte Schüler lieber mag als andere, ist natürlich. Bevorzugen wird er solche »Lieblingsschüler« aber eher dann, wenn er sich seine Sympathien nicht eingestehen kann, weil diese gegen sein Lehrer-Ideal der »Gerechtigkeit« verstoßen.

Selbsteinschätzung – Selbstbeobachtung – Selbstbefragung
»Ich möchte auch in der Schule so sein, wie ich bin«
Das Problem der Echtheit

Am Beispiel der Lehrerin, die ihr Ich-Ideal an eine Schülerin herantrug, werden bereits Wege der Bearbeitung eines solchen Konflikts deutlich:

– Die Lehrerin versuchte in der Konfliktsituation »*wach*« zu sein: sich zu fragen »Was ist da? Was ist da mit *mir*, mit der *Klasse*, mit der widersetzlichen *Gruppe?*«
– Sie bemühte sich, den Konflikt *aufzudecken* – und nicht zuzudecken; ihr war nicht daran gelegen, die Schwierigkeit so schnell wie möglich zu unterdrücken, sondern sie wollte diese verstehen; deshalb forschte sie nach den Hintergründen des Problems, anstatt dieses vordergründig zu beseitigen.
– Dabei halfen ihr die freien *Schüleräußerungen,* die in dieser

Klasse spontan möglich waren, aber auch von Zeit zu Zeit durch Befragung oder Niederschrift angeregt wurden.

- Die Schüleräußerungen führten zum *Gespräch* über den Konflikt; zunächst über die Schwierigkeit von Lehrerin, Gruppe und der Schülerin; dann aber auch über ein menschliches Problem, von dem sich alle angesprochen fühlten: das Thema Sympathie und Antipathie.
- Schüleräußerungen und Gespräch bewirkten bei der Lehrerin ein persönliches Angesprochensein, das sie zur *Selbstbesinnung* anregte: Was hat das mit mir ganz persönlich zu tun?
- Diese Selbstbesinnung wurde unterstützt und verstärkt durch eine *Gesprächsgruppe,* in der sich Kolleginnen und Kollegen regelmäßig trafen. In dieser ging es nicht darum, nach richtigem oder falschem pädagogischem Verhalten zu fragen, sondern sich selbst – auch mit seinen Schwächen – besser zu verstehen.

Elemente der Bearbeitung des Gruppenkonflikts in der Schule und des Persönlichkeitsproblems der Lehrerin waren also die Wachheit, ein Problem auf- und anzufassen, der Versuch, den Konflikt auf- und nicht zuzudecken, die freien Schüleräußerungen, das Gespräch mit Klasse und Schülergruppe, die Bereitschaft der Lehrerin zur Selbstbesinnung und die Bearbeitung des Problems in einer Gesprächsgruppe.

Lehrerinnen und Lehrer können ihre Schularbeit und den Umgang mit Kindern dadurch wachsam begleiten, daß sie sich *selbst einschätzen.* Dies kann zum Beispiel mit Hilfe von Tonbandaufnahmen erfolgen oder durch tagebuchartige Notizen. Lockere Selbstbeobachtung ist unter jeweils *einem* Gesichtspunkt möglich. Solche Beobachtungspunkte können sein: Kann ich mir heute vormittag den Wunsch erfüllen, die Schüler mehr anzuerkennen als zu kritisieren? Wenn nicht: Woran kann das liegen? – Gelingt es mir in der folgenden Stunde, die Schüler selbst tätig sein zu lassen? Wenn nicht: Weshalb muß ich selbst so aktiv sein? – Wie spreche ich im Unterricht: Habe ich meine normale Sprechstimme wie außerhalb der Schule – oder gerate ich in einen »Schulton«, der mir nicht gemäß ist? Rede ich mit Menschen außerhalb des Klassenzimmers genauso wie in der Schule? – In welchen Situationen der heutigen Schulstunden freue ich mich? – Was sind Situationen, die mich ärgern oder gespannt machen? Wodurch

146

werden diese Situationen ausgelöst? – Wie geht es den leistungsschwachen Schülern: Ermuntere ich sie, stören sie mich, sehe ich, wie es ihnen in ihrem »Schlecht-Sein« geht?

Lehrer sagen oft: »*Ich möchte auch in der Schule so sein, wie ich bin.*« – Sie bringen dann Gründe dafür, weshalb das nicht gehe. Besonders im Hinblick auf die Ordnung sind sie gezwungen, eine bestimmte Rolle zu spielen. – Tatsächlich aber könnten Konflikte besser bearbeitet werden, wenn Lehrer *zu ihrem »Ich-sein-Wollen« stehen* würden.

Im Wege ist ihnen dabei die eigene Erziehung und was sie als Schüler erfahren haben. Sie waren es gewohnt, die persönliche Spontaneität zu zügeln und sich ganz auf das einzustellen, was Eltern, Erzieher und Lehrer von ihnen erwarteten; andernfalls wurden sie damals nicht angenommen. Deshalb verleugnen sie heute auch ihr Echtsein in der Schulsituation – und vergeben damit ein wirksames Element der Konfliktbearbeitung. Sie können nicht darauf vertrauen, daß sie *so wie sie sind von den Schülern angenommen werden* und bauen eine Lehrerfassade auf. Aber gerade an dieser Fassade müssen die Schüler rütteln, hinter diese möchten sie blicken. Lehrer sollten immer wieder danach fragen, ob ihr Handeln mit ihrer Person übereinstimmt: Kann ich in der Schule aufrichtig sagen, was ich denke? Kann ich auch etwas von dem mitteilen, was in mir vorgeht? Kann ich mich so geben, wie ich bin? Muß ich mich hinter einer Lehrer-Fassade verstecken?

Solche *Fragen nach der Echtheit sind Kernfragen beim Bearbeiten von Beziehungskonflikten in der Schule.*

Das Gespräch mit Kollegen und Freunden
Kollegenbesuche und Kollegenkritik – »In der Schule hast du ein anderes Gesicht«

Selbstwahrnehmung und Selbsterkenntnis von Lehrerinnen und Lehrern werden durch offene Gespräche von Kollegen untereinander gefördert. Aber auch das Reden mit Nicht-Lehrern unter Bekannten, Freunden und in der Familie läßt manches an sich selbst und in der Beziehung zu den Schülern deutlicher sehen. Überdies wirken solche Gespräche über Problematisches im Schulalltag befreiend.

Eine Form kollegialer Beratung und Hilfe, die zur Selbstreflexion führt, kann die *Fremdeinschätzung durch gegenseitige Schulbesuche* sein. Lehrerinnen und Lehrer erfahren sich selbst anders, wenn eine Kollegin oder ein Kollege zu Gast in der Klasse ist. Diesen fällt manches auf, was in der gewohnten Alltagssituation untergeht; die Anwesenheit eines Erwachsenen schärft die Selbstwahrnehmung. Der Besucher kann mitteilen, was ihn in der Stunde besonders angesprochen, was er Neues gesehen hat, was ihm aufgefallen ist, was er nachmachen möchte.

Ein weiterer Aspekt ist das Gespräch darüber, was der Besucher anders machen, was er dem Kollegen raten würde, welchen »blinden Fleck« er womöglich entdeckt hat. Dieses Sich-im-Unterricht-Besuchen soll nicht darauf eingeengt werden, daß der junge Lehrer zum Erfahrenen gehen muß und umgekehrt. Es ist genauso wirksam, wenn »unerfahrene« Lehrer sich gegenseitig besuchen – in mancher Hinsicht sogar wirksamer, weil sie gemeinsame Probleme entdecken und sich oft in ihren Zielvorstellungen näher sind.

Wie nachwirkend gegenseitige Besuche sein können, erzählt ein Lehrer, dessen ihm freundschaftlich verbundener Gast nach dem Schulbesuch bemerkte: »In der Schule hast du ein ganz anderes Gesicht als sonst.« – Der Lehrer war bestürzt über diese Beobachtung, aber sie führte ihn zum genaueren Wahrnehmen seines Angespanntseins im Unterricht, seiner unterdrückten Spontaneität und seiner Wünsche, etwas verändern zu wollen.

Auch Schulräte, Seminarleiter, Schulleiter, Direktoren und dergleichen können den Prozeß der Selbstwahrnehmung anregen. *Weil jedoch Schulbesuche durch Vorgesetzte in der Regel mit Beurteilung und Zensur gekoppelt sind, geht es dabei für den Lehrer oft mehr um Selbstverteidigung als um Selbsterkenntnis.* Die derzeitige Organisation der Schulaufsicht läßt wenig Spielraum für Formen kollegialer Beratung im Sinne der Selbstreflexion. »Aufsicht«, Visitation« und »Beurteilung« erschweren von vornherein partnerschaftliches Zusammenarbeiten. Zudem bekommen Seminarleiter, Schulamtsdirektoren, Schulräte und Schulleiter gar keine Zeit für solche Beratungstätigkeit.

Seminarleiter wie Schulräte müßten eigentlich *Kollegen sein, zu denen man mit seinen Schwächen hingehen kann.* Dafür müßte Gelegenheit geschaffen werden durch ein ausreichendes Angebot an Sprechzeiten für die Lehrer. Es widerspricht lernpsychologischem Denken, daß Lehrer mit ihren Lern-, Lehr- und Erziehungsproblemen oft lange warten müssen, bis der Seminarleiter zu ihnen kommt. Sie müßten sich zu dem Zeitpunkt beraten lassen können, zu dem sie ein dringendes oder gar angstmachendes Problem haben.

Seminarleiter sollten keine Lehrinstanz sein, sondern *Berater des jungen Lehrers und Anreger von Lernprozessen*. Mit ihnen muß man reden und sie um Rat fragen können. Wenn Gespräche mit Schulrat und Seminarleiter nicht Angst machen und zur Anpassung verleiten, sondern Selbstreflexion und Selbsterkenntnis anregen und zu neuem schulpädagogischem Handeln ermutigen – nur dann haben sie eine pädagogische Aufgabe erfüllt. Dazu muß die übliche Form der Schulaufsicht und Beurteilung von Lehrern abgeschafft werden.

Schülerkritik als Anregung zur Selbstbetrachtung
Befragung und Gespräch – Sicherheit durch Beziehung anstatt Sicherheit durch Stärke

Die Gefahr des Nicht-in-Beziehung-Seins drückt eine Lehrerin mit den Worten aus: »Ich habe keinen Kontakt zur Klasse, dann krieg'ich Angst.« – *Lehrer könnten solche Angst vermindern, wenn sie sich nicht immerfort gegen die Schüler absichern müßten, sondern mit ihnen in Beziehung treten könnten.* Je unmittelbarer Lehrerinnen und Lehrer mit den Schülern Kontakt aufnehmen, um so mehr erleben sie sich selbst und erfahren über sich selbst. Die Offenheit der Schüler kann fortlaufende Quelle von Erkenntnissen über sich und Ermunterung zum Verändern der eigenen Person sein.

Gelegenheit zur unmittelbaren Kontaktaufnahme ergeben sich vor der Schule, zwischen den Stunden, in Arbeitsabschnitten während des Unterrichts, während der Pausen, in der Schülersprechstunde, auf Wanderungen und bei Schullandheimaufenthalten, bei Veranstaltungen in und außerhalb der Schule. Das Nachdenken über sich selbst wird angeregt, wenn wir von den Schülern gesagt bekommen, wie sie uns sehen. Kinder wie Erwachsene haben vielfach verlernt, sich offen kritisch zu äußern. Deshalb können Lehrerinnen und

Lehrer damit beginnen, ihre Schüler den Unterricht und sich selbst einschätzen zu lassen, indem sie sie schriftlich befragen. – So versuchte die Lehrerin einer 5. Klasse durch die folgende Befragung etwas über sich selbst und ihre Schüler zu erfahren (entnommen Singer 1981):

Fragebogen über Unterricht und Lehrerin
Bitte unterstreiche, was für Dich am ehesten zutrifft.
1. Findest du den Unterricht verständlich?
   Ich kann alles gut verstehen – ich verstehe fast alles – ich komme manchmal nicht mit – ich verstehe sehr wenig
2. Interessieren Dich die Unterrichtsthemen?
   Sehr oft – häufig – manchmal – selten – nie
3. Wie sind für Dich die Hausaufgaben?
   Zu viel – zu wenig – langweilig – zu leicht – zu schwer – richtig
4. Findest Du, daß Deine Lehrerin streng ist?
   Sehr streng – streng – machmal streng – zu wenig streng – gerade richtig
5. Ist die Lehrerin freundlich zu Dir?
   Immer – oft – manchmal – selten – nie
6. Erlebst Du Deine Lehrerin als geduldig?
   Sehr geduldig – meistens – manchmal – selten – nie
7. Ist die Lehrerin Deiner Ansicht nach gerecht?
   Sehr gerecht – meistens gerecht – selten gerecht
8. Lobt Dich die Lehrerin?
   Sehr oft – oft – manchmal – selten – nie
9. Schimpft Dich Deine Lehrerin?
   Sehr oft – oft – manchmal – selten – nie
10. Kannst Du mit ihr auch über Dinge reden, die nicht zum Unterricht gehören?
    Ja – nein
11. Bevorzugt sie einzelne Schüler?
    Ja – manchmal – nein
    Wenn ja: Wen bevorzugt sie?
12. Ruft sie alle Schüler ungefähr gleich oft auf?
    Ja – nein – ich komme zu wenig dran
13. Redet sie auch außerhalb des Unterrichts mit Dir?
    Oft – manchmal – selten – nie
14. Hast Du das Gefühl, daß sie sich für Dich interessiert?
    Immer – oft – manchmal – selten
15. Versucht sie, auf Deine Wünsche einzugehen?
    Immer – oft – manchmal – selten – nie

16. Hast Du vor der Lehrerin Angst?
    Immer – oft – manchmal – selten – nie
17. Traust Du Dich, Deine Lehrerin etwas zu fragen?
    Immer – oft – manchmal – selten – nie
18. Traust Du Dich, ihr Deine Meinung zu sagen?
    Immer – oft – manchmal – selten – nie
19. Lacht die Lehrerin die Kinder aus?
    Oft – manchmal – selten – nie
20. Hast Du Angst, vor der Klasse etwas zu sagen?
    Oft – manchmal – selten – nie
21. Versteht die Lehrerin einen Spaß?
    Immer – oft – selten – nie
22. Bist Du mit Deinem Verhalten in der Schule zufrieden?
    Sehr – fast immer – oft – teils/teils – selten
23. Findest Du, daß Du etwas dazu beiträgst, daß wir in der
    Klasse gut arbeiten können?
    Ja, sehr oft – oft – gelegentlich – selten
24. Wie findest Du Deine Beteiligung im Klassengespräch?
    Sehr rege – anteilnehmend – gleichgültig
25. Wie findest Du Deine Mitarbeit bei Gruppen- und Partner-
    aufgaben?
    Gut – zufriedenstellend – nicht so gut
26. Gehst Du gern in die Schule?
    Nie – manchmal – oft – meistens

So wesentlich wie die Befragung ist das Gespräch über die Ergebnisse. In ihm erfahren die Schüler, daß die Lehrerin ernsthaft mit ihnen über all das sprechen möchte, was sie täglich in der Schule bewegt. *Die selbstkritische Haltung regt auch die Schüler zum Nachdenken über sich selbst an.* Wenn Lehrerinnen und Lehrer ihren Unterricht einschätzen lassen und Kritik an ihrer Person wünschen, lernen sie sich mit den Augen der Kinder zu sehen. Indem sie erfahren, was die Schüler über sie und ihren Unterricht denken, wird es ihnen möglich, Selbstverständliches kritisch zu betrachten und Neues zu versuchen. Das heißt nicht, Lehrer sollten sich den Vorstellungen der Schüler anpassen, sondern sich mit diesen auseinandersetzen. Sie merken dann zum Beispiel, daß das, was sie »gut meinen«, manchmal schlecht ankommt. Da sie es wirklich gut meinen, können sie zusammen mit den Schülern etwas verbessern.

So hatte ein Lehrer die gute Absicht, den Unterricht durch

Späße aufzulockern und Humor in das Schulleben zu bringen. *Er war betroffen, als er sich im Spiegel der Schülerbefragung so sehen mußte, wie ihn die Schüler sahen.* Bei der Frage, ob der Lehrer Kinder auslache, hatten nämlich viele hingeschrieben, daß er das tue. Da er im Grunde ein den Kindern zugewandter Mensch war, erschreckte ihn das; denn er weiß, wie verletzend es sein kann, ausgelacht zu werden. – In Gesprächen mit der Klasse zeigte sich: Der Lehrer merkte nicht, daß seine Späße oft zu Ungunsten einiger Kinder ausgingen; da lachten zwar viele, aber einige wenige hatten nichts zu lachen.

Es ging dann im Gespräch nicht nur um das gelegentlich verletzende Verhalten des Lehrers, sondern auch um den Anteil, den die Klasse daran hat, wenn ein Schüler beschämt wird. So konnten Lehrer und Schüler gemeinsam diesen Punkt wachsamer beobachten und taktvoll versuchen, Auslachsituationen zu vermeiden. Eine weitere Erfahrung für Schüler und Lehrer war dies: *Wir dürfen es nicht bei unseren guten Absichten belassen, sondern müssen erkunden, wie sie sich auswirken.*

Ganz gleich, auf welche Weise Lehrerinnen und Lehrer versuchen, mit den Kindern in Beziehung zu treten: Handlungsleitend sollte der Gedanke sein, ihre eigene Unsicherheit nicht durch »Stärke« gegenüber den Schülern zu beseitigen. *Sie trachten nicht nach Sicherheit durch Überlegenheit, sondern nach Sicherheit durch Kontakt.*

Die psychologisch-pädagogische Einzelberatung
Freudlosigkeit in der Schule durch Isolation im Kollegium

Wenn es Lehrerinnen und Lehrer mit sich selbst oder mit den Schülern schwer haben, sollten sie auch an die Chance denken, sich beraten zu lassen. Beratungsgespräche haben die Aufgabe, Lehrerkonflikte auf die Ursachen hin abzuklären, und mit dem Ratsuchenden gemeinsam zu erarbeiten, wie das Problem angegangen werden kann. Jeder Lehrer gerät in der täglichen Berufsarbeit in bedrängende Situationen

- durch Kinder, die »schwierig« sind, weil sie Schwierigkeiten haben;
- durch Klassen, die schwer zu führen sind, weil sie kein Interesse entwickeln können;

152

- durch erzieherische Unsicherheiten im Umgang mit Kindern und Jugendlichen,
- durch persönliche Unzulänglichkeit von Lehrerinnen und Lehrern beim Unterrichten,
- durch bewußte oder unbewußte Schwierigkeiten in der eigenen Person,
- durch Probleme mit Kollegen und Vorgesetzten,
- durch Unstimmigkeiten mit Schülereltern,
- durch Konflikte mit der Institution.

In solchen Situationen werden Lehrer meist allein gelassen; denn Direktoren, Schulräte, Seminarleiter haben weder Zeit noch die Ausbildung dazu, psychologisch-pädagogisch zu beraten. Spezielle Beratungseinrichtungen für Lehrerinnen und Lehrer könnten hier hilfreich sein. Sie wären dadurch gekennzeichnet

- daß sie ganzheitlich auf alle Probleme einzugehen versuchen, die sich dem Lehrer in seiner täglichen Arbeit stellen,
- daß die Beratenden keinerlei Weisungs- und Beurteilungsfunktion ausüben, also unabhängig von der Institution Schule arbeiten,
- daß die Beratertätigkeit voll der Geheimnispflicht unterliegt.

Psychologisch-pädagogische Lehrerberatung hat weniger zum Ziel, Wissen und Ratschläge zu vermitteln. Sie will vielmehr im Ratsuchenden *einen emotionalen Umstimmungsprozeß anregen.* Diese durch das Gespräch eingeleitete Umstimmung bewirkt, daß Lehrerinnen und Lehrer ihre pädagogischen und unterrichtlichen Fähigkeiten mehr zu entwickeln vermögen. Dazu dient
das Einzelgespräch mit dem Ratsuchenden,
das Gruppengespräch,
die Krisenberatung,
das Beratungsgespräch in bestimmten Abständen über einen längeren Zeitabschnitt hinweg,
die Kollegiumsberatung, also das gemeinsame Gespräch mit allen Kollegen einer Schule.
Inhaltlich reichen die Gespräche von der *psychologisch-didaktischen bis zur psychotherapeutischen Beratung* – immer aber geht es um die Person des Lehrers. Die psychologische

Beratung soll dabei helfen, die gestörte Beziehung besser wahrzunehmen, den blockierten Zustand aufzuheben und dadurch die Beziehung neu zu beleben.

Eine Lehrerin berichtet während eines solchen Beratungsgesprächs, es hinge ausschließlich mit dem Kollegium zusammen, daß sie sich in der Schule nicht wohlfühle. Mit den Kindern käme sie gut zurecht; sie unterrichte gern und es täte ihr wohl, von den Schülern akzeptiert zu werden.

Im Gegensatz dazu empfinde sie sich im Schulkollegium nicht aufgehoben und anerkannt. Sie habe den Wunsch, mit Kolleginnen und Kollegen zusammenzuarbeiten und über gemeinsame Vorhaben und Probleme zu sprechen. Aber damit komme sie nicht an. Mit ihrer großen Einsatzfreude für Schüler und Unterricht werde sie wohl den andern zum »wandelnden Vorwurf«. Diese wollten nicht so viel für die Schule tun. Gleichzeitig merke sie aber im Kollegium Eifersucht und Neid auf ihre Freude am Schulehalten und das partnerschaftliche Zusammenarbeiten mit den Schülern.

All das mache sie im Kollegium beklommen. Sie könne nicht unbefangen ins Lehrerzimmer gehen und traue sich nicht, im Pausenhof den Kollegen gegenüber offen zu sein. Zum besondern Problem werde, wenn andere sie im Kontakt mit den Schülern beobachten. Da komme es zum Beispiel vor, daß eine Schülerin sie vom Apfel beißen ließe; oder eine andere sich mit ihr in der Körpergröße messen wolle und sie sich zu dem Zweck mit dem Rücken gegeneinander stellen und prüfen, wer größer ist. Sowas täte sie mit Vergnügen, nur das Kollegium würde dies – so vermutet sie – nicht gut finden.

Besonders gespannt sei ihr Verhältnis zu dem Kollegen, der ihre vorjährige Klasse übernommen habe. Dieser übe einen Unterrichtsstil aus, der dem ihrigen entgegenstehe: er sei autoritär, mache die Schüler klein, verhalte sich distanziert, es ginge ihm nur um den Lernstoff. Eigentlich hätte sie diese Klasse weiterführen wollen, weil sie ein besonders gutes Verhältnis zu ihr hatte, aber das ging nicht. Jetzt liefen die Schüler in der Pause oft zu ihr hin, zeigten ihr Zuneigung und beklagten sich über den Lehrer. Sie genieße dies einerseits, aber gleichzeitig sei ihr nicht wohl dabei. Außerdem seien Kinder ihrer jetzigen Klasse eifersüchtig auf ihre vorjährigen Schüler und umgekehrt. Auch hier befände sie sich in einer Spannung, die ihre Freude am Schulehalten beeinträchtige.

Im weiteren Gespräch merkt die Lehrerin, daß sie sich von ihrer geliebten Vorjahrsklasse noch gar nicht innerlich getrennt habe. Sie empfinde es immer noch so, als sei das »ihre« Klasse. Und die Vorstellung, daß dies nicht stimme, mache sie traurig.
– An dem Verhältnis zu ihrem Nachfolger konnte die Lehrerin zunehmend sehen, daß ihr Konflikt mit *beiden* Beziehungspartnern zu tun hatte: Nicht nur mit dem Kollegen oder dem Kollegium, sondern auch mit den Kindern.

Ursachen-orientierte Konfliktberatung als Chance für neues Handeln
Die Beziehungsverwirrung verstehen und aufheben

Die andauernde Spannung der Lehrerin hing also mit nicht geklärten Beziehungen zusammen. Sicher wurde durch das Beratungsgespräch nicht alles, aber doch einiges begreifbar und der Lehrerin für das Bearbeiten zugänglich:

– Sie hatte sich von ihrer Vorjahrsklasse nicht wirklich getrennt, also die »Trauerarbeit« nicht vollzogen: das Weggehen von Kindern, die sie mochte und das »Verlassenwerden« von diesen Kindern, die sie als »ihre« Kinder erlebte. Die neuen Schüler waren ihr noch unvertraut. Aber genau das »Hängen« an der alten Klasse erschwerte es ihr, mit den jetzigen Kindern in Kontakt zu kommen. *Unbewußt wich die Lehrerin dem Trennungskonflikt aus* – und geriet dabei in ungreifbare Dauerspannung.
– Der Kollege erlebt – vermutlich nicht ohne Neid –, wie seine Schüler immer noch an der alten Lehrerin »hängen«. Diese wird von den Kindern gemocht, er selbst hingegen nicht angenommen. Mag sein, daß er das nicht so sieht – er plädiert ja für Distanz und Strenge. Aber auch wenn er sich oder anderen nie eingestehen könnte, daß er von den Schülern gemocht werden will: *Auch zu seinen Grundsehnsüchten gehört es, akzeptiert zu werden.* Dieses Akzeptiertwerden wird ihm, so erscheint es ihm, durch die Kollegin unmöglich gemacht. Deshalb fühlt er sich von ihr bedroht.
– In dem Kollegen mag der Eindruck entstanden sein, die Lehrerin erachte ihn und andere aus dem Kollegium nicht für würdig, sich mit ihnen einzulassen. »Die gibt sich ja nur mit

den Kindern ab«, könnte sie denken, »und möchte mit uns nichts zu tun haben«. Vordergründig mögen die Kollegen so tun, als machte es ihnen nichts aus; aber *insgeheim fühlen sie sich doch gekränkt* oder abgelehnt.

Die Lehrerin erlebt die Bedrohung durch den Lehrer. Aber sie merkt nicht, daß sie selbst ihn bedroht. Beide könnten sich etwas vom gegenseitigen Bedrohtsein nehmen. Die Lehrerin müßte sich dazu von ihren früheren Kindern trennen und akzeptieren, daß diese jetzt nicht mehr ihr »gehören«. Und den Kollegen sollte sie so sein lassen, wie er ist. – Dieser wiederum könnte die Spannung vermindern, wenn er zu der Art seines Umgangs mit Schülern stehen, aber gleichzeitig das Verhalten der Lehrerin tolerieren könnte und nicht unterschwellig bekämpfen müßte. Das gelänge wiederum am besten, wenn er sich nicht von der Kollegin abgelehnt fühlte.

– Gelingt es der Lehrerin, *das Kollegen-Feindbild zu korrigieren,* wird sie sich vom Kollegium weniger »verfolgt« fühlen. Sie kann dann offener und unbefangener zu sich, zu ihrem persönlichen Umgang mit den Kindern, zu ihren Ansichten über den Unterricht stehen – also mehr sie selbst sein.
– Günstig wäre, wenn die beiden »heimlichen Feinde« darüber reden könnten, wie es ihnen miteinander geht. Besonders wenn sie dabei *nicht von ihren Prinzipien sprechen, sondern von der Spannung zwischen ihnen, von ihren Ängsten voreinander.* Dies könnte nicht die grundsätzlichen Gegensätze aus der Welt schaffen. Aber es könnte bewirken, daß sich die beiden nicht mehr offen und versteckt als Gegner behandeln müssen. – Die Lehrerin könnte am Spannungsverhältnis zu diesem Kollegen etwas von dem wahrnehmen, was vielleicht auch in der Beziehung zum Gesamtkollegium zu der von ihr erlebten Isolation beiträgt. So würde ihr der Versuch möglich, die Isolation aufzuheben und aus der Spannung herauszukommen, die ihr das Schulegehen derzeit so bedrohlich erscheinen läßt.
Aufgabe des psychologischen Beratungsgesprächs ist also nicht, der Lehrerin zu sagen, was sie tun solle, sondern ihr dabei zu helfen, die verwirrte Beziehung besser zu verstehen, in der sie sich befindet. Mit diesem Verständnis kann sie neu handeln.

Die unterrichtspsychologische Beratung als Anstoß zu interesse-erweckendem Lehren und Lernen

»Disziplinschwierigkeiten« in der Biologiestunde verweisen auf unzureichendes unterrichtsmethodisches Vorgehen

Zwar hat jeder Schulkonflikt auch mit der Person des Lehrers zu tun. Aber Schwierigkeiten müssen nicht immer in der Person von Lehrerinnen und Lehrern begründet sein, sondern können zum Beispiel mit *unterrichtlichem Ungeschick* zusammenhängen. Da die Universitäten die Lehramtsanwärter schulpädagogisch und unterrichtsmethodisch unzureichend ausbilden, kommen didaktische Schwierigkeiten häufig vor – freilich können sie nie losgetrennt von der Lehrerpersönlichkeit gesehen werden.

Eine Lehrerin klagt über Disziplinschwierigkeiten in einer 6. Klasse, in der sie Biologieunterricht erteilt: Die Schüler merkten überhaupt nicht auf, sie müsse ständig mahnen, manche täten einfach was sie wollen, andere seien aggressiv gegen sie. So müsse sie immer wieder drohen und Verweise geben. Das widerspräche aber ihrer inneren Einstellung. Am schlimmsten sei *die Uninteressiertheit der Schüler,* die sie nicht nur als störend, sondern auch als beleidigend empfinde. Letztlich werde sie einfach nicht fertig mit der Klasse und das erlebe sie als kränkend.

Während einer kollegialen Beratung wird noch nicht deutlich, was die Hauptursachen für den Beziehungskonflikt der Lehrerin sind: ob sie mehr in derer Persönlichkeit liegen oder ob es sich um mangelnde unterrichtliche Fähigkeiten handelt. Sicher spielt mehrerlei eine Rolle, aber vordergründig fällt auf: die Lehrerin kann nicht unterrichten, ihr unterrichtsmethodisches Denken ist kaum entwickelt. Offenbar unterrichtet sie in unreflektierter Weise so, wie sie es in ihrer eigenen Schulzeit erfahren hat: Reiner Wortunterricht durch Lehrervortrag, Abfragen der Schüler, allenfalls noch Informationen aus dem Lehrbuch, unzureichende Veranschaulichung.

Die beratende Kollegin meint, man könne die Disziplinschwierigkeiten zunächst über unterrichtspsychologische Einsichten bearbeiten. Wenn das nicht hülfe, könnten weiterreichende, nämlich persönlichkeitsbezogene Überlegungen angestellt werden. Die Lehrerin geht bereitwillig auf den Vorschlag ein, *die unterrichtliche Situation sorgfältig auf ihren Ist-Zustand hin zu erhellen und aus dieser Analyse heraus den Unterricht zu verändern.* Beraterin und Lehrerin wollten gemeinsam unterrichtspsychologisch begründete Veränderungsvorschläge ausarbeiten, die sofort angewandt werden können:

1. Die *Lehrerin teilte der Klasse mit,* wie unzufrieden sie mit dem Unterricht ist und daß sie etwas verändern wolle. Ihr mache es keinen Spaß und es würde zu wenig gelernt.

2. Die *Schüler konnten ihrerseits mitteilen,* wie es ihnen ergehe, was ihnen nicht passe, weshalb sie uninteressiert seien. Sie äußerten zum Beispiel ihren Unmut über das Thema »Die ungeschlechtliche Fortpflanzung...« Das fänden sie schrecklich langweilig.

3. Lehrerin und Schüler *überlegten Lösungsmöglichkeiten.* Dabei wurden auch solche genannt, die sich die Lehrerin nicht zutraute – zum Beispiel ein Projekt mit der Klasse durchzuführen –, aber auch andere Vorschläge,die man gemeinsam ausprobieren konnte.

4. Eine Folge der Klage über »langweilige Themen« war, daß die Lehrerin aus dem Lehrplan die Lerninhalte zusammenstellte und vervielfältigte. Die Jugendlichen konnten nun die *Themen benennen, die sie besonders interessierten.*

5. *Bevorzugtes Unterrichtsthema* war »Fledermäuse«. Das sollte nun als erstes angegangen werden. Dazu überlegten Lehrerin und Klasse, auf welche Weise sie Informationen über Fledermäuse bekommen. Schüler erklärten sich bereit, in ihren »Naturbüchern« nachzuschlagen und zu versuchen, etwas über diese Tiere zu erfahren.

6. Die Lehrerin sorgte für *Anschauungsmittel:* eine ausgestopfte Fledermaus, eine Dia-Reihe und einen Film.

7. In der Unterrichtsstunde berichteten die Schüler über die *Ergebnisse ihrer Nachforschungen* zum Thema »Fledermäuse«. Dabei zeigten sich unterschiedliche »Erkenntniswege«: Manche hatten im Lexikon nachgelesen, andere in naturkundlichen Büchern, zwei waren in den Zoo gegangen und haben sich dort informiert, ein Mädchen fand einen Beitrag in einer Fachzeitschrift, einer kannte den Meßner einer nahegelegenen Dorfkirche und ließ sich im Kirchturm die dort hängenden Fledermäuse zeigen... Alle waren beeindruckt von der Fülle an Informationen.

8. Die Schüler sollten nun mit Hilfe des Lehrbuches und der darin enthaltenen Arbeitsaufträge das gefundene *Wissen*

ordnen. Wichtige Gesichtspunkte wurden an die Tafel und von den Schülern in ihr Arbeitsheft geschrieben. Dazu konnte jeder etwas zum Thema zeichnen, was ihm wichtig erschien. – Es wurde rasch sichtbar, daß eine ganze Reihe von Unterrichtsstunden nötig war, um das Interesse der Schüler und die Arbeitsbereitschaft zu befriedigen.

9. Der Schüler, der auf dem Kirchturm war, gewann den Meßner dazu, in einem *Unterrichtsgang* die ganze Klasse die Fledermäuse anschauen zu lassen.

10. Eine Schülergruppe stellte unter Mitarbeit der Lehrerin Fragen zusammen, die den *Wissenszuwachs* deutlich machten und bei der Leistungskontrolle gewußt werden sollten. Zum Beispiel: Wie findet die Fledermaus in einem völlig abgedunkelten Raum den Flugweg durch aufgespannte Drähte? Weshalb stößt sie an, wenn ihr die Ohren zugebunden werden? Wovon ernähren sich Fledermäuse? Wie geschieht die Aufzucht der Jungen? ...

11. Fragenkatalog und Antworten dazu wuchsen immer mehr an, danach wurde eine *Leistungskontrolle* geschrieben. Die Lehrerin stellte diese unter Mitwirkung der Klasse so zusammen, daß die Schüler nicht nur »Pflicht-Lerninhalte«, sondern auch aus persönlichem Interesse heraus erarbeitetes Wissen mitteilen konnten. Die Folge war, daß überwiegend gute Noten herauskamen.

Die unterrichtspsychologische Beratung und Zusammenarbeit hatte also Folgen. Sie *brachte bei der Lehrerin und der Klasse etwas in Bewegung.* Der angeregte Prozeß führte zu gesteigerter Lernbereitschaft bei den Schülern und größerer Zufriedenheit bei der Lehrerin. Von da aus konnte die Lehrerin allmählich versuchen, insgesamt zu abwechslungsreicheren Arbeitsformen überzugehen: Kleingruppenarbeit, Partnerarbeit, Mikroskopieren, Experimentieren, Beobachtungen, Unterrichtsgänge, Schülerreferate ... Was die Veränderung bewirkte, waren aber im Grunde nicht die »unterrichtsmethodischen Maßnahmen«. Vielmehr riskierte die Lehrerin, im Schutz der unterrichtspsychologischen Beratung, *eine andere Beziehung zu den Schülern einzugehen.*

Benützte Literatur:
Richter, H. E.: Die Gruppe. Reinbek 1972 (ro ro ro)
Singer, K.: Maßstäbe für eine Humane Schule. (1981)

Pädagogische Gruppen – Erfahrungsraum für das Bearbeiten von Konflikten

Übungs-Seminare – Themenzentrierte Interaktion –
Lehrer-Selbsthilfegruppen

Erziehungsziele und Erziehungsmethoden gehören zusammen.
Wenn sie nicht im Einklang miteinander stehen, wird das Ziel
verfehlt. Solange sich Menschen dem Gesetz des Siegens und
Verlierens unterwerfen anstelle des Zusammenspiels im Kompromiß, kann vernünftiges Denken und Handeln selten
zustande kommen. Ich halte das Rivalitätsprinzip für eine
destruktive Grundlage. Humanistische Erziehung setzt neue
Leitvorstellungen und eine neue Berufsbeschreibung für Lehrer voraus. Die Prinzipien der Verdinglichung und des Rivali-
sierens müssen durch humanistische und kooperative Einstellungen ersetzt werden.
Ruth Cohn

Übungs-Seminare als Lernsituation für die pädagogische Konfliktbearbeitung
Probe-Handeln ohne »Richtig« und »Falsch«

Konflikte in der Schule machen Lehrerinnen und Lehrern
Angst. Jede Angst ist letztlich auf Trennungsangst zurückzuführen: die Angst vor dem Alleingelassen-Werden. Deshalb
eignet sich die Gruppe besonders dazu, sich mit dem inneren
Beunruhigtsein zu beschäftigen und das Angstmachende zu
bearbeiten. Die Gruppe kräftigt das Ich des hilfesuchenden
Lehrers, weil er am Gruppen-Ich teilhaben kann. Sie schützt
den einzelnen durch die wachsende Beziehung in der Gruppe;
er ist nicht mehr allein mit seinen Unsicherheiten und Ängsten.
Weil er sich in der Gruppe mit dem auseinandersetzen kann,

was er an sich selbst als unzulänglich empfindet, fühlt er sich nach und nach selbstbewußter. Die Wertschätzung, die der einzelne dabei von den anderen erfährt, führt dazu, daß er sich als wertvoller erlebt. Diese bessere Selbsteinschätzung hängt auch damit zusammen, daß der Teilnehmer sieht, wie er selbst den anderen durch sein Sich-Einlassen helfen kann.

Die Normen, die sich in der Gruppe entwickeln, geben dem einzelnen Halt und lassen ihn seine Selbstzweifel besser überwinden. Schließlich erlebt der Teilnehmer in der Gruppe, daß er hier nicht den Rivalitätszwängen ausgesetzt ist, die in der Schulsituation so anspannend und ängstigend sind; hier wird *nicht gegeneinander, sondern miteinander* etwas gemacht. All das ermöglicht es zunehmend, sich auch in der Schulklasse, im Umgang mit Kollegen, Eltern und Vorgesetzten, sicherer zu fühlen. Mit der Gruppe als Erfahrungshintergrund kann Angst konstruktiv werden und pädagogisch handlungsfähiger machen.

Viele Unsicherheiten entspringen daraus, daß Lehrer auf alltägliche Konfliktsituationen zu wenig vorbereitet sind. Die fachwissenschaftliche Unterweisung des Studiums vermittelt kaum pädagogisches Handlungswissen und schon gar nicht entsprechende Erfahrungen. Wenn Lehrer konfliktfähig werden sollen, dürfen sie über pädagogisches Handeln nicht nur *belehrt* werden. Sie müssen in allen Abschnitten der Lehrerausbildung und Fortbildung *pädagogisches Handeln als Probehandeln erfahren.* Zur Belehrung muß eigenes Versuchen und Denken treten. Dieses ist als Sprachhandeln in kleinen Gruppen besonders wirksam. Am folgenden Beispiel wird der mögliche Ablauf einer solchen Gruppenübung umrissen.

Unterschiedliche Ansichten über »Schuldisziplin« bewirken unterschiedliches Handeln

Verschiedene Lehrer verstehen unter Schuldisziplin jeweils Verschiedenes. Der eine empfindet ein Verhalten als »disziplinlos«, das ein anderer als angemessen oder gar erwünscht bezeichnet. Was der eine als Unterrichtsstörung ansieht, kann für den Kollegen Unterrichtsanregung sein. – Teilnehmer einer Pädagogischen Arbeitsgruppe diskutierten einen Disziplinkonflikt, den eine Lehrerin vortrug. Diese kam sich in der Situation hilflos vor. Der Vorfall ereignete sich in einer 5. Klasse.

Konfliktsituation: Die Lehrerin ließ in einer Sprachübung zusammengesetzte Hauptwörter suchen. – Die Schüler arbeiteten eifrig mit und brachten viele Vorschläge. Einige standen an der Wandtafel und schrieben die gefundenen Wörter an; sie fügten auch eigene Beispiele hinzu. – Die gemeinsame Wortsammelarbeit wurde plötzlich gestört durch ein schallendes Gelächter der Klasse: ein befreiend-herausplatzendes Lachen, ein aggressives Lachen, aber auch ein schadenfroh-lauerndes Lachen: was wird die Lehrerin machen? – Die Lehrerin war überrascht und sah an der Tafel das Wort stehen, über das die Klasse so lauthals lachte: das zusammengesetzte Hauptwort »Elefantenarschloch«. – Der Unterricht war gestört, an ein Weiterarbeiten in der augenblicklichen Situation nicht zu denken.

Diese Konfliktsituation stellte den Ausgangspunkt der Übung dar. *Die Lehrerinnen und Lehrer überlegten zunächst für sich:* Wie wäre mir zumute in dieser Situation? Wie hätte ich vermutlich gehandelt? – Dabei kamen ihnen eigene Erfahrungen als Lehrer, aber auch solche als Schüler. Es wurden folgende *Lösungsmöglichkeiten* vorgeschlagen:

Den Vorfall übergehen und so tun als ob nichts wäre – Den Schülern sagen, da gäbe es nichts zu lachen und weitermachen – Feststellen, ein solches Verhalten gehöre sich nicht – Das Wort wegwischen – In das Lachen der Klasse mit einstimmen – Das Mißfallen äußern: ich finde das nicht richtig... – Den Schüler und die Klasse zurechtweisen – Eine Diskussion darüber führen, ob das jetzt richtig war... – Die ganze Tafel voll ähnlicher Wörter schreiben lassen – Mit dem Schüler besprechen, weshalb er das Wort angeschrieben hat – Gemeinsam überlegen, weshalb wir auf das Anschreiben dieses Wortes so reagieren – Eine Sprachübung durchführen über »verbotene Worte, Worte, die ‹man› nicht sagt« – Ein Gespräch über den Reiz des Verbotenen führen – Der Klasse eine Strafaufgabe geben – Den Schüler nachsitzen lassen – Den Vorfall überlegen – Den Schüler ein Protokoll schreiben lassen...

Die Teilnehmer der Lehrergruppe überlegten zu der gestörten Sprachübung auch die Frage, *weshalb der Junge so gehandelt habe.* Dabei kam eine ganze Reihe möglicher Beweggründe ins Gespräch:

Der Schüler wollte vielleicht die Lehrerin provozieren – Er wollte sich besonders hervortun vor den anderen – Er war

kreativ – Er hatte einfach Freude an dem Wort – Er wollte die
anderen zum Lachen bringen – Er wollte die Lehrerin kränken
– Er wollte gegen die Lehrerin aggressiv sein – Er wollte die
Lehrerin testen – Er wollte die Anerkennung der Mitschüler
gewinnen – Er wollte einen Witz machen...

Es wurde deutlich, wie unterschiedlich die einzelnen Lehrerinnen und Lehrer den Problemfall auffaßten. Manche konnten den Vorfall überhaupt nicht als Unterrichtsstörung ansehen, während andere darauf bestanden, diese »Ungehörigkeit«
zu bestrafen. Die meisten empfanden die gebrachten Vorschläge als recht dürftig, oberflächlich und einfallslos.

*Das psychologisache Verstehen des Konflikts eröffnet neue
Handlungsmöglichkeiten*

Beim Durcharbeiten des Konflikts kamen die Lehrerinnen
und Lehrer des Übungsseminars auf mehrere Aspekte.

Sprachpsychologische Betrachtung. Sie lernten die Konfliktsituation als sprachpsychologisches Problem verstehen, das
auch mit der Klasse erörtert werden könnte: Weshalb hat das
Wort für uns eine besondere Bedeutung? Warum lachen wir bei
»Elefantenarschloch« in der Weise, wie wir es in der Klasse
erlebt haben – nicht aber bei dem zusammengesetzten Hauptwort »Schimpansenkäfig«? – Es kommt der Reiz des Verbotenen zur Sprache – zum Beispiel der verbotenen Filme. Menschen können solche Verbote als Freiheitsbeschränkung erleben und rebellieren mit einem »Jetzt erst recht!«.Eine sprachpsychologische Seite steckt vor allem auch in dem Problem der
obszönen Worte, der unanständigen, schamlosen Ausdrücke:
Weshalb reizen solche Worte? Oder weshalb machen sie
Angst? Weshalb gibt es in Schulklassen Zeiten, zu denen
gehäuft verpönte Ausdrücke verwendet werden, über die die
Erwachsenen entsetzt sind?

Individual-psychologische Betrachtung. Es handelt sich auch
um ein individual-psychologisches Problem: Weshalb schreibt
gerade dieser Schüler »Elefantenarschloch« an die Tafel und
warum reagiert gerade dieser Lehrer so und nicht anders
darauf? Es geht beim Betrachten des Lehrerverhaltens nicht
darum, was »man« tun könnte, sondern um die Frage, weshalb
ich wohl so handeln möchte oder nicht anders handeln kann. So
sagte zum Beispiel eine Teilnehmerin beim Gespräch über den

beschriebenen Vorfall unter Erröten, daß sie noch nie in ihrem Leben das Wort A... ausgesprochen habe und deshalb in dieser Situation hilflos wäre. Bei ihr zu Hause sei es einfach unmöglich gewesen, ein solches Wort in den Mund zu nehmen. – Ein anderer Teilnehmer, der meint, er hätte in dieser Situation kräftig auf den Tisch geschlagen und »Ruhe« gebrüllt, erzählt dazu, daß dies wohl nichts anderes als das Verhalten seines Vaters gewesen wäre.

Lehrerinnen und Lehrer sind immer *mit ihrer persönlichen Einstellung an jedem Disziplinproblem beteiligt.* Das kann auf den Konflikt selbst mildernd oder verschärfend einwirken. Dieser verläuft unterschiedlich, je nachdem, ob – wie im vorliegenden Fall – die Lehrerin sich gehemmt fühlt im Bereich analer Ausdrücke, oder ob ein Lehrer sich selbst mit Lust solcher »verbotener« Worte bedient.

Gruppenpsychologische Betrachtung. Bei dem beschriebenen Vorfall handelt es sich auch um ein *Gruppenproblem,* das Klasse und Lehrer angeht. Dieses Gruppenproblem sollte nicht einfach als Störung beseitigt werden, sondern Anstoß zu seiner Bearbeitung sein. Gruppendynamische Fragen sind zum Beispiel: was ist wohl in der Klasse, daß die Schüler so aggressiv-schadenfroh in das Gelächter ausbrechen? Was kann sich darin über die Lehrer-Schüler-Beziehung ausdrücken? Wie ist die Stellung des Tafelschreibers in der Klasse?

Die unterrichtspsychologische Betrachtung. Der Vorfall wird zum *unterrichtlichen Problem* insofern, als sich der Lehrer aufdeckend oder zudeckend verhalten kann. Beim zudeckenden Unterrichtsverhalten wird er alles tun, um das Problem so schnell wie möglich beiseite zu schieben; beim aufdeckenden Unterrichtsverhalten wird er genau das aufgreifen, dem sich jetzt die Interessen der Schüler am stärksten zuwenden. So könnte zum Beispiel der Zusammenhang zwischen Sprachverbot und Denkverbot erörtert werden.

Aus der hier zusammengefaßten Betrachtung, die die Übungsgruppe anstellte, wird deutlich: Es gibt keine allgemeingültigen Lösungen für diesen Konflikt – und für alle anderen Konflikte. Aber es wird auch sichtbar, daß *Lehrerinnen und Lehrer lernen können, offener und beweglicher mit Problemsituationen umzugehen,* wenn sie psychologisch-pädagogisches Grundlagenwissen haben und wenn sie sich darin üben, mit Konfliktsituationen sprachhandelnd umzugehen.

Pädagogische Übungs-Seminare sind eine Chance, sich selbst in vorgegebenen Problemsituationen und dem dazu ausphantasierten Handeln zu erfahren. Sie ermöglichen ein »Probehandeln«, das Lehrerinnen und Lehrern dabei hilft, Situationen schärfer zu erkennen und phantasievoller anzugehen. Die Lehrer »erproben« in der Gruppe, wie sie problematische schulische Lebenssituationen handhaben würden. Sie überlegen, welche persönlichen Hintergründe für das ausphantasierte Handeln mitverantwortlich sein können – und wie sie das vermutete Verhalten abändern möchten. Pädagogische Gruppen stoßen dazu an, *sich selbst wahrzunehmen und über sich selbst nachzudenken.* Aus diesem Prozeß kann ein neues Handeln erwachsen.

Eine angstmachende Konfliktsituation als Übungsinhalt

An einem weiteren Beispiel sollen die möglichen Elemente einer Übung in Schritten deutlich gemacht werden.

Erster Übungsschritt:
Das *Darstellen der angstmachenden Konfliktsituation.* Eine Lehrerin berichtet:

Ich betrete das Klassenzimmer meiner 8. Klasse. Da sitzen alle 34 Schüler mit ihren Stühlen auf den Tischen. Auch meinen Stuhl haben sie auf den Schreibtisch gestellt. Die Schüler sitzen ruhig, keiner sagt ein Wort. Mich ängstigt nicht nur, daß ich mich völlig hilflos fühle, sondern auch die gefährliche Situation für die Schüler: Die Stühle haben gerade noch Platz auf den schmalen Tischen und die Stuhlbeine stehen bereits am äußersten Rand des Tisches. Wenn also ein Schüler ein paar Zentimeter rückt, dann muß er herunterstürzen.

Bei der Darstellung der die Angst auslösenden Situation darf die Lehrerin nicht berichten, wie sie weiter gehandelt hat und wie es ihr dabei ergangen ist. Sie bringt erst im Fortgang der Übung das ein, was sie getan hat.

Zweiter Übungsschritt:
Die Seminarteilnehmer versuchen *sich in die Situation einzufühlen.* Jeder überlegt für sich, wie ihm wahrscheinlich zumute wäre, was diese Konfliktsituation in ihm auslösen würde. Es ist wichtig, dieses persönliche Sich-einfühlen und Sich-eindenken nicht zu überspringen, indem die Gruppe gleich mit dem Reden beginnt. Die Teilnehmer sollen sich vielmehr »hineinfallen«

lassen in die Gefühle, Gedanken, Bilder, Phantasien, die in ihnen aufgrund der vorgestellten Situation aufkommen.

Dritter Übungsschritt:
Jeder Teilnehmer überlegt weiter für sich: Wie hätte ich vermutlich in dieser Situation gehandelt? Was wäre wohl *mein persönliches Spontanverhalten* gewesen? – Gefragt ist nicht nach dem richtigen Verhalten, nach dem, was pädagogisch günstig wäre, sondern hier sollen die Übungsteilnehmer so ehrlich wie möglich in sich hineinhorchen und ihre theoretischen Kenntnisse beiseitelassen. Das ist nicht einfach für Menschen, die gewohnt sind, immer nach dem »richtig« oder »falsch« zu fragen und dadurch Spontanes zu unterdrücken. – Damit diese persönlichen Überlegungen nicht zu verschwommen und unverbindlich ablaufen, werden die Teilnehmer angeregt, stichpunktartig niederzuschreiben, was sie wahrscheinlich täten.

Vierter Übungsschritt:
Die *Seminarteilnehmer teilen das vermutete Spontanverhalten mit,* das sie ausphantasiert haben. Und zwar soll wiederum nicht pädagogisch bewertet werden; es sollen vielmehr die mannigfaltigen persönlichen Handlungsmöglichkeiten anklingen, so daß sich für die späteren Überlegungen ein weites Denkfeld ergibt. – Die Teilnehmer brachten unter anderem folgende Vermutung über ihr Verhalten:

Ich würde fragen: »Wollt ihr die ganze Stunde da oben bleiben?« – Ich habe ausphantasiert, auch raufzusteigen und den Unterricht zu beginnen. – Ich hätte wahrscheinlich der ganzen Klasse mit einem Verweis gedroht und sie aufgefordert, sofort herunterzusteigen. – Ich hätte versucht, einen Spaß aus dem Ganzen zu machen, aber wie, das weiß ich jetzt auch nicht. – Ich hätte gesagt: »Was ist denn da los, gefällt es euch da unten nicht mehr?« – Ich hätte wahrscheinlich eingestanden: »Da weiß ich jetzt nicht, was ich tun soll mit euch.« – Ich hätte den Schülern die Situation zurückgegeben: »Was würdet denn ihr jetzt an meiner Stelle tun?« – Ich hätte in meiner Hilflosigkeit wahrscheinlich den Direktor geholt.

Insgesamt meinten die Seminarteilnehmer, was ihnen eingefallen ist, empfänden sie als Verlegenheitslösung; kaum einer war mit seinem vermuteten Verhalten zufrieden.

Fünfter Übungsschritt:
Erst nachdem das Problem in dieser Übungssituation so nah wie möglich an die Person jedes Seminarteilnehmers herangekommen ist, überlegen wir weiter: Was wäre vermutlich ein *günstiges pädagogisches Handeln in dieser Situation* gewesen? –

Wenn die Teilnehmer überlegen und ihre Überlegungen aussprechen, dann findet gleichsam ein Probehandeln statt. Dieses Probehandeln wird eindringlich, wenn jeder zu Wort kommt; deshalb ist es günstig, die Seminargruppe immer wieder in Kleingruppen arbeiten zu lassen, oder auch in Partnergruppen.

In der Kleingruppe können die Seminarteilnehmer angstfreier ihre Einfälle bringen als in der Gesamtgruppe. Sie können das Aussprechen ihrer persönlichen Ansichten und das Formulieren ihrer Denkwege für die Plenumsdiskussion erproben.

Sechster Übungsschritt:

Es folgt ein *gemeinsames Gespräch über Denk- und Handlungsmöglichkeiten.* Die Einzelarbeit und das Gespräch in der Kleingruppe schaffen günstige Voraussetzungen für die Diskussion der Gesamtgruppe. Die Teilnehmer sind aufgeschlossen für die Frage, wie es anderen beim Durchdenken dieses Problems ergangen ist und was sie für Lösungsvorschläge gefunden haben. Die Vielfalt der Handlungsmöglichkeiten läßt auf unterschiedliche persönliche Einstellungen schließen.

Die Überlegungen, die die Seminarteilnehmer anstellen, empfanden diese zum großen Teil unzulänglich:

Den Schülern sagen: »Kommt jetzt bitte runter, so kann ich nicht unterrichten.« – Sie fragen: »Was gefällt euch denn da oben besser?« – Ihnen den Kampf ansagen: Wer sich selbst erhöht, wird erniedrigt werden. – Sie zu fragen: »Wie kamt ihr auf die Idee, euch da hinauf zu setzen?« – Unter Hinweis auf den leeren Stuhl auf meinem Schreibtisch, festzustellen: »Ich setz mich da nicht rauf; ich hätte Angst, herunterzufallen.« – Versuchen, die Schüler in ein Gespräch zu verwickeln.

Das Unbefriedigtsein wich einer Betroffenheit, als wir entdeckten, daß wir unsere Gedanken überwiegend auf die Frage richteten: Was mache ich mit denen? Wie bring ich die vom Tisch herunter? Wie werde ich mit denen fertig? Wie setze ich mich hier durch? – Und die Äußerung einer Lehrerin wurde zunächst übergangen; diese meinte: Ich würde den Schülern sagen: »Da weiß ich jetzt wirklich nicht was ich machen soll, ich steh richtig hilflos vor euch, die ihr da oben sitzt.« Sie wollte also den Schülern mitteilen, wie es für sie jetzt ist – und eingestehen, daß sie sich ratlos vorkommt. Jetzt merkten wir, wie sehr wir auf das Machtprinzip eingestellt sind: Wer von uns ist der Stärkere? Wie mach ich euch zu den Schwächeren? – Und wie sehr wir in vielen eigenen Schuljahren, durch Lehrer- und Elternvorbild gelernt haben, die anderen zu zwingen oder zu manipulieren, aber nicht, sich mit ihnen zu verständigen. Die Mehrzahl der Lehrer dieser Gruppe kam nicht auf die Idee, in dieser Situation die eigene Schwäche einzugestehen:

»Ich bin jetzt natürlich die Schwächere, ich kann euch nicht zwingen wieder von euren Tischen herunterzukommen. Aber ich würde gern mit euch darüber reden, was da jetzt ist...« – »Ihr wißt, daß ich so nicht unterrichten kann, aber vielleicht können wir darüber sprechen, wie es dazu kam, daß ihr da oben sitzt?« – »Ich bin jetzt ratlos und ich frag mich, ob ihr was gegen mich habt, daß ihr mich in diese Situation bringt – oder was da sonst los ist.«

Wir kamen im Gespräch darauf, wie tief es in uns verwurzelt ist, als Lehrer eigene Unsicherheit und Schwäche nicht einzugestehen – und wie schwer es dies macht, Konflikte partnerschaftlich zu lösen.

Siebter Übungsschritt:
Wir *versuchen, uns in die Schüler einzudenken.* Das wird jetzt gut möglich, da wir so viele Reaktionsmöglichkeiten in uns selbst entdeckt haben. Wir überlegten, was die Hintergründe für das gezeigte Klassenverhalten sein könnten:

Es kann sein, daß die Schüler die Lehrerin herausfordern wollen: Jetzt schauen wir, wer stärker ist. – Es ist möglich, daß die Schüler ausprobieren wollen, wie weit sie gehen können. – Denkbar ist auch, daß sich die Schüler bei der Lehrerin für etwas rächen wollen, was diese ihnen angetan hat. – Das Verhalten kann ein Kontaktangebot sein – wenn auch etwas verzerrt: Bei dir können wir so etwas machen, da müssen wir nicht gleich Schlimmstes befürchten. – Möglich ist auch, daß es sich um eine Mutprobe handelt, die sich die Klasse aufgetan hat. – Es könnte sein, daß eine mächtige informelle Gruppe in der Klasse die anderen gezwungen hat, mitzumachen. – Es kann aber auch einfach Übermut der Klasse sein, den sie auf diese Weise zum Ausdruck bringt.

Je weniger die Lehrerin darüber nachsinnt, wie sie der Klasse die verdiente Niederlage zufügen kann, um so wahrscheinlicher wird es, daß sie mit den Schülern ins Gespräch kommt und dabei die Ursachen deren Verhaltens verstehen lernt.

Achter Übungsschritt:
Bei dem Problembewußtsein, das sich die Gruppe jetzt erarbeitet hat, könnte *ein Rollenspiel die Übung vertiefen.* Allerdings setzt dies voraus, daß innerhalb der Gruppe schon ein Klima des Sich-trauen-Könnens gewachsen ist. Eine Teilnehmerin könnte

dann die Lehrerin spielen und die Gruppe die Klasse; so wird ein besonders person-nahes Sich-Einlassen mit der Konfliktsituation angeregt.

Neunter Übungsschritt:
Dieser »Schritt« soll wieder als Element der Übung angesehen werden, das überall enthalten sein kann: Das *Hinterfragen und Verstehen des eigenen persönlichen Verhaltens*. Das Seminar wird besonders wirksam, wenn die Teilnehmer den ihnen angebotenen Freiraum allmählich dazu nutzen können, sich persönlich einzubringen. Es geht dann nicht mehr nur darum, was »man« tun könnte, sondern um die Frage, weshalb ich so handeln möchte. – So kamen wir bei dem eben beschriebenen Thema zu der Einsicht, wie sehr wir durch das Machtprinzip geprägt worden sind. So, daß wir spontan nur in der Weise reagieren können, möglichst schnell wieder mächtig zu werden, wenn wir ohnmächtig sind, und das verhindert Problemlösungsversuche unter dem Gesichtspunkt des Lernziels Solidarität.

Ein Seminarteilnehmer versuchte etwas von dem mitzuteilen, weshalb er persönlich – ohne daß er es will – vermutlich immer wieder in Gefahr gerät, nach dem Machtprinzip zu handeln: Er schilderte die Beziehung zu seinem beherrschenden Vater, bei dem er sich immer kleingemacht vorkam. Und er merkt, wie er offenbar Kleineren gegenüber dazu neigt, nun endlich selbst der Mächtige zu sein. – Von dem Wagnis einzelner Teilnehmer, solch offene Bemerkungen zu äußern und von dem akzeptierenden Verhalten des Seminarleiters dazu, springt auf die Gruppe etwas Ermutigendes über: »Die trauen sich zu, über Persönliches zu reden; vielleicht kann ich es mir auch zutrauen.«

Gruppen in themenzentrierter Interaktion – TZI
Erfahrungsraum für Miteinanderlernen und gemeinsames Konfliktlösen

Bei Seminaren wie dem eben beschriebenen liegt es nahe, nicht nur von den Schwierigkeiten in und mit der Schulklasse zu sprechen, sondern auch von denen in der eigenen Übungsgruppe. Zum Beispiel
    wenn zwei durch »Schwätzen« stören,
    wenn einer dem anderen das Wort abschneidet,
    wenn ein Teilnehmer nicht mitmacht,

wenn ein anderer etwas anderes möchte als in der Gruppe vereinbart wurde,

wenn ein Vielredner die anderen zu Schweigern macht,

wenn der Seminarleiter zu straff oder zu lasch führt,

wenn welche die vereinbarte Hausarbeit nicht leisten und dadurch den Fortgang der gemeinsamen Arbeit hemmen,

wenn häufiges Zuspätkommen einen rechtzeitigen Beginn der Übung unmöglich macht...

Solche *Konflikte werden nicht einfach beseitigt, sondern von der Gruppe aufgegriffen und bearbeitet.*

Wichtig ist dabei die Frage danach, wie sich der einzelne innerhalb der Seminargruppe und bei dieser Arbeit fühlt: ob er gern hergeht, ob er sich etwas zu sagen getraut, ob er sich angespannt fühlt oder locker, ob er ängstlich ist beim Sprechen, ob er befürchtet bloßgestellt zu werden, ob er sich von der Gruppe akzeptiert fühlt, ob er den Leiter bedrohlich oder ermunternd erlebt.

Solche *Fragen nach dem emotionalen Wohlbefinden* während des Lernens sind kein Zeitverlust: Einmal, weil die Gruppe lernwirksamer weiterarbeiten kann, wenn eine gute Arbeitsatmosphäre herrscht. Zum anderen, weil es ein wichtiger Lernprozeß ist, wenn die Teilnehmer erfahren und üben, wie sie selbst ihre Konflikte in der Gruppe bearbeiten können. Es wird zum Thema gemacht, was in der Übungsgruppe von einzelnen oder der Gesamtgruppe als störend erlebt wird. Dabei verläßt die Gruppe den »Lernstoff« und bemüht sich, die Störung aufzuheben. Dieses Vorgehen wird konsequent durch die Themenzentrierte Interaktion verfolgt. Das ist eine Methode, die in Kursen des WILL-Instituts erfahren und erlernt werden kann. Themenzentrierte Interaktion kann nicht nur in Lerngruppen Erwachsener, sondern auch in Schulklassen praktiziert werden.

Grundaussagen über die Themenzentrierte Interaktion

Unterrichts- und Erziehungserfolge hängen weitgehend vom Lernklima ab. *Eine Lernatmosphäre, die die emotionalen Bedürfnisse der Lernenden berücksichtigt, akzeptiert und klären hilft, vergrößert die Lernbereitschaft und verbessert die Lehrergebnisse.* Die »Themenzentrierte Interaktion« ist eine Unterrichtsmethode, die die Gefühle im Lernprozeß bewußt berücksichtigt. Lehrer, Schüler, Studenten und Dozenten können viele Elemente der Themenzentrierten Interaktion in das Miteinander-Lernen einbeziehen. Die themenzentrierte interaktionelle Methode wurde von der Psychotherapeutin Ruth Cohn entwickelt. Der folgenden Kurzbeschreibung liegt ihr Buch zugrunde: Von der Psychoanalyse zur themenzentrierten Interaktion. Hinzu kommen Ergänzungen und Vorschläge aus der eigenen Erfahrung mit Lehrer- und Studentengruppen.

Interaktion bedeutet das aufeinanderbezogene Handeln zweier oder mehrerer Personen. In der Interaktion drückt sich die Wechselbeziehung zwischen Handlungspartnern aus und die Art, wie sie gegenseitig ihr Handeln bedingen. – Im sozialen Verhalten bedeutet Interaktion also: Zwei oder mehrere Personen, die miteinander in Beziehung treten, beeinflussen einander. Dieses Beeinflussen geschieht bewußt und unbewußt. Das gemeinsame Verhalten, das sich daraus ergibt, ist das Ergebnis der Interaktion. Die wechselseitige Beeinflussung bezieht sich auf Einstellungen und Handlungen. In jeder Lerngruppe ist es unerläßlich, die soziale Interaktion zu beobachten und sie bewußt zu gestalten.

Themenzentrierte Interaktion: Eine Lerngruppe wird nicht nur vom gemeinsamen Interesse an einem Sachthema getragen. Vielmehr wird das Lernen von den verschiedensten persönlichen Wünschen und Gefühlen begleitet. Nicht nur persönliche Impulse können das Lernen fördern oder behindern; auch die Gruppe mit ihren sozialen Bezügen bestimmt, wie eindringlich der Lernvorgang verläuft: Ob die Gruppe miteinander reden kann, ob die Teilnehmer sich mögen oder ablehnen – davon hängt ab, ob und wie gelernt werden kann.

In jeder Lerngruppe laufen parallel mit dem intellektuell ausgerichteten Lernvorgang emotionale Vorgänge ab. Wenn die Gefühle und Bedürfnisse des einzelnen und der Gruppe mißachtet werden, leidet der Lernprozeß darunter: Die Störungen in der Gruppe lenken vom Sachthema ab, zumindest aber erschweren sie das Lernen.

Die themenzentrierte Arbeit in der Gruppe möchte daher *die Bedürfnisse des einzelnen ebenso beachten wie die Probleme der Lerngruppe* – und zwar mit der Absicht, *sachliches Lernen zu ermöglichen.* – Nach Ruth Cohn ist jede Lernsituation durch das ICH, WIR und ES bestimmt.

Das ICH meint die *Persönlichkeit* des einzelnen. Der Lernende hat ein Anrecht darauf, sich selbst mit seiner Person, also auch mit seinen Gefühlen, in den Lernprozeß einzubringen.

Das WIR meint die *Lerngruppe.* Wenn zwei oder mehrere Personen miteinander etwas tun, beeinflussen sie einander bewußt und unbewußt. Deshalb ist es in jeder Lerngruppe wichtig, die sozialen Beziehungen zu beachten und zu bearbeiten.

Das ES meint das *Sachthema,* dem die gemeinsame Arbeit gilt. Jedes Lernvorhaben ist darauf ausgerichtet, daß sich der Lernende Wissen aneignet und daß er bestimmte Fähigkeiten erwirbt; zu diesem Zweck hat sich die Lerngruppe zusammengefunden.

Regeln der Themenzentrierten Interaktion

Damit das Gleichgewicht zwischen ICH, WIR und ES hergestellt werden kann, hat Ruth Cohn Regeln aufgestellt. Die Hauptregel heißt »Sei dein eigener Chairman!« Man kann es übersetzen mit
- *Seien Sie Ihr eigener »Leiter«* (Chairman).
Versuchen Sie in der Gruppe das zu geben und zu empfangen, was Sie selbst geben und empfangen möchten. Machen Sie sich Ihre Wünsche und Gefühle bewußt. Üben Sie sich darin, sich selbst und andere wahrzunehmen. Vergrößern Sie den Freiheitsraum Ihrer Entscheidungen; nehmen Sie sich selbst, Ihre Umgebung und Ihre Aufgabe ernst. Seien Sie verantwortlich für Ihre Anteilnahme, Ihre Handlungen, nicht aber für die des anderen. – Bestimmen Sie, wann Sie reden oder schweigen und was Sie sagen wollen. Richten Sie sich nach Ihren Bedürfnissen im Hinblick auf das Thema.

Eine zu dieser Hauptregel gehörende Empfehlung lautet:
- *Bearbeiten Sie Störungen vorrangig.* »Beachte Hindernisse auf Deinem Weg, Deine eigenen und die von anderen. Störungen haben Vorrang; ohne ihre Lösung wird Wachstum erschwert oder behindert... Störungen fragen nicht um Erlaubnis, sie sind da: als Schmerz, als Freude, als Angst, als Zerstreutheit; die Frage ist nur, wie man sie bewältigt. Antipathien und Verstörtheiten können den einzelnen versteinern und die Gruppe unterminieren; unausgesprochen

und unterdrückt bestimmen sie Vorgänge in Schulklassen, in Vorständen, in Regierungen. Verhandlungen und Unterricht kommen auf falsche Bahnen oder drehen sich im Kreis« (Cohn).

Diese Regel besagt also: *Störungen und Ablenkungen müssen bearbeitet werden, damit Lernen möglich wird:* Wenn Sie nicht dabei sein können, wenn Sie gelangweilt oder ärgerlich sind, oder wenn Sie sich aus einem anderen Grund nicht konzentrieren können, dann besprechen Sie das mit der Gruppe. – Die Störung wird zum Thema gemacht und so lang bearbeitet, bis die Gruppe wieder mit Erfolg am Sachthema weiterarbeiten kann. »Die unpersönlichen ‹störungsfreien› Klassenzimmer sind sonst angefüllt mit apathischen und unterwürfigen oder mit verzweifelten und rebellierenden Schülern« (Cohn). – Die Störung des WIR in der Gruppe hat allerdings den Vorrang vor unlösbaren Problemen des ICH! Es würde die Lerngruppe überfordern, wollte sie sich um tiefliegende individuelle Schwierigkeiten des einzelnen annehmen.

Die »Störungsregel« kann Gruppen manchmal dazu verführen, zu sehr auf das Störende zu achten und nicht ebenso auf das *Förderliche.* Deshalb ist es ebenso wichtig, mitzuteilen, wie ein Vorschlag weitergeführt hat, daß der Optimismus eines Gruppenmitglieds die anderen »anstecke«, wie die Gruppe dabei geholfen hat, eine Sache besser zu verstehen.

Ruth Cohn hat noch »Hilfsregeln« formuliert, wobei ihr allerdings wichtig erscheint, daß ihre Methode kein »Regelsystem« ist. Die Regeln sollen methodische Hilfen sein für ein *persönlichkeitsförderndes Lernen und Miteinander-Umgehen.* Zu diesen methodischen Vorschlägen gehören:

– *Vertreten Sie sich selbst in Ihren Aussagen.* Sprechen Sie nicht mit »man« oder »wir« sondern mit »ich«! Allgemein gebrauchte Wendungen wie »Man kann doch nicht...«, »Wir wissen doch alle...«, »Jeder merkt doch...«, »Man sollte aber...« sind oft Mittel, eine nicht bestehende Übereinstimmung vorzuspiegeln, und zwar bei fehlender Bereitschaft, das, *was ich sagen möchte, zu verantworten.* – Die Beziehung in der Lerngruppe wird unmittelbarer, wenn Sie von sich selbst sprechen: »Ich meine...«, »Mir kommt da der Gedanke...«, »Ich würde versuchen...«, »Ich wüßte nichts anderes, als...«.

Solche »Regeln« dürfen nicht mißverstanden und nur formal angewandt werden. Sonst würde es sich um eine »Technik« handeln, mit Hilfe derer zum Beispiel »man« durch »ich« ersetzt wird. Aber nicht darauf kommt es an, sondern auf das Selbstentdecken der Haltung, die etwa hinter ständigen »man«-Aussagen steckt: Weshalb muß ich mein Ich verbergen?

– *Machen Sie persönliche Aussagen und stellen Sie keine unechten Fragen.* Manche Fragen enthalten verhüllte Aussagen. Deren Informationsgehalt kann vom Befragten oft nicht deutlich erfaßt werden, weil sich der Frager hinter seiner Frage versteckt. Fragen Sie also nicht: Herr X., müssen Sie dauernd mit Ihrem Nachbarn sprechen? sondern: Ich möchte gern wissen, was Sie jetzt mit Ihrem Nachbarn reden. – Oder: Ich ärgere mich darüber, daß Sie ständig mit Ihrem Nachbarn sprechen und uns damit ausschalten. – Oder: Mich stört es, daß Sie mit Ihrem Nachbarn sprechen!

– *Versuchen Sie zu sagen, was Sie wirklich sagen wollen* – nicht, was Sie möglicherweise sagen sollten, weil es von Ihnen erwartet wird! Falsch verstandene Höflichkeit oder Anpassungsbereitschaft hemmen das Lernen in der Gruppe. Offene und spontane Äußerungen dagegen können die emotionale und intellektuelle Entwicklung einer Gruppe fördern.

Allerdings wendet sich Ruth Cohn gegen die »Offenheit-um-jeden-Preis-Bewegung«; denn »absolute Aufrichtigkeit« kann zerstören. Auch hier bedarf es der »dynamischen Balance« zwischen Scheinheiligkeit und Rücksichtslosigkeit. Oder positiv gesagt: zwischen hilfreichem Schweigen und hilfreicher Verständigung. »Ich halte die Forderung nach ‹absoluter Offenheit› für ein gewalttätiges Übergangsphänomen« (Cohn).

– *Halten Sie sich mit Deutungen anderer zurück.* Sprechen Sie statt dessen Ihre persönlichen Wünsche aus. Also nicht: »Du redest, weil Du immer im Mittelpunkt stehen willst«, sondern, »Bitte rede jetzt nicht, ich möchte nachdenken« oder »Ich möchte selbst reden.«

– *Machen Sie Seitengespräche für die Gruppe nutzbar.* Seitengespräche stören, aber sind meist wichtig. Wenn ein Gruppenmitglied seinem Nachbarn etwas sagt, ist es wahrscheinlich stark beteiligt; es scheut sich vielleicht, seine Meinung in die Gruppe einzubringen. Dieses Mitglied braucht Hilfe und Ermunterung der Gruppe: »Bitte erzählen Sie uns doch, was Sie miteinander sprechen!« – Oder: »Können Sie uns sagen, was Sie beschäftigt?«

– *Verständigen Sie sich bei gleichzeitigen Wortmeldungen in Stichpunkten* über das, was Sie zu sprechen beabsichtigen, wenn mehrere gleichzeitig sprechen wollen. Die rasche Stichwortverständigung zwischen den Sprechenden vermittelt der Gruppe einen Überblick über die vielfältigen Gesprächsfäden, die später wieder aufgenommen werden können.

»TZI sucht die dynamische Balance von Körper, Seele, Intellekt und Geist: *ICH – meine Gefühle, Bedürfnisse, Gedanken und Schwierigkeiten; WIR – die Gruppe, ihre Struktur, ihr Prozeß, die Gefühle und Gedanken der Teilnehmer, und ES – das Thema oder die Aufgabe, die uns gemeinsam beschäftigen, sind gleich wichtig« (Cohn).* Der Gruppenleiter achtet darauf, daß beim Lernen alle drei Faktoren berücksichtigt werden, damit ein lebendiges Lernen möglich wird. Er versucht das Gleichgewicht zu halten zwischen ICH, WIR und ES. Die Gruppe darf weder einseitig auf das intellektuelle Lernen ausgerichtet sein und damit das Gefühlsleben des einzelnen und der Gruppe ausschalten. Sie darf aber auch nicht zur Selbsterfahrungsgruppe oder gruppentherapeutischen Veranstaltung werden, in der das zu bearbeitende Sachthema verloren geht.

Lehrer-Selbsthilfegruppen als Hilfe beim Bearbeiten von Schulkonflikten
Was Selbsthilfegruppen sind und bewirken können

Um Lehrer-Schüler-Konflikte zu besprechen, bedarf es nicht unbedingt eines Gruppenleiters. Sie lassen sich ebensogut in Selbsthilfegruppen bearbeiten. Wenn in selbstorganisierten Gruppen die täglichen »Disziplinkonflikte« oder andere schulpraktische Themen diskutiert werden, darf es ebenfalls nicht um »Richtig« oder »Falsch« gehen. Es handelt sich um ein offenes Sich-miteinander-Einlassen, um einfühlendes Wahrnehmen, um gemeinsames Denken, um das Erarbeiten von

Handlungsmöglichkeiten, aber nicht von Verhaltensvor-
schriften.

Was sind Selbsthilfegruppen?

Menschen, die sich in Selbsthilfegruppen zusammenschließen, möchten ihre Lebensnöte mit anderen in einer Kleingruppe bearbeiten. Ihre Probleme erwachsen aus persönlichen
wie auch beruflichen Schwierigkeiten. – Sechs bis zwölf Personen finden sich zu selbstverantwortlichen Gesprächsgruppen
zusammen. Sie lernen im regelmäßigen Gespräch ihre innere
und äußere Situation zu bearbeiten, ohne daß ein Gruppenleiter oder Therapeut mitwirkt.

Solche Gruppen treffen sich zum Teil über mehrere Jahre
hinweg einmal in der Woche oder jede zweite Woche zu einer
Sitzung von etwa zwei Stunden. Das Gruppenziel ist für alle
klar formuliert: Die Teilnehmer wollen *gemeinsam versuchen,
ihre persönlichen Probleme zu lösen* oder lernen, mit ihnen
besser umzugehen. Damit ist das Thema der Gruppe festge-
legt. Es geht um die aktuellen eigenen Konflikte, die vor allem
Beziehungskonflikte sind.

Aus Gruppenziel und Thematik leitet sich die spontane
Methode ab. Die Teilnehmer berichten von dem, was ihnen
Schwierigkeiten macht und was sie ändern möchten. Sie versuchen, persönliche Erlebnisse und Gefühle zu äußern und helfen
sich dabei, sie zu verstehen. Sich wechselseitig anerkennen und
gemeinsam annehmen, was in die Gruppe eingebracht wird,
gehört zu den wesentlichen Verhaltensweisen, die die Teilnehmer lernen und praktizieren wollen. Immer geht es darum,
möglichst unmittelbar miteinander ins Gespräch zu kommen.

Die wichtigsten Merkmale der Selbsthilfegruppe sind:

– alle Gruppenmitglieder sind gleichgestellt
– jeder bestimmt über sich selbst
– die Gruppe entscheidet selbstverantwortlich
– jeder geht um seiner selbst willen in die Gruppe
– was in der Gruppe besprochen wird, soll in der Gruppe
  bleiben (Gruppenschweigepflicht)
– die Teilnahme an der Gruppe ist kostenlos.

Was können Lehrer-Selbsthilfegruppen bewirken?

Selbstorganisierte Kleingruppen suchen einen Ausweg aus der oft eintönigen, von der eigenen Person isolierten und einseitig sachorientierten Fortbildung. Das regelmäßige offene Austauschen von Erfahrungen in der Selbsthilfegruppe *verbindet das berufliche Handeln mit dem persönlichen Erleben.* So kann die eindringliche Gruppenerfahrung erreichen, was die meisten amtlichen Ausbildungsgänge zu wenig bewirken: persönliches Beteiligtsein, Fähigwerden zum Sich-Einfühlen, person-orientierte Praxisnähe, unmittelbare Konflikterfahrung, Kennenlernen des eigenen Verhaltens, Wahrnehmen der persönlichen Wirkung auf andere, Solidarität.

Die Teilnehmer empfinden innerhalb der Gruppe Ermutigung. Geborgenheit in einer Gemeinschaft ist für sie eine wesentliche Erfahrung. Das gegenseitige Vertrauen und die vielfältigen Beziehungen in der Gruppe »tragen« ihre Mitglieder. So kann mit zunehmender Offenheit über Erlebnisse, Erfahrungen und Probleme gesprochen werden. Bewußt und unbewußt nehmen alle Teilnehmer an aufkommenden Problemen teil und erleben jeden Schritt der Gruppe mit.

Was in der Gruppe zur Sprache kommt, wird durch das Gruppenerlebnis vertieft. Da spricht zum Beispiel ein Gruppenmitglied von seiner Angst, daß Kollegen in seiner Abwesenheit über ihn herziehen, ihn verächtlich machen. Bald wird im Gruppengespräch deutlich, wie er auch hier diese Angst hat und weiter, wie Mißtrauen immer wieder ein Grundgefühl in der Gesamtgruppe ist, das nun benannt, besser verstanden und bearbeitet werden kann.

Fähigkeiten, die für den Gruppenprozeß notwendig sind und allmählich durch die gemeinsame Arbeit gelernt werden:

- Gefühle anderer verstehen und teilen
- sich wechselseitig achten und anerkennen
- teilnehmen lassen am eigenen Erleben
- andere bestärken, wenn ihnen etwas gelungen ist
- offene Kritik- und Konfliktfähigkeit sich selbst und anderen gegenüber.

Bei regelmäßigen Sitzungen entsteht mit der Zeit ein starkes Gruppengefühl, auch wenn einige Mitglieder wieder ausscheiden und neue Personen hinzukommen. jede Gruppe findet erfahrungsgemäß ihre eigene Form, miteinander umzugehen. Besondere Regeln sind nicht nötig. Die Gruppengespräche sind ein Prozeß zunehmender persönlicher Selbstentdeckung. Man gewinnt Einsichten in bisher nicht bewußte Zusammenhänge seines persönlichen Lebens und seiner Schulprobleme.

Die anfängliche Angst vor der Gruppe

Ideal wäre es, wenn sich Lehrer eines Kollegiums zu einem Erfahrungsaustausch in einer Selbsthilfegruppe zusammenfänden. Das scheint jedoch gegenwärtig noch kaum möglich zu sein – bei den Ängsten, dem Mißtrauen, dem Leistungs- und Hirarchiedenken im Raum der Schule. Aber innerhalb eines Schulbezirks finden sich vielleicht doch sechs bis zwölf gleichgesinnte Lehrer, die aus ihrem persönlichen Interesse heraus miteinander zum wöchentlichen Gespräch zusammen kommen wollen.

Auch wer der Idee der Selbsthilfegruppe zuversichtlich gegenübersteht, spürt doch ein ängstliches Gefühl, wenn er ernsthaft daran denkt, sich einer Gruppe anzuschließen:

- *Fremdenfurcht:* Wir treffen mit Menschen zusammen, die wir nicht kennen und denen wir uns anvertrauen sollen. Diese Furcht schwindet im Verlauf der Sitzungen, wenn wir es wagen, miteinander zu reden.
- *Bekanntenfurcht:* Da sind Kolleginnen und Kollegen, die wir vielleicht schon länger kennen und denen gegenüber wir uns jetzt von einer anderen Seite zeigen sollen.
- *Hang zur passiven Schülerrolle:* Es entsteht immer wieder das Bedürfnis, Anleitung durch Experten zu bekommen, jemanden zu finden, der sagt was »richtig oder falsch« ist. In einer Selbsthilfegruppe müssen wir lernen, diese Abhängigkeitswünsche weitgehend aufzugeben, und aktiv und eigenverantwortlich zu handeln.
- *Abwehr der eigenen Konflikte:* Es fällt uns schwer, uns mit Ängsten, Unbehagen, Kränkungen und Schuldgefühlen auseinanderzusetzen. Negative Gefühle wie Zorn, Neid, Haß, Minderwertigkeitsempfindungen, Beschämungen spielen eine große Rolle.

Mit dem Überwinden solcher Anfangsprobleme und Ängste verändert sich nicht nur die Arbeitssituation in der Gruppe. Gleichzeitig geht damit einher, daß es auch in der Schulsituation leichter fällt, mit genau den gleichen Schwierigkeiten zurechtzukommen.

Von der Panzerung zur Berührung
»Ich pflastere mich mit meinem Stoff vollkommen zu«

Ein Hauptthema in Gruppen ist immer wieder »die Angst, das Gesicht zu verlieren«. Wenn Lehrerinnen und Lehrer ihr »Gesicht wahren« müssen, steckt oft Angst vor Schülern, Kollegen und Vorgesetzten dahinter. Diese Angst treibt sie dazu, sich zu panzern. Sie sorgen sich fortwährend, ihren Panzer zu verlieren und dadurch verwundbar zu werden. Oft erleben sie sich auch in ihrem Körpergefühl gepanzert, was sich in schmerzhaft verspannten Muskeln äußern kann.

Solch ein Panzer mag zwar verhindern, von außen gestört oder zerstört zu werden; aber er *zwängt die Person ein, er behindert sie in ihrer Eigenbewegung.* Er hält einerseits zusammen und gibt scheinbare Sicherheit, aber er beengt gleichzeitig. Jedenfalls macht es die Panzerung unmöglich, spontan mit Kindern und Jugendlichen in Kontakt zu treten, andere wahrzunehmen, sich selbst zu spüren und sich von anderen spüren zu lassen. Das Gepanzertsein läßt keine eigenen Gefühle zu – aber es läßt auch die Gefühle der anderen nicht an die Person herankommen.

Eine bei Lehrerinnen und Lehrern häufige Form solcher Abgrenzung nach außen ist der »Stoff«, der »durchgenommen werden muß«. *Der Lehrplaninhalt wird als eherne Bastion gegen die Schüler und gegen sich errichtet.* Die Lebenswünsche von Lehrern wie Schülern haben dazwischen nichts zu suchen. Das »Stoff-Argument« ist nicht nur Mauer und Konfliktunterdrücker in der Beziehung zu den Schülern. Es fesselt auch die eigene Persönlichkeit.

Ein Lehrer, unzufrieden mit sich selbst und auf der Suche nach besseren Lebensmöglichkeiten in der Schule, drückte das so aus: »Ich pflastere mich mit meinem Stoff vollkommen zu. Einerseits fühle ich mich sicher, wenn ich die Systematik erfülle. Aber andererseits macht mir nichts Freude. Ich muß mich zu meiner Unterrichtsvorbereitung mit Gewalt aufraffen. Die vielen Proben, mit denen ich den Stoff wieder abfragen muß, lassen mir überhaupt keine Zeit. Und ich kann eigentlich nichts mehr mit Lust und Liebe tun... Obwohl ich keinen Schulrat erwarte, fühle ich mich dauernd kontrolliert, ob ich mein ‹Stoff-Soll› erfülle«.

Dieser Lehrer *spürt, daß seine Panzerung nicht nur dem Schutz nach außen dient, sondern daß er damit sich selbst die Luft nimmt.* Da er sich vor lauter »Stoff« nicht mehr von den Lebenswünschen der Kinder berühren lassen darf, kann er auch keine freudemachende Beziehung zu den Schülern erleben. Weil er den »Stoff systematisch durchnehmen muß«, kann er sich nicht von der Lebendigkeit der Lerninhalte persönlich an-sprechen lassen. Er selbst darf als Person nicht vorkommen und leidet unter der damit verbundenen Freudlosigkeit.

Lehrerinnen und Lehrer können ihr lebenseinschränkendes Gepanzertsein abtragen, wenn sie wieder den *Kontakt zu ihren persönlichen Lebenswünschen* finden, wenn sie sich nicht mehr von den gegen sie selbst gerichteten Argumenten tyrannisieren lassen: »Ja aber ich muß doch meinen Stoff durchnehmen.« – Statt dessen machen sie sich dann zu *Gestaltern* des Unterrichts – als Teil ihrer Lebens-Gestaltung. Dadurch kommen sie mit dem Leben der Schüler in Berührung und können diese als Mitgestalter akzeptieren.

Ausdruck der Angst und der daraus resultierenden Panze-rung ist auch der immer wiederholte Ruf von Lehrern nach strengeren Schulgesetzen, nach schärferen Schulstrafen, nach Regelungen, die härtere Maßnahmen erlauben. Manchen wäre am liebsten, alle Konflikte könnten durch Reglementierung von vornherein unterdrückt werden.

Der Versuch, sich weniger zu panzern, macht zunächst Angst. Aber da *durch den Abbau des Panzers mehr Berührung mit Kindern und Jugendlichen und mit anderen Menschen* möglich wird, kann diese Angst zunehmend zur Kraft werden, um Schwierigkeiten zu bearbeiten. Weil der Lehrer seine eigene Lebendigkeit wieder spüren kann, wird es ihm auf neue Weise möglich, sich mit den Schülern, dem Unterricht und mit der Institution Schule einzulassen.

Die Lehrerbildung bereitet auf solche Probleme und Aus-einandersetzungen nicht vor. Lehrerinnen und Lehrer lernen während ihrer Aus- und Fortbildung vor allem fachwissenschaftlich zu denken. *Das versachlichte Denken führt leicht dazu, daß Gefühle unterdrückt oder ausgeschaltet werden.* Diese Haltung schafft bei den Lehrenden ein unbewußtes Bedürfnis, sich die Schüler vom Leib zu halten. Sie suchen dann ihre Zuflucht vor der unmittelbaren Begegnung mit den Kindern und Jugendlichen in scheinbar objektiven Aussagen über deren Leistung, gewonnen durch »objektive« Tests und Leistungsfeststellungen.

Solche schweren Mängel der Lehreraus- und -weiterbildung kann die Arbeit in Gruppen zum Teil ausgleichen. Diese läßt das Alleinsein überwinden. Die Teilnehmer werden *ermutigt, ihr berufliches Identitätsgefühl zu finden.* Sie erleben, daß ihnen die Arbeit mehr Freude macht. Weil ihre pädagogische Handlungsfähigkeit wächst – gerade auch in Konfliktsituationen – fühlen sie sich sicherer.

Benützte Literatur:
Cohn, R.: Von der Psychoanalyse zur Themenzentrierten Interaktion. Stuttgart 1975
Moeller, M. L.: Selbsthilfegruppen. Hamburg 1978 (Rowohlt)

Die tiefenpsychologische Konflikt-Gesprächsgruppe – Balint-Gruppe

Beziehungsstörungen im »Hier und Jetzt« bearbeiten

Zusätzliche Bedingung	Wichtig ist
	nicht nur
	daß ein Mensch
	das Richtige denkt
	sondern auch
	daß der
	der das Richtige
	denkt
	ein Mensch ist
	Erich Fried

Konflikte in der Schule gehören zum Schulalltag: Schwierigkeiten mit Schülern, Kollegen und Vorgesetzten, mit Schülereltern und mit sich selbst. Lehrerinnen und Lehrer fühlen sich mit solchen Konflikten oft alleingelassen – und lassen sich selbst allein. Hilfen können aus der Arbeit in Gruppen erwachsen: Pädagogische Gruppen, Fortbildungsgruppen, Selbsthilfegruppen, Arbeitsgruppen, Themenzentrierte Interaktionsgruppen (TZI), Fallbesprechungsgruppen ermöglichen es dem einzelnen, die alltäglichen Probleme zusammen mit Kolleginnen und Kollegen zu bearbeiten. Im folgenden soll die Balint-Gruppe dargestellt werden.

Beziehungskonflikte in der Gruppe bearbeiten
Das Persönliche aussprechen lernen – Am andern Halt bekommen

Die Balint-Gruppe arbeitet über einen längeren Zeitraum zusammen. Acht bis zehn Teilnehmer besprechen erzieherische und unterrichtliche Probleme, vor allem deren zwischenmenschliche Aspekte. – Balint-Gruppen finden in der Regel wöchentlich oder vierzehntägig statt und dauern 90 oder 100 Minuten. Sie können aber auch als Blockveranstaltung durchgeführt werden, zum Beispiel an Wochenenden. Dabei ist es zweckmäßig, solche Wochenendseminare in Abständen zu wiederholen. Die Gruppen mit wöchentlichen Sitzungen laufen über einen größeren Zeitabschnitt, zum Beispiel über ein Jahr und länger.

Die Teilnehmer berichten so offen wie möglich *Problemsituationen aus ihrer täglichen Schularbeit* – am besten *etwas von heute, das für morgen bedeutsam ist.* Die Gruppenmitglieder versuchen, ihre Gefühle bei der Schilderung wahrzunehmen, sich in das Problem der Berichtenden einzufühlen, die Schwierigkeit zu spüren, Handlungsvorschläge auszuphantasieren. Das ist bezogen auf den jeweiligen Schüler, auf den berichtenden Lehrer und auf das »Hier und Jetzt« der Gruppensituation. Die Schilderung des Konflikts kann beim Berichtenden wie bei den Gruppenteilnehmern Gefühlsregungen auslösen, die die vorgetragene Problematik besser verstehen lassen.

Es ist wichtig, das Persönliche aussprechen und dadurch begreifen zu lernen. Immer wieder geht es darum, Mut zu entwickeln, sich mit den eigenen Gefühlen und denen der anderen einzulassen, sich seiner Gefühlsäußerungen vielleicht zu schämen – sie aber dennoch einzubringen, sich als ganze Person zu erleben. Dazu ist es notwendig, daß die Gruppenmitglieder versuchen, *alle Gefühle, Gedanken, Phantasien, Vorstellungen, Bilder in sich aufsteigen zu lassen,* die ihnen einfallen. Allmählich können sie im Schutz der Gruppe wagen, diese offen auszusprechen. Je mehr es gelingt, sich die »freien Einfälle« zu erlauben und sie möglichst unzensiert mitzuteilen, desto mehr können die Teilnehmer sich selbst und den anderen wahrnehmen. Vor allem gelingt es dann eher, bislang unbewußte Aspekte zu begreifen.

Sich »Probleme von der Seele zu reden«, ist zwar zunächst

angstmachend, aber es lindert die Spannungen. Zudem hilft das ausgesprochene Wort, das Problem besser zu be-greifen und zu klären. Die Gruppenteilnehmer *verpflichten sich zu Verschwiegenheit:* Persönliche Mitteilungen aus dem Gruppengeschehen dürfen nicht aus der Gruppe hinausgetragen werden.

Die Balint-Gruppe vermittelt Erfahrungen und Erkenntnisse, die Lehrerinnen und Lehrern dabei helfen, sich mit ihrer Person auf Kinder und Jugendliche – und überhaupt auf andere Menschen – in für sie befriedigender Weise einzulassen. Tiefenpsychologische »Fallbesprechungen« werden nach dem Psychoanalytiker Michael Balint benannt. Dieser hatte als erster mit Ärzten Seminare durchgeführt, in denen er psychoanalytische Erkenntnisse als Hilfe für die praktische Tätigkeit erfahren ließ. Balint-Gruppenarbeit ist für alle Berufsgruppen sinnvoll, in denen der unmittelbare Umgang mit Menschen im Mittelpunkt steht. Sie wenden sich an Personen, die ein Interesse daran haben, *unbefriedigende mitmenschliche Kontakte im Berufsalltag, festgefahrene Beziehungsstörungen und immer wiederkehrende Konflikte zu bearbeiten.*

Es geht um Schwierigkeiten, die Kinder machen und haben, um Gruppenprobleme mit der Klasse, um Konflikte im Unterricht, um Auseinandersetzungen im Kollegium, um Probleme mit Schülereltern und dergleichen mehr. Vor allem handelt es sich um die Person des Lehrers und um die Probleme, die er mit sich selbst hat.

Die Konfliktbesprechungen in der Gruppe setzen unmittelbar an der Alltagswirklichkeit an und konzentrieren sich ganz auf die handelnde Person. Diese wird vor allem in der Beziehung zu den anderen gesehen: innerhalb des pädagogischen Konfliktfeldes, wie innerhalb der Gruppe selbst.

Weil der Beziehungsaspekt Kern der Balint-Gruppenarbeit ist, erscheint der übliche Begriff »Fallbesprechungsgruppe« leicht irreführend. *Es geht nicht um den »Fall« des »schwierigen« Schülers oder Lehrers, sondern um beide Seiten in ihrer konflikthaften Beziehung.*

Pädagogisches Handeln ist noch zu weitgehend davon geprägt, mit den Schülern etwas zu »machen«, über sie zu verfügen, sie mit bestimmten Methoden zu etwas zu zwingen. – Die Konflikt-Gesprächsgruppe soll auch verstanden werden als die Suche nach Wegen, wie Menschen lebensfördernd miteinander umgehen können, wie das Machtprinzip durch das Sympathieprinzip überwunden werden und aus dem Gegeneinander ein Miteinander werden kann. *Sie ist eine Chance, in der Beziehung gewaltfrei miteinander umgehen zu lernen.*

Das Wahrnehmungsvermögen entwickeln
Vom Handlungszwang zum Aufmerken und »Lassen«

Viele Konflikte sind durch fehlende Wahrnehmung bedingt. Das tief eingespurte *Streben nach Überlegenheit, verleitet vorschnell zu macht-vollem Handeln.* Hilfreicher als das in der Pädagogik verbreitete Anleiten zur »richtigen« Aktivität ist es, das seelische Vermögen der Wahrnehmung zu entfalten. Aufmerksames Hinsehen und Hinhören allein verändert bereits die Situation. Der Machtanspruch hingegen, der auf versteckten Allmachtsphantasien aufbaut, führt zum Machtkonflikt. Die Struktur vielen unreflektierten »pädagogischen« Handelns ist von Machtausüben gekennzeichnet. Nach dem Machtprinzip zu handeln bedeutet aber, die Fähigkeit zu ganzheitlichem Wahrnehmen einzuschränken.

In der Balint-Gruppenarbeit ist die *Ermutigung zum Wahrnehmen der Situation,* der eigenen Person, des Schülers und der Schulklasse ein bedeutsames Element. Dabei bemerken Lehrerinnen und Lehrer oft, daß sich in Konfliktfällen im Verlauf einiger Zeit etwas verändert – ohne daß sie etwas »getan« haben. Tatsächlich haben sie »nur« wahrgenommen – und vielleicht auch den andern zum Wahrnehmen angeregt.

Es ist erstaunlich, auf wievielerlei »erzieherische« Aktivitäten eine Lehrerin ihre Aufmerksamkeit wegen eines widerspenstigen und aufsässigen Mädchens in ihrer Klasse gelegt hat: Wie sie das Mädchen positiv verstärken müßte, wie sie es bestrafen sollte, wie sie das störende Verhalten ignorieren könnte, welche Zensuren sie ihm zu erteilen hatte, welche Mitteilungen sie an die Eltern senden müßte...

In der Konflikt-Gesprächs-Gruppe fiel den Kolleginnen und Kollegen bald auf, wie wenig sie von dem Mädchen *wußte;* nicht einmal dessen Name fiel im Gespräch, bis eine Kollegin danach fragte. Aus dieser Beobachtung erwuchs im Gruppenprozeß nicht die pädagogische Forderung »Sie müßten erst einmal mehr wissen von der Schülerin«. Vielmehr ging es um die Erkenntnis, *wie sehr sich die Lehrerin durch das Festhalten am Machterhalt selbst blockierte:* sie konnte die eigenen Wünsche nicht mehr spüren und die Wirklichkeit des Mädchens nicht mehr wahrnehmen.

Es zeigte sich, wie gegenseitige Fehlwahrnehmungen den Machtkampf ständig verschärfen. *Die Fremdheit, die in der Beziehung der beiden vorherrschte, verursachte die wechselseitige Angst voreinander.* Diese Angst wiederum bedingte die gegenseitige Verteufelung. Und die Folge der gegenseitigen Verteufelung verstärkte wiederum den Konflikt.

Nach einigen Wochen wunderte sich die Lehrerin darüber, daß sie nun mit der Schülerin keine Schwierigkeiten mehr bemerke, obwohl sie »überhaupt keine besonderen Maßnahmen ergriffen« habe. Es zeigte sich allerdings im Gespräch, daß sie sich *von ihrem pädagogischen Handlungszwang lösen* und dadurch *das »schwierige« Mädchen mehr »lassen«* und ihre eigenen Schwierigkeiten feiner wahrnehmen konnte. Die beiden vermochten offensichtlich deshalb besser miteinander zu leben, weil sie zunehmend fähiger wurden, einander so zu sehen, wie sie wirklich waren. *Nicht mehr die Machtausübung stand im Mittelpunkt, sondern die menschliche Wahrnehmung.*

In diesem Zusammenhang ist interessant, daß die Probleme mit der Schülerin die Lehrerin in die Balint-Gruppe führte. Der unlösbar erscheinende Konflikt stürzte sie in eine Krise voller Selbstzweifel, Berufsunsicherheit und Sinnlosigkeit. Diese Krise des Individuums war – rückschauend betrachtet – offenbar notwendig. Sie wurde für die Lehrerin zur Chance persönlicher Reifung. Aufgabe der Gruppe war nicht, die Krise zu verhindern oder zu beseitigen, sondern die Kollegin *durch die Krise zu begleiten.*

Tiefenpsychologische Erkenntnis und Selbsterkenntnis anbahnen
Ängste akzeptieren und durcharbeiten

Tiefenpsychologische Einsichten sollen dazu anregen, Grundbedürfnisse beim Lernen und im Schulleben zu erfassen. Mißverständnisse im schulischen Zusammenleben können zum Beispiel durch Übertragungsprozesse entstehen. Die Gruppe hilft dabei, sich solchen unbewußten Vorgängen bei sich selbst und bei den Schülern anzunähern. Ziel ist es, *die gestörte Beziehung zwischen Schüler und Lehrer als »Sprachverwirrung« (Balint) und gegenseitiges Mißverstehen zu analysieren und in ein Verstehen überzuführen.*

Es geht zum Beispiel um die *unbewußte Übertragung* des Schülers auf den Lehrer: um Einstellungen, die Kinder in ihrer bisherigen Entwicklung erworben haben und die sie jetzt auf den Lehrer übertragen. Und es geht um die »Gegenübertragung« des Lehrers. Dabei wird zum Beispiel deutlich, daß Schüler und Lehrer bestimmte Rollen unter sich verteilen. Etwa die, daß Lehrer alles besser wissen, überlegen sind, kontrollieren müssen, während die Schüler unterlegen und ohnmächtig sind, weniger wissen müssen, sich kontrolliert zu benehmen haben. Beide sind nicht fähig, *sich in der schulischen Beziehung als ganze Person zu erleben.* Keiner läßt sich auf Gefühle ein, weil er sonst dem andern zu nahe käme.

In den Sitzungen einer Fallbesprechungsgruppe berichtet ein Lehrer möglichst spontan, zum Beispiel über einen »Problemschüler«: wie er diesen erlebt und wie für ihn das Problem der Beziehung aussieht. Die Gruppe läßt sich mit Fragen ein: nach der Lebensgeschichte, den familiären Hintergründen, konkreten Situationen.

Aber sie *befaßt sich auch mit der Art, in der ihnen der berichtende Lehrer erscheint:* wie gefühlsmäßig berührt oder unberührt, was er ausläßt, wiederholt oder besonders betont, wie er sich selbst anklagt oder freispricht. Wenn sich der Lehrer solchen Eindrücken der Gruppe gegenübergestellt sieht, lernt er sich besser wahrnehmen. Dadurch wird auch begünstigt, daß sich der einzelne mit seiner eigenen Kindheit und Jugend auseinandersetzen kann. Das wiederum führt zu einem besseren Verstehen der Schüler.

Die Gruppenerfahrung wirkt für viele Menschen zunächst angstmachend. Deshalb stehen Ängste immer wieder im Mittelpunkt der gemeinsamen Gespräche. Das unterstützt Lehrerinnen und Lehrer darin, mit den Schülern angstfreier in Kontakt zu kommen und die pädagogische Beziehung zu verbessern. Die Gruppenarbeit entlastet von unstimmigen Schuldgefühlen und macht toleranter sich selbst und andern gegenüber. Durch das Wahrnehmen des persönlichen Erlebens werden Probleme besser erkannt. *Die Gruppe kann Rückhalt geben und dem Lehrer aus seiner Hilflosigkeit heraushelfen.*

Größere Angstfreiheit ist ein Ergebnis, das von Gruppenteil-nehmern oft als besonders hilfreiche Wirkung der Balint-Gruppe genannt wird.

Manche Lehrerinnen und Lehrer vergeuden ihre Kräfte, indem sie unentwegt am Symptom »Unterrichtsstörung« oder »schwierige Kinder« arbeiten. Sie reden sich ein, man könnte das Symptom »Disziplinschwierigkeit« rasch beseitigen oder unterdrücken und so Ordnung herstellen. Dabei übersehen sie, daß *jedes Symptom auch dazu anstoßen möchte, etwas zu verändern.*

Die verbreitete Symptombehandlung hat einen Hintergrund darin, daß sich Lehrerinnen und Lehrer oft die eigene Unsi-cherheit nicht eingestehen können. Sie verleugnen ihre Ängste und Schwierigkeiten und verbinden damit die Phantasie, mit den richtigen Unterrichtsstrategien und Konfliktlösungsme-thoden alles »in den Griff« zu bekommen. Durch solche Strategien werden zwar die Ängste nicht mehr so spürbar. Dadurch geht aber auch die Angst als Gefahrensignal verloren. Das bedeutet, daß eine der Bedrohung angemessene Hand-lungsweise verhindert wird. – Die gemeinsame Auseinander-setzung in der Gruppe ermöglicht es im Laufe der Zeit, die Ängste als hilfreich zuzulassen und sie dadurch ursachen-orientiert zu bearbeiten.

Von der Frage nach »Richtig« und »Falsch« wegkommen
Den Ist-Zustand annehmen

An Stelle der Fragen »Was macht der Lehrer falsch?«, »Wie könnte er es richtig machen?« treten die Fragen *»Wer bin ich? Wie möchte ich sein?«* – und *»Wer ist der Schüler?«* – Das bedeutet, die tief in der Lehrerrolle verankerte Frage nach »Richtig« und »Falsch« beiseitezulassen. Nicht Verursacher, Täter und Opfer werden gesucht, sondern Wünsche, Ängste, Einstellungen und Abwehrvorgänge. Dadurch wird es mög-lich, entwicklungsstörende Machtbeziehungen aufzulösen, die in der Schule weiterhin selbstverständlich sind.

Die Gruppenteilnehmer lernen, *sich selbst und andere wahr-zunehmen – ohne zu verurteilen.* Das ist schwierig, weil die Gesellschaft darauf ausgerichtet ist, ständig zu vergleichen, zu rechtfertigen, zu bewerten, was wir sind. Aber indem wir sagen

»Das ist richtig«, »Das ist falsch«, »Das ist gut«, »Das ist schlecht«, stehen wir unserer Selbstwahrnehmung im Wege.

Für Lehrerinnen und Lehrer ist es besonders schwierig, *sich vom Bewertungsdenken freizumachen.* Sie müssen ständig Lernziele erreichen, Erziehungsziele anstreben, den Unterricht »wirkungsvoll« gestalten. Sie sind so im Blick auf den Sollens-Zustand gefangen, daß es ihnen schwer fällt, *den Ist-Zustand wahr- und anzunehmen.* In der Balint-Gruppenarbeit wird aber vor allem danach gefragt, was *ist* und nicht danach, was sein soll.

Das gilt auch für den gemeinsamen Gruppenprozeß, in dem immer wieder erforscht wird, was *das Befinden im Hier-und-Jetzt der Gruppenbeziehung* ist. Dabei lernen die Teilnehmer, von Schuldzuweisungen wegzukommen und sich mit ihren Gefühlen einander anzunähern. Nicht die für Lehrer so wichtige »Leistung« steht im Mittelpunkt, sondern der Prozeß selbst.

Die Gruppe als Erfahrungsraum
Die Balint-Gruppe von der Selbsterfahrungsgruppe und therapeutischen Gruppe abgrenzen

Der Kontakt ist ein wichtiges Element der Gruppe. Die Beziehung zu den anderen Gruppenteilnehmern unterstützt die individuelle Introspektion: die nach innen, auf das eigene Bewußtsein ausgerichtete Beobachtung, das Wahrnehmen innerseelischer Vorgänge. Durch die soziale Beziehung in der Gruppe lernt der Einzelne, *verdrängte und abgespaltene Aspekte seines Selbst zu verstehen.* Diese sind in der Regel an der Entstehung von Konflikten in der Schule beteiligt.

Die Gruppenteilnehmer befassen sich mit ihren eigenen Reaktionen: ob Ratschläge erteilt, Vorgehensweisen empfohlen werden, ob die Kollegen übervorsichtig sind, um Konflikte in der Gruppe zu vermeiden, ob sich die Gruppe eher zurückzieht oder einläßt. Immer werden die Teilnehmer dazu angeregt, »frei zu assoziieren«, entsprechend der Grundregel in der psychoanalytischen Methode: *alles in sich aufsteigenzulassen, was ihnen in den Sinn kommt, auch das auszusprechen, was »man üblicherweise« zurückhält, die Gefühle zu spüren, Körperempfindungen wahrzunehmen.* Dabei kann auch der »Mut zur eigenen Dummheit« (Balint) wachsen, der ein wichtiges Element für die persönliche Weiterentwicklung ist.

Die Selbsterfahrung bleibt im Rahmen der pädagogischen Situation. Das Geschehen in der Gruppe macht wahrnehmungs- und erlebnisfähiger. Deshalb soll das persönliche Erleben des einzelnen Gruppenmitglieds so unmittelbar wie möglich in den Gruppenprozeß hereinkommen. Die Selbsterfahrung muß sich jedoch innerhalb der Balint-Gruppe schwerpunktmäßig auf die pädagogische Situation begrenzen.

Das ist oft nicht ganz einfach: Die Gruppe kann eine Lehrerin nicht zurückweisen, die von ihren Schwierigkeiten am heutigen Unterrichtsvormittag erzählt, wobei sich herausstellt, daß diese die ganze Nacht nicht geschlafen hat; denn die Lehrerin beunruhigt ein unlösbar erscheinender Konflikt mit ihrem Mann. Natürlich lassen sich hier Gruppenleiter und Teilnehmer auf die aktuelle Not ein. Allerdings ist die Balint-Gruppe dann nicht der Ort, an dem der Ehekonflikt bearbeitet werden kann.

In der tätigkeitsbezogenen Selbsterfahrung sind Konflikte und unbewußte *Probleme der Teilnehmer auf den Umgang mit Problemen in der Schule eingeschränkt.* Dadurch unterscheidet sich die Balint-Gruppe von der analytischen Selbsterfahrungsgruppe und der therapeutischen Gruppe. Das schließt allerdings nicht aus, daß die Gruppe für den einzelnen Teilnehmer auch therapeutisch wirken kann. Der Gruppenleiter achtet darauf, daß der Selbsterfahrungsanteil die Belastbarkeit einzelner Teilnehmer nicht überschreitet.

Weil im Verlauf der Konflikt-Gesprächsgruppe das Erleben immer dichter wird, erwacht in manchen Teilnehmern der Wunsch, sich in einer Selbsterfahrungsgruppe oder durch eine Psychotherapie ganzheitlicher und tiefer mit den eigenen Problemen einzulassen. Es kommt auch vor, daß eine Balint-Gruppe oder eine bestimmte Anzahl von Mitgliedern daraus als Selbsterfahrungsgruppe weitermachen möchte. Das ist allerdings nur dann möglich, wenn der Gruppenleiter Psychotherapeut ist.

Leiter von Balint-Gruppen begleiten anregend und stützend den Prozeß. Hilfreich am Gruppenprozeß ist nicht, daß Gruppenleiter oder Gruppe besser wissen, wie ein Problem zu lösen ist, sondern deren *Verläßlichkeit und wahrnehmende Zuwendung.* Der Gruppenleiter nimmt gerade dann sein Interesse nicht zurück, wenn er selbst einer Situation gegenüber hilflos ist. Er bekundet, daß er bereit ist, das Problem anteilnehmend mitzutragen. Aber er muß sich nicht ständig darin bewähren, etwas zu *geben* und zu *machen*.

Diese Haltung kann für Lehrerinnen und Lehrer entlastend sein. Denn sie haben in ihrer Ausbildung gelernt, daß sie nur »gut« sind, wenn sie stets wissen, was zu machen ist. Deshalb müssen sie immerfort trainieren, etwas zu *tun* – und zwar das »Richtige«. Im Fixiert-sein auf die »richtigen Aktivitäten« geht leicht die Beziehung zu sich selbst und zum anderen verloren – und das erschwert die Konfliktbearbeitung.

Leiter von Konflikt-Gesprächsgruppen sind in der Regel Psychologen oder Psychoanalytiker, die eine fachliche Ausbildung für die Balint-Gruppenarbeit haben. Der Gruppenleiter ermöglicht durch aufdeckendes Vorgehen Einsichten in das Entstehen und Bearbeiten von Konflikten. *Er begibt sich als Person voll in die Gruppenbeziehung hinein, aber stört diese nicht durch seine persönlichen Probleme und Anliegen.* Der Gruppenleiter versucht den einzelnen, bei gleichzeitiger Beachtung des Gruppengeschehens möglichst ganzheitlich wahrzunehmen. Er fühlt sich ein und stellt Zusammenhänge zum Verstehen des Erlebens und Verhaltens her. Indem er Verborgenes aufdeckt und Gruppe wie Gruppenmitglied damit konfrontiert, möchte er den emanzipatorischen Prozeß der Selbstwerdung im Rahmen der beruflichen Arbeit fördern. Dabei versucht er, durch seine Person glaubwürdig jene Gruppenziele zu vertreten, die die Ziele der Konflikt-Gesprächsgruppe sind.

Balint-Gruppen ermutigen zum Verändern der Schule
Die Arbeit in der Gruppe fördert emanzipatorische Prozesse

Politische oder gesellschaftliche Fragen sind zwar nicht Inhalt der Balint-Gruppenarbeit; denn hier geht es ausschließlich um die unmittelbaren Konflikte von Lehrerinnen und Lehrern im Schulalltag. An diesen Konflikten wird freilich deutlich, *wie die psycho-sozialen Umstände der Schule an diesen Konflikten beteiligt sind* oder diese sogar verursachen: Etwa das bürokratische Gegängeltwerden; oder Bestimmungen einer unpädagogischen Schulordnung; oder angstmachende Kontrollen durch die Schulaufsicht; oder behördliche Einschüchterung bei unerwünschter politischer Tätigkeit.

Die aufdeckende Konfliktbearbeitung in der Gruppe führt deshalb zwingend zu dem Wunsch, die Schule zu verändern, sie humaner und demokratischer zu gestalten. Die daraus folgenden praktischen Schritte sind jedoch nicht mehr Inhalt der Balint-Gruppe – allerdings schon die Konflikte, die für den einzelnen im Zusammenhang mit dem Verändern der Schule erwachsen können.

Die Gruppe selbst, mit ihrem Anspruch, Lehrerinnen und Lehrern zu mehr Eigenständigkeit zu verhelfen, trägt unmittelbar dazu bei, die *Schule »von unten« zu verändern.* Solche Veränderungsschritte, bei denen der einzelne das System an der Stelle verändert, an der er am System teilhat, sind eine wichtige Voraussetzung für weitreichendere politische Schritte.

Eine menschenfreundlichere Politik und die ausführenden Behörden können zwar niemals die geglückte individuelle Lebensgestaltung von Schülern und Lehrern verbürgen. Aber sie schaffen Rahmenbedingungen, die menschliche Anteilnahme, lebendige Nachbarschaft, sicherheitgebende Formen der Gemeinschaftsbildung ermöglichen. Spontaneität und Selbstbewußtsein, Zusammenarbeit und Geborgenheit, Arbeitsfreude und Leistungszufriedenheit lassen sich nicht behördlich erzeugen. Sie entwickeln sich jedoch leichter, wenn zum Beispiel in der Schule an Stelle der lernstörenden Ziffernnoten das unterstützende und genau informierende Wort tritt, das den individuellen Lernfortschritt feststellt. Oder wenn der normierende, im Dreiviertelstundentakt verlaufende und auf curriculare Lernziele ausgerichtete Unterricht durch die freie Arbeit von Schülern und Lehrern überwunden wird. Oder wenn Lehrerinnen und Lehrer nicht zensiert und kontrolliert werden, sondern *in pädagogischer Freiheit und Verantwortung mehr Menschlichkeit in die Schule bringen können.*

Stichwortverzeichnis

Reihe »Werkstattbuch Grundschule«

Herausgegeben von Dieter Haarmann

Blumenstock / Renner (Hrsg.)
Freies und angeleitetes Schreiben
Beispiele aus dem Vor- und
Grundschulalter.
142 Seiten. Broschiert.
ISBN 3-407-62131-0

Breuer / Weuffen
Lernschwierigkeiten am Schulanfang
Schuleingangsdiagnostik zur
Früherkennung und Frühförderung.
198 Seiten. Broschiert.
ISBN 3-407-62170-1

Czerwenka (Hrsg.)
Das hyperaktive Kind
Ursachenforschung – Pädagogische
Ansätze – Didaktische Konzepte.
145 Seiten. Broschiert.
ISBN 3-407-62188-4

Dehn
Schlüsselszenen zum Schrifterwerb
Arbeitsbuch zum Lese- und
Schreibunterricht in der Grundschule.
200 Seiten. Broschiert.
ISBN 3-407-62181-7

Dehn / Hüttis-Graff / Kruse (Hrsg.)
Elementare Schriftkultur
Schwierige Lernentwicklung und
Unterrichtskonzept.
164 Seiten. Broschiert.
ISBN 3-407-62321-6

Floer
Mathematik-Werkstatt
Lernmaterialien zum Rechnen und
Entdecken.
142 Seiten. Broschiert.
ISBN 3-407-62198-1

Fölling-Albers
Schulkinder heute
Auswirkungen veränderter Kindheit
auf Unterricht und Schulleben.
130 Seiten. Broschiert.
ISBN 3-407-62160-4

Hegele (Hrsg.)
Lernziel: Freie Arbeit
Unterrichtsbeispiele aus der
Grundschule.
181 Seiten. Broschiert.
ISBN 3-407-62105-1

Hegele
Lernziel: Stationenarbeit
Eine neue Form des offenen
Unterrichts.
172 Seiten. Broschiert.
ISBN 3-407-62322-4

Beltz Verlag · Postfach 100154 · 69441 Weinheim

B0086A

Reihe »Werkstattbuch Grundschule«

Herausgegeben von Dieter Haarmann

Hegele
Lernziel: Offener Unterricht
Unterrichtsbeispiele aus der
Grundschule.
157 Seiten. Broschiert.
ISBN 3-407-62184-1

Kiper / Paul
**Kinder in der Konsum- und
Arbeitswelt**
Bausteine zum wirtschaftlichen
Lernen. Mit Illustrationen von Andrea
Ridder und einem Beitrag
von Sabine Knemeyer.
196 Seiten. Broschiert.
ISBN 3-407-62311-9

Lenzen
Erzähl' mir k(l)eine Märchen!
Literarische Ausflüge mit
Schulkindern.
125 Seiten. Broschiert.
ISBN 3-407-62175-2

Lenzen / Lintzen / Schulz / Zimmer
Gesundheit lernen
Ein Projekt zur Gesundheitserziehung
und Gesundheitsförderung in der
Grundschule.
174 Seiten. Broschiert.
ISBN 3-407-62317-8

Mann
**Selbstbestimmtes
Rechtschreiblernen**
Rechtschreibunterricht als
Strategievermittlung.
VIII, 77 Seiten. Broschiert.
ISBN 3-407-62134-5

Marquardt-Mau / Schmitt (Hrsg.)
Chima baut sich eine Uhr
Dritte-Welt-Erziehung im
Sachunterricht: Thema Zeit.
151 Seiten. Broschiert.
ISBN 3-407-62128-0

Mitzlaff (Hrsg.)
**Handbuch Grundschule und
Computer**
Vom Tabu zur Alltagspraxis.
348 Seiten. Broschiert.
ISBN 3-407-62199-X

Mühlhausen
Überraschungen im Unterricht
Situative Unterrichtsplanung.
257 Seiten. Broschiert.
ISBN 3-407-62192-2

Röber-Siekmeyer
Die Schriftsprache entdecken
Rechtschreiben im offenen
Unterricht.
226 Seiten. Broschiert.
ISBN 3-407-62167-1

Beltz Verlag · Postfach 100154 · 69441 Weinheim

B0086B

Reihe »Werkstattbuch Grundschule«

Herausgegeben von Dieter Haarmann

Röhner
**Authentisch Schreiben- und
Lesenlernen**
Bausteine zum offenen
Sprachunterricht.
120 Seiten. Broschiert.
ISBN 3-407-62314-3

Schafhausen (Hrsg.)
Handbuch Szenisches Lernen
Theater als Unterrichtsform.
108 Seiten. Broschiert.
ISBN 3-407-62197-3

Schernikau / Zahn (Hrsg.)
Frieden ist der Weg
Bausteine für das soziale und
politische Lernen.
204 Seiten. Broschiert.
ISBN 3-407-62129-9

Staudte (Hrsg.)
Ästhetisches Lernen auf neuen Wegen
173 Seiten. Broschiert.
ISBN 3-407-62172-8

Vercamer
Lebendige Kinderschule
Offener Unterricht im Spiegel einer
Klassenchronik.
151 Seiten. Broschiert.
ISBN 3-407-62315-1

Dagmar Wehr
»Eigentlich ist es etwas Zärtliches«
Erfahrungsbericht über die
Auseinandersetzung mit Sexualität
in einer dritten Grundschulklasse.
84 Seiten. Broschiert.
ISBN 3-407-62168-X

Weigert / Weigert
Schuleingangsphase
Hilfen für eine kindgerechte
Einschulung.
153 Seiten. Broschiert.
ISBN 3-407-62127-2

Weigert / Weigert
Schülerbeobachtung
Ein pädagogischer Auftrag.
126 Seiten. Broschiert.
ISBN 3-407-62171-X

Wolf-Weber / Dehn
Geschichten vom Schulanfang
»Die Regensonne« und andere
Berichte.
127 Seiten. Broschiert.
ISBN 3-407-62174-4

Beltz Verlag · Postfach 100154 · 69441 Weinheim

B0086C